Matthias Clauss

Die Reise ins Licht

Buch I

Aufbruch zur Transformation

∼

Hinter dem Schleier
der physischen Welt wartet
unsere vergessene wahre Natur

*Erkennen Sie den Sinn Ihres Daseins
jenseits der physischen Realität*

1. Auflage: Dezember 2015
Copyright © 2015, Matthias Clauss

Verlag: tredition GmbH, Hamburg

Verlagsanschrift:
(auch für Presse- & Medienanfragen)

tredition GmbH
Grindelallee 188
20144 Hamburg

Kontakt zum Autor:
E-Mail: kontakt@reise-ins-licht.de
Internet: www.reise-ins-licht.de

Umschlagkonzept und -gestaltung,
Illustrationen und Satz: Matthias Clauss

Autorenfoto: Jens Herzog
(Internet: www.shadowlights-photographie.de)

Lektorat: Carola Bräuner
(Internet: www.carola-braeuner.de)

Das Werk, einschließlich seiner Teile, ist urheberrechtlich geschützt. Jede vollständige oder auszugsweise Verwertung ist ohne Zustimmung des Verlages und des Autors unzulässig. Dies gilt für die elektronische oder sonstige Vervielfältigung, Übersetzung, Verbreitung und öffentliche Zugänglichmachung.

Haftungsausschluss:
Die Inhalte des vorliegenden Buches sind sorgfältig erarbeitet worden. Dennoch kann der Autor für eventuelle Nachteile oder Schäden, die entgegen jeglicher Erwartungen aus den hier veröffentlichten Anleitungen zu praktischen Ausführungen resultieren, keine Haftung übernehmen.

Bibliografische Information der Deutschen Nationalbibliothek:
Die Deutsche Nationalbibliothek verzeichnet diese Publikation in der Deutschen Nationalbibliografie; detaillierte bibliografische Daten sind im Internet abrufbar unter: http://dnb.d-nb.de

ISBN (Paperback): 978-3-7323-5987-5
ISBN (Hardcover): 978-3-7323-7639-1
ASIN (Kindle e-Book): B010UROM7Y

www.reise-ins-licht.de

DANKSAGUNG

Dieses Buch verdankt seine Entstehung insbesondere den zahlreichen Übermittlungen aus den geistigen Ebenen über einen Informanten und Geistführer des Autors und dessen befreundetem spirituellen Medium namens Frank.

Besonderer Dank in Bezug auf das medial erhaltene Wissen gebührt also dem Lichtwesen, dem soeben erwähnten nichtphysischen Informanten »Ramta«.

Weiterer Dank gilt auch den Geistführern »Todar« und »Antat«, die unsere physischen und nichtphysischen Körper über Schwingungsanpassungen am feinstofflichen Energiesystem fähiger machten, unsere Sinne schärften und die eine oder andere außergewöhnliche Erfahrung ermöglichten.

Gedankt sei auch dem hohen Rat von Geistwesen, dem auch andere Individuen angehören, die von feinstofflicher Seite aus die Führung über dieses Projekt übernahmen.

Auch sollte das vorliegende Werk nicht seinen Weg zu den Menschen finden, ohne Dank in außerordentlicher Form gegenüber des allumfassenden Gottes auszusprechen.

Danken möchte ich Peter (Pedro) Wegner für seine Unterstützung auf spiritueller Ebene und für unsere dimensionsübergreifende Freundschaft und ebensolchen Austausch.

Meine Wertschätzung gilt auch Anja Tilemann, einer geliebten Seelenschwester, für deren fürsorgliche Liebe und begleitendes Mitwirken an diesem Projekt.

Zudem möchte ich herzlichen Dank an die Lektorin und Buch-Autorin Carola Bräuner aussprechen, die »Die Reise ins Licht – Aufbruch zur Transformation« redigiert hat.

Ich bedanke mich respektvoll bei allen Menschen, die interessiert zu diesem Buch gegriffen und sich dafür entschieden haben, dieses zu lesen. Ihre Offenheit für ungewöhnliches Wissen und Ihr Vertrauen sind mir eine Ehre!

*Für alle Forscher und Entdecker,
die sich auf die Suche nach der Wahrheit
über unsere Existenz begeben haben.*

INHALTSVERZEICHNIS

Vorwort	8
Der Autor	10
Das Medium	12
Das Geistwesen »Ramta«	14
1 Das Erwachen aus der Materie	18
Das Schlüsselerlebnis	21
Ich bin nicht mein physischer Körper	22
2 Übersinnliche Kommunikation	27
Ramta – Eine Stimme im Kopf	27
Schizophrenie?	28
Der Aufstieg der Erde (I)	29
Die Buchidee	33
Eine Gefahr durch dunkle Mächte?	35
An den Früchten wirst du erkennen	38
Nur Einbildung?	41
Die Wege zur Erleuchtung	44
3 Die Arbeit als Medium	46
Die Macht einer göttlichen Stimme	47
Die feinstoffliche Schule	54
Wie funktioniert die mediale Tätigkeit?	56
Angst und Zweifel	71
Gottes Wille	75
Zukunftssorgen	77
4 Die Begegnung mit einem spirituellen Führer	81
Von Geist zu Geist	84
Channeling mit Ramta zu dieser Begegnung	86
5 Unterschiedliche Realitäten	90
Träume	94
Außerkörperliche Erfahrungen	104

Bewusst kreierte Zwischendimensionen	114
Die spirituelle Welt	120

6 Die außerkörperliche Erfahrung 125
(Vorschau auf Buch II:
»Die Reise ins Licht – Astral-Projektion«)

7 Das Spiel des Lebens 130
   Ein Puzzleteil meiner Evolution 130

8 Das Böse 140
   Weil es die Kirche und meine Religion sagt 146
   Bösartige Angriffe 150
   Es gibt keine Zufälle 153

9 Steht die Zukunft fest? 155
   Die Âkâsha-Chronik 160

10 Das Problem mit dem Ego 162
   Der Junge aus Atlanta, Georgia 168
   Misserfolge, Unzufriedenheit und Einsamkeit 171
   Eine Ausschreitung durch das Ego 174
   Wertvolle Erkenntnisse zu einem hohen Preis 177
   Ein beschäftigtes Bewusstsein stellt Fragen 181
   Fehlende Lebendigkeit 193
   Ein Licht geht auf 201
   Weitere Fragen, die nach einer Antwort verlangten 203

11 Die Unterstützung der Menschen durch Engel 217
   Die Welt und die Menschen sind im Wandel 221
   Unsinnige Kategorisierungen 223
   Inkarnierte Engel 228

12 Die Kraft der Liebe und der Gedanken 231
   Liebe – Die stärkste Kraft im Universum 231
   Äußerer Einfluss mit tieferem Sinn 236
   Die Liebe des Lebens 238
   Der Gedanke – Ein schöpferischer Magnet 247

13 Das Leben in der Welt der Materie 261

14 Der Aufstieg der Erde (II) 266
    Den Wandel aktiv unterstützen 268

Nachwort 272
Nachwort der geistigen Welt 274
Illustration von Ramta 280
Glossar 282
Literaturverzeichnis/Quellen 297

VORWORT

Dieses spirituelle Werk befasst sich mit interessanten Themen, die die Menschheit schon lange beschäftigen. So wird nicht nur Licht auf die weltberühmte Frage nach dem Sinn des Lebens geworfen, sondern auch die Wahrheit über das Böse oder die Natur der Engel auf verständliche Weise beleuchtet. Unter anderem erfahren Sie auch, dass die physische Welt, die wir alle kennen, nicht die einzig und allein existierende Realität im Universum ist. Letzteres hält viel mehr bereit und dient einem bestimmten Zweck...

Im Genre Esoterik angesiedelt, sticht der Inhalt dieses Buches besonders hervor durch die Informationsübermittlung vermittels Fragestellungen an ein nichtphysisches Wesen. Das Wissen, das Sie hierdurch erhalten, stammt von einem Geistwesen höheren Evolutionsgrades, das ausführliche Antworten auf eine Vielzahl von Fragen bereit hält.

Wenn es also einen Sender dieser Informationen auf der geistigen Ebene gibt, wer ist dann der Empfänger? Hierbei handelt es sich um ein spirituelles Medium, einen Freund von mir, der diese Art der Kommunikation mit den Wesen höherer Sphären beherrscht. Diese Fähigkeit entdeckte Frank, so der Name des Mediums, während seiner Experimente mit veränderten Bewusstseinszuständen.

Während der Entstehung dieses Buches entschied sich Frank, zur Wahrung seiner Privatsphäre nicht die öffentliche Position eines Autors zu beziehen, obgleich dieses Projekt durch unser beider Erlebnisse angestoßen wurde. Dennoch werden Sie in diesem Schriftwerk einzelne, von Frank persönlich verfasste Berichte vorfinden, die mit dem Einverständnis des Mediums hier Eingang gefunden haben. Und es wird auch Einblick in private Dialoge zwischen Frank und dem Wesen Ramta geben.

Um meinen Freund zu entlasten, übernahm ich früh die Aufgabe, das entstehende Manuskript digital zu bearbeiten und initiativ voranzutreiben. So konnte sich Frank besser auf die mediale Kommunikation mit dem Lichtwesen Ramta konzentrieren – unser Informationsgeber aus der Welt der Geister.

Die Lektüre, die Sie in Händen halten, hat vermutlich den Weg zu Ihnen gefunden, weil Sie auf der Suche nach Antworten sind; Antworten zu den Fragen des Lebens und zu unserer Existenz.

Oder aber »Die Reise ins Licht – Aufbruch zur Transformation« ist in Ihren Besitz geraten, weil Ihr persönlicher Weg bzw. Ihre Entwicklung dies vorsieht und Sie mit höherer Fügung gezielt zu ganz bestimmten Informationen geführt werden sollen. Das Wissen, das Sie finden soll, wird Sie erreichen – zum richtigen Zeitpunkt. Sie sind bereit, diesen Weg einzuschlagen, wenn Sie auf Ihr innerstes Gefühl hören. Doch das hat bereits zu Ihnen gesprochen, denn hätten Sie sonst dieses Buch gekauft und es zu lesen begonnen?

Jetzt bleibt nur noch, Ihnen beim Lesen viele Erkenntnisse zur Erweiterung des physischen Horizonts zu wünschen. Möglicherweise wird in Ihnen auch das Interesse und Verlangen nach noch mehr Antworten geweckt; das Verlangen nach noch mehr Antworten. Der Schlüssel hierzu wird in diesem Buch thematisch angerissen...

Es kann also losgehen!

Matthias Clauss

DER AUTOR

Matthias Clauss wird im Jahre 1979 in Pforzheim im Sternzeichen Zwillinge geboren und wächst in zerrütteten Familienverhältnissen auf. In sich gekehrt, wird er während seiner Kindheit und als Jugendlicher in der Schule oft von Mitschülern gehänselt. Später bricht er aus dieser Außenseiterrolle aus, wird nach und nach selbstbewusst und erlernt dann den Beruf des Mediengestalters.

Mit unvoreingenommenen 20 Jahren entwickelt er ein besonderes Interesse für das Mystische und Übernatürliche – auch zu Fragen über sein irdisches Dasein und den Sinn des Lebens.

Im Alter von 22 Jahren wird der Autor dann unerwartet mit einer anderen Realität konfrontiert, indem ihm unter Einwirkung eines Geistwesens eine außerkörperliche Erfahrung zuteil wird. Fasziniert und äußerst neugierig erlernt Matthias Clauss kurze Zeit später den außerkörperlichen Zustand willentlich herbeizuführen.

Als ihm die geistige Welt seine höhere Seelenaufgabe offenbart – die Verbreitung der Wahrheit über unsere nichtphysische Natur und wie diese erlebt werden kann – ist er gefesselt von der Idee, aus den von Ramta übermittelten und von Frank festgehaltenen Botschaften ein Buch entstehen zu lassen. Der mittlerweile Extrovertierte entdeckt hierdurch sein Talent fürs Schreiben und die damit verbundene Freude, den Menschen seine persönlichen Erlebnisse in Erfahrungsberichten näher zu bringen.

Als schließlich die Entscheidung gefällt wird, aus dem großen Gesamtwerk, das über etliche Jahre entstanden ist, zwei einzelne Bücher zu formen und diese schließlich über Self-Publishing zu veröffentlichen, entflammt neue Antriebskraft mit dem Wissen, es nicht bei zwei Büchern belassen zu müssen...

Noch während der Entwicklungszeit des umfassenden Manuskriptes, bemerkt der heimat- und naturverbundene junge Mann, dass er sich ganz besonders für den Spiritismus (die Geisterlehre) interessiert und die Gesetze, die hinter dieser höheren Naturwissenschaft stecken, näher erforschen bzw. dieses Gebiet intensiv in Eigeninitiative »studieren« will. Als Anhänger des Spiritismus werden viele offene Fragen endlich zu Antworten, nach denen so lange gesucht wurde...

Da Matthias sich auch besonders für das Fachgebiet der außerkörperlichen Erfahrung interessiert, welches praktisch ohnehin die Welt der Geister betrifft, ermöglicht ihm dies, die spiritistischen Wahrheiten sozusagen aus der außerkörperlichen Perspektive hautnah zu erleben. Damit bleibt es nicht nur bei theoretischem Studium über den nichtphysischen Seinszustand. Matthias' Gesamtverständnis über das Universum und die höheren Gesetze des Lebens werden vertieft.

Der bekennende Spiritist hat zu seinem Erstaunen über die Jahre sogar atemberaubende Gelegenheiten, drei außerirdische Rassen anzutreffen und kurze Unterhaltungen mit diesen höher entwickelten Lebensformen zu führen.

Parallel zu dem »Die Reise ins Licht«-Projekt und der möglichen Entwicklung weiterer Bücher in diesem Rahmen, entsteht derzeit in Zusammenarbeit mit Wesen aus dem Sirius-System (in unserer Galaxie) ein Buch. Dieses Vorhaben wurzelt darin, dass der dieses Projekt leitende Rat von Sirius Matthias' Fähigkeiten als Autor schätzt, jemanden wie ihn auf der Erde suchte und ihm folglich den Vorschlag unterbreitet, gemeinsam ein Schriftwerk zu entwickeln. Selbstverständlich kann der ehrliche Baden-Württemberger zu diesem verlockenden Angebot nicht »Nein« sagen. Das parallele Projekt soll dem Zweck dienen, den Menschen bestimmte Informationen zu vermitteln. Die Sirianer sind der Ansicht, dass die Menschen sich durch den Gebrauch ihrer modernen Technologien bei ihrer Weiterentwicklung als Rasse in höherem Sinne behindern. Der Plan von Sirius ist es, uns von diesem technologischen Hindernis zu befreien – jedoch in wohlwollender Absicht gegenüber den Erdenbewohnern...

Matthias Clauss sieht sich selbst als neugierigen Forscher und als gutherzigen, jedoch scharfsinnigen Mann mit Stärken in Psychologie und Analyse. Während er verzweifelt nach Liebe sucht, erlebt er andere Dinge, die sich viele sehnlichst wünschen.

DAS MEDIUM

Geboren in einem warmen Sommermonat im Jahre 1978 in Pforzheim, begann Frank sein Leben bei seinen fürsorglichen Eltern und seiner sieben Jahre älteren Schwester. Das Verhältnis zu seiner Familie war stets eines der wertvollsten Dinge in seinem Leben – und ist es noch heute.

Trotz wohlumsorgtem Aufwachsen wusste der heranwachsende Jugendliche immer intuitiv, dass diese Welt nicht alles sein kann. Da musste es noch mehr geben…

Frank entwickelte ein Interesse für Mystisches jeglicher Art und eine Faszination für das Übernatürliche, die Welt der Geister.

Während eines Großteils seiner irdischen Existenz begleitete ihn eine ganz bestimmte Frage: »Was ist der Sinn des Lebens?« Nach einer Antwort suchte er in den Religionen dieser Welt. Als dort seine Fragen unbeantwortet blieben, schloss er sich sogar einer Sekte an, die ihre Versprechen nicht halten konnte. So verließ er die Gruppierung kurze Zeit später wieder.

Frank beschäftigte sich intensiv mit der Psychologie und dem Verstand des Menschen, ohne jedoch auch hier allumfassende Wahrheiten zu erfahren. »Was passiert nach dem Tod?«, »Gibt es Gott?«, »Gibt es einen Himmel?« … Fragen über Fragen, die ihn immer weiter suchen ließen. Er verschlang Bücher über die Macht des Unterbewusstseins, über Geister, Verschwörungstheorien und vieles mehr.

In der nach und nach gereiften Erkenntnis, dass wir alle unsterbliche geistige Wesen mit einer unglaublichen Schöpferkraft sind, lernte er sein Innerstes, sein geistiges Potential und somit auch sich selbst kennen. Infolgedessen entdeckte der introvertierte Frank auch Lektüre, die gechannelte Botschaften enthielt; Bücher eines Autors, der nach eigener Aussage mit Gott sprechen konnte. Wenn diesem Menschen so etwas zuteil wurde, dachte er sich, so muss es ihm auch möglich sein – daran gab es keinen Zweifel.

Und so folgten die ersten Experimente in erweiterten Bewusstseinszuständen den Kontakt zu Geistern zu suchen. Endlich: Diese Bemühungen zeigten Erfolg mit dem Resultat lange gesuchter Antworten. Es begann ein Leben als Medium im Dienste der geistigen Welt – so, als wäre das schon immer Franks Bestimmung gewesen.

Mit der entdeckten Medialität entstand eine neue Freundschaft, die weit über das Irdische hinaus reicht; die Verbindung zu Ramta, einem vertraut wirkenden Geistwesen...

(Zum Schutze seiner Anonymität wird das Medium in diesem Buch nur mit seinem Vornamen »Frank« erwähnt.)

Das Geistwesen »Ramta«

Ich bin Ramta. Ich war einst Tier, ich war einst Mensch, ich war und bin unsterblicher Geist. Ich durchwanderte eine lange Reinkarnationsschleife auf dem Weg zur Vervollkommnung meiner Seele. Ich lebte hunderte Leben in unzähligen Welten, unzähligen Rassen und Kulturen.

Wenn ich hier von Rassen spreche, dann meine ich nicht nur solche Unterschiede, wie sie auf der Erde gegeben sind; nein, ich meine damit gänzlich andersartige Geschöpfe, die sich nicht nur im Äußeren sehr unterscheiden, sondern auch in deren Art der Lebenserhaltung, der Fortpflanzung oder »Erschaffung« – dort, wo es keine gewöhnliche geschlechtliche Fortpflanzung in eurem Sinne gibt. Beispielsweise gibt es eine Rasse im Orion-Nebel, die sich »Nox« nennen, welche eiähnliche Gebilde legen und diese ausbrüten, ähnlich wie es bei euren Reptilien der Fall ist. Ihr glaubt nicht, welche immensen Unterschiede es da gibt.

So war ich also nicht nur auf der Erde, sondern auch zum Beispiel auf der Venus in eurem Sonnensystem, dann im Doppelstern-System »Sirius«, das sich innerhalb eurer Galaxie befindet – wenige Lichtjahre von euch entfernt –, des Weiteren im System »Octacore« im Erinus-Gürtel und im System »Baltium«, welche sich beide in einer anderen Galaxie als der euren befinden. Die in euren Kreisen wohl noch am ehesten bekannten Orte, an denen ich noch war, wären »Aldebaran« und auf einem Planeten im Orion-Gürtel – »Der Dritte im Bunde«, so wie eure Wissenschaftler ihn kategorisieren. Die meisten Welten, denen ich zugewiesen wurde, sind euch Menschen unbekannt – zu weit entfernt liegen diese, als sie selbst nur zu erahnen...

Ich habe etwa vor 500 Jahren – eurer irdischen Zeitrechnung gemäß – meine Reinkarnationsschleife beendet. Mein letztes

Leben lebte ich als Frau, als Schamanin einer Rasse, die sich bereits als Gesamtes dem Aufstieg verschrieben hatte. Die gesamte Gesellschaft war sich der unendlichen Realitäten bewusst, und so war es ein Leichtes, durch spirituelle Übung und Kontemplation innerhalb dieses Lebens die Reinkarnationsschleife zu vollenden.

Auf freiwilliger Basis diene ich nun weiterhin als Bote Gottes den Menschen und auch anderen Lebewesen. Ich verbreite die allgemeingültige Wahrheit im ganzen dualen Universum. Ich bin Teil der Gruppenseele, zu welcher auch Matthias und Frank gehören. Zusammen mit übergeordneten Seeleninstanzen entwerfen wir Pläne für die Erleuchtung der physischen Welten, damit diese voranschreiten können in eine lichtere Höhe.

Ich werde noch auf unbestimmte Zeit dienen, bis mir mein »Herz« sagt, dass es Zeit ist, in die spirituelle Welt einzutreten. Doch bis dahin diene ich in ehrwürdiger Weise dem Allerhöchsten – Gott – dem All-Eins.

Eine zu erwähnende Anmerkung, um eventuell auftretende Verwechslungen auszuschließen:

Bei unserem Ramta – ohne »h« – handelt es sich nicht um das Wesen »Ramtha«, das sich allein dem amerikanischen Medium »JZ Knight« mitteilt. Es besteht hier keine Verbindung zu Frau Knight und »Ramthas Schule der Erleuchtung«.

*Die Wahrheit entgeht all jenen,
die nicht bereit dazu sind,
mit beiden Augen zu sehen!*

»*Hätte man den Menschen von jeher die Wahrheit gesagt,
wäre die Erkenntnis erwachsen, dass jede Seele frei ist,
zu tun und zu lassen, was sie möchte.*«

(RAMTA)

Die Reise ins Neuland beginnt

1) DAS ERWACHEN AUS DER MATERIE

> *»Es liegt in der Natur aller inkarnierten Geister,
> den Sinn des Lebens zu suchen.«*
>
> (RAMTA)

Als Mensch, der sich schon in jungen Jahren häufig die Frage stellte, ob wohl etwas jenseits oder parallel zum physischen Leben existiert bzw. ob es ein Weiterleben nach dem Tod gibt, war ich auf der Suche nach des Rätsels Lösung. Ich wollte eine zufriedenstellende Antwort zum Sinn des Lebens finden. Ich wusste jedoch nicht, wo ich mit meiner Suche beginnen sollte. Hier und da hörte ich Geschichten oder lauschte den Gesprächen anderer Leute, welche die unterschiedlichsten Meinungen vertraten. Jeder pflegte anders über die soeben angeführten Fragen zu sinnieren. Als Realist, der sich nicht mit so unterschiedlichen Antworten zufrieden geben kann, wenn auch mit bestehender Offenheit gegenüber anders Denkenden, war ich auf der Suche nach einer für alle Menschen einheitlichen, uns allen übergeordneten universalen Wahrheit. Wenn eine solche existiert, wo würden Sie anfangen nach dieser einen, allübergreifenden Theologie zu suchen? In der Religion bzw. in Ihrer persönlichen Konfession?

Selbst die Bibel, das Buch der Bücher, erschien mir zu sehr mit symbolhaften und nicht eindeutigen Berichten angefüllt zu sein – Formulierungen, die man in mehrfacher Weise deuten konnte. Ich konnte mir einfach nicht vorstellen, dass Adam und Eva die ersten Menschen waren. Viel eher vermutete ich, die Lösung nach den tieferen Fragen des Lebens könnte in einer kombinierten Form aus religiösem Wissen und solchem, das die Naturwissenschaft mit ihrer Evolutionstheorie und die Astrophysik mit dem Urknall vertritt, zu finden sein. Beide Seiten beharren auf ihrer Version der Wahrheit; so auch die westlichen Religionen und deren Anhänger. Spielraum für andere Theorien oder Wahrheiten wird hier nur wenig oder überhaupt nicht zugelassen.

Zurück zur Bibel: Es war mir klar, dass diese einst von Menschenhand geschrieben wurde und über eine lange Zeit verschiedene Übersetzungen erfahren hatte. Auch die Tatsache, dass sich einige andere heilige Schriften nach Aussagen vieler Menschen inhaltlich von der christlichen Bibel unterscheiden, war ein Fakt, mit dem ich mich nicht zufrieden geben konnte. Schließlich – wenn nur eine höhere Wahrheit existieren sollte – so gäbe es auch nur eine mit anderen Religionsbüchern unserer Kulturen übereinstimmende Interpretation. Warum war dies nicht der Fall? Wurde eine eventuell existierende »Ur-Bibel« von einigen Religionen in der Weise manipuliert, dass sich die Völker an eine für ihre Bräuche und Anschauungen individuell angepasste Lehre über Gott und die Schöpfung halten konnten?

Je mehr ich über diese Umstände nachdachte, desto klarer wurde mir, dass ich einen eigenen Weg finden musste, mit dem ich eindeutiges Wissen durch persönliche Erfahrungen sammeln konnte.

In einer ländlichen Gegend in Baden-Württemberg aufgewachsen, wurde aus dem jugendlichen Matthias mit der Zeit ein erwachsener Mann, der vermehrt das innere Gefühl hatte, aus einem ganz besonders wichtigen Grund zu existieren. Doch welcher konnte das sein? Seltsamerweise dachte mein langjähriger Freund Frank, den ich im Jahre 1992 kennen lernte, ganz ähnlich. Jedoch tappte er wie ich im Dunkeln. Wir beide dachten oft darüber nach, dass unser Leben wohl einen überaus speziellen Sinn verfolgen musste, der sich uns lediglich bisher nicht offenbart hatte.

Die Fragen, welche ich mir im Alter von 20 Jahren ab und an stellte, waren: »Welcher Sinn liegt wohl im Geborenwerden als Mensch, dem Durchleben eines scheinbar stumpfen Kindesalters, bis hin zum Aneignen eines Berufes und dem letztlichen Sterben? Und warum lernt man ein Leben lang unzählige Dinge und sammelt Erfahrungen aller Art, um all dies im Moment des Todes auf einen Schlag unwiederbringlich für alle Zeit zu verlieren?« Man existiert eine Zeit lang und gerät dann eines Tages wieder in Vergessenheit. Genauso gut könnte man auch niemals gelebt haben, wenn all die Dinge, die man in seinem irdischen Dasein erleben kann, ein für allemal am Tag X ausgelöscht werden.

Welche Art von göttlicher Gerechtigkeit nach den Lehren der westlichen Religionen wäre es, den verheißenen Himmel, in den man nach dem physischen Tod einkehren kann, nach nur einem einzigen Menschenleben zu erfahren? Welche Gerechtigkeit kann es dafür geben, wenn der Reiche ein Leben lang in Luxus lebt, der Arme betteln muss, um überleben zu können, der Kranke an einer tödlichen Krankheit leidet, die ihn bereits in jungem Alter sein wertvolles Leben kosten könnte? Welche Gerechtigkeit gäbe es für körperlich Behinderte oder für ein Kind, das kurz nach seiner Geburt stirbt? Die göttliche Gerechtigkeit, wenn es sie gibt, muss also Teil eines überaus intelligenten Systems sein, das für alle Lebewesen die gleichen Möglichkeiten bietet. Diese lägen dann vielleicht darin begründet, dass die persönliche Existenz nicht nur ein einziges Menschenleben beinhaltet. Doch wo sind die Antworten zu diesen Fragen zu finden?

Gelegentlich hört man von der Reinkarnationstheorie oder den Rückführungstechniken zum Nachweis vergangener physischer Existenzen, doch diese sind vermutlich ebenso ein Konstrukt wie die mannigfachen religiösen Lehren auf unserem Globus. All diese Bereiche haben jedoch eine Sache gemeinsam: Theorie und Spekulation. Man hört von einem Himmel und hofft, dass dieser auch wirklich existiert. Aber praktische Beweise bleiben allerseits aus, die einen Realisten wie mich wirklich überzeugen könnten.

Frank und mich vereinte jedenfalls ein übereinstimmender Standpunkt: Freies Denken bei der Suche nach der unverfälschten und allgemeingültigen Wahrheit, unabhängig von allen Glaubensrichtungen und ohne Indoktrinationen unserer jeweiligen Religionszugehörigkeit. Frank und ich besitzen zwar eine Konfession, ohne diese jedoch zu leben und wir besuchen die Kirche schon viele Jahre nicht mehr – in seinem Fall die evangelische, in meinem die neuapostolische. Das dort Gelehrte war für uns als absolute Realisten nicht überzeugend genug und wies unlogische Inhalte auf. Oft haben wir uns über die Glaubwürdigkeit des Gepredigten Gedanken gemacht und so Manches in Frage gestellt. Die von uns gesuchte höchste glaubwürdige Wahrheit musste also in ihrer Art und Weise eine solche sein, die alle Menschen gleich behandelt und ein einheitliches Prinzip verfolgte.

Ohne jegliche Anhaltspunkte, wie wir zu den Antworten hinter diesen geheimnisvollen Fragen des Lebens kommen konnten, erfuhr Frank zufällig von seiner Schwester, dass sie sich für Esoterik interessierte. Wir beide wussten nicht wirklich viel mit diesem Begriff anzufangen, aber uns war klar, dass es um übersinnliche

Dinge ging. Aus Neugier lieh sich Frank ein Buch über die Kraft des Unterbewusstseins von seiner Schwester aus. Das Lesen dieser Lektüre war ein erster Schritt seinerseits, um vielleicht etwas Licht ins Dunkel zu bringen.

Die Zeit verging und es ereignete sich nichts Bemerkenswertes – bis zu einem Tag im Frühling des Jahres 2001.

Eines Sonntagabends im Mai rief ich Frank an, verhielt mich ziemlich aufgeregt am Telefon und erwähnte voller Begeisterung, ich müsse ihm unbedingt etwas Atemberaubendes erzählen...

Das Schlüsselerlebnis

Völlig übermüdet entschloss ich mich an einem Sonntag Nachmittag Mitte Mai 2001, für eine Weile zu schlafen, da ich erst am frühen Morgen nach Hause gekommen war. Das Wochenende hatte ich zusammen mit einigen Bekannten in der Natur verbracht. Ich wollte nun nicht den ganzen Sonntag verschlafen, und hoffte, den Tag über durchzuhalten, was mir jedoch nicht gelang. Also gab ich den Kampf mit der Müdigkeit auf und legte mich völlig erschöpft zwischen 15 und 16 Uhr in mein Bett, davon ausgehend, innerhalb von wenigen Sekunden das Wachbewusstsein zu verlieren und sofort einzuschlummern. Weit gefehlt.

Etwa eineinhalb Stunden verblieb ich unbeabsichtigt in einem Bewusstseinszustand, der sich zwischen Wachbewusstsein und Tiefschlaf bewegte. Deutlich sah ich bewegte Bilder vor meinem inneren Auge. Was ich sah, war mir nicht fremd, sondern ganz angenehm. Es waren Wiederholungen von schönen Szenen des Wochenendes. Ich beobachtete, dass ich durch dichte Wälder wanderte und die Ruhe der Natur in mich aufsog. Untermalt wurde die Szenerie mit Vogelgesang, den ich in meiner physischen Umgebung durch das Fenster von draußen ins Zimmer dringen hörte. Rücklings auf dem Bett liegend genoss ich die Bewegungslosigkeit, während sich in mir die Bilder des Wochenendes wiederholten und somit eine zusätzliche Entspannung gefördert wurde.

Mein Bewusstseinszustand veränderte sich zwischendurch immer mal wieder, als ich für kurze Momente etwas mehr ins Wachbewusstsein gelangte, mich wunderte, weshalb ich unter meiner Müdigkeit nicht in den Tiefschlaf fiel, und dann wieder in einen dämmrigen Zustand driftete.

Dann geschah es: Plötzlich stellte ich verblüfft fest, dass ich durch geschlossene Augenlider mein Zimmer sehen konnte. Dem nicht genug. Unmittelbar in Folge umfasste irgendjemand meinen linken Oberarm. Deutlich konnte ich den behutsamen Griff einer angenehmen Hand wahrnehmen. Ohne lange nachdenken zu können, was da vor sich ging, schwebte ich, stets in Rückenlage befindend, seitwärts aus meinem Bett in Richtung Zimmermitte – ohne jedoch ein Gefühl von Schwere zu empfinden. Vor Faszination stockte mir sprichwörtlich der Atem. Das Gefühl der Schwerelosigkeit und Freiheit war wundervoll und überwältigend.

Obwohl das Schweben an sich nicht unangenehm war, hatte ich auch ein wenig Angst, währenddessen schlagartig auf den Fußboden fallen zu können. Dies geschah nicht, und die Gravitation schien in dem beglückenden Zustand, in dem ich mich befand, nicht von Bedeutung zu sein. Während ich versuchte, dieses extraordinäre Geschehen zu analysieren, wurde mir bewusst, dass ich mich ohne Einsatz meines Willens stetig vom Bett entfernte und weiter zur Mitte des Zimmers driftete. In vollem Bewusstsein starrte ich zur Decke und überließ mich voll und ganz dieser Erfahrung. Nach der ersten Aufregung wurde mir erst so richtig klar, dass ich zu diesem Zeitpunkt offenbar ohne meinen physischen Körper unterwegs war. Dieser musste sich währenddessen im Bett befunden haben. Kaum gelangte ich zu diesem Resultat, befand ich mich plötzlich – nach einer ruckartigen Empfindung – wieder in meinem Bett – und in meinem Körper.

Ich schlug meine Augen auf, während sich mein Körper ungewohnt leicht und prickelnd anfühlte. Mit einem beflügelnden Gefühl akzeptierte ich, dass das, was sich Sekunden zuvor zugetragen hatte, zweifelsfrei ohne meinen physischen Körper vonstatten ging...

Ich bin nicht mein physischer Körper

...Ein Hochgefühl durchflutete mich bei der Rückkehr in meinen physischen, im Bett befindlichen menschlichen Körper. Diesen würde ich von nun an anders zu betrachten haben, als ich das zuvor über zwei Jahrzehnte lang gewohnt war. Eine neue Sichtweise einzunehmen und das Altbekannte neu zu beurteilen war etwas völlig Fremdes.

Energiegeladen und mit einem kribbelnden Gefühl im Körper verließ ich mein Bett und freute mich über die Erkenntnis, nicht mein physischer Körper zu sein. Damit rückte der Gedanke näher, dass es wohl ein Weiterleben nach dem Tode gibt. Soeben hatte ich aus erster Hand einen für mich überwältigenden Beweis dafür erlebt. Der Realist in mir war überzeugt, sprachlos und im Innern glücklich über diese tiefgreifende Erkenntnis.

Nachdem sich die erste Aufregung gelegt hatte, kam mir etwas in den Sinn. Ich wurde angefasst! Aber von wem, und warum konnte ich niemanden sehen? Die Hand an meinem Oberarm hatte ich mir definitiv nicht eingebildet. Im nächsten Moment sprangen meine Gedanken zu der Überlegung: Soll ich meiner Familie erzählen, was ich soeben erlebte?

Gedacht, getan. Ich eilte die Treppe hinunter und berichtete von meinem sagenhaften Erlebnis außerhalb meines Körpers. Schweigen. Sichtliche Verständnislosigkeit war in den Gesichtern zu lesen, und ich akzeptierte, dass ich anderweitig jemanden suchen musste, der sich mit mir über den außerkörperlichen Ausflug unterhalten wollte. Mein erster Gedanke war Frank, mein langjähriger Freund.

Frank war begeistert von dem, was ich ihm da erzählte. Er nahm meine Schilderungen weitgehend ernst, da er wusste, dass er mir glauben konnte, weil wir beide uns schon jahrelang intensiv kannten. Trotzdem hegte er kleine Zweifel gegenüber meinem Erlebnis. Denn wenn man glaubt, sein physischer Körper zu sein, kann man sich schlecht außerhalb des selbigen vorstellen.

Voller Neugier und Wissensdurst suchte ich noch am selben Abend im Internet nach Antworten, die mein Erlebnis näher erläuterten. Ich wollte in Erfahrung bringen, ob das, was ich erlebte, auch anderen Personen schon passiert ist. Es dauerte nicht lange, bis ich auf diversen Internetseiten mit paranormalen Inhalten fündig wurde und auf den Begriff »Außerkörperliche Erfahrung« stieß. Ich las mir einiges zu diesem Thema durch und war beruhigt, dass mein Erlebnis offenbar keine Seltenheit war und dies auch anderen Menschen schon in gewissen Extremsituationen widerfahren war. Mir genügten diese Informationen. Auch war ich froh darüber, nicht denken zu müssen, ich sei verrückt...

Während der nächsten dreieinhalb Jahre ereignete sich nichts Bemerkenswertes. Frank und ich unterhielten uns hin und wieder über mein Erlebnis. Mein Dasein jedoch veränderte sich. Dieses Erlebnis der ganz besonderen Art warf meine Ansichten über das Leben über den Haufen und ich entdeckte, dass sich bei mir allgemein ein Blick für Details entwickelte. Details, die so selbstverständlich waren (zum Beispiel in der Natur), dass ich glaubte, der Durchschnittsmensch habe vermutlich kein Bewusstsein mehr dafür, diese wahrzunehmen. Auch machte ich mir immer wieder Gedanken darüber, wer mich am Oberarm angefasst hatte. Sollte ich die Antwort jemals erhalten? Eine andere hatte jedenfalls den Weg in mein Leben gefunden: Der leibliche Tod ist zum Glück nicht das Ende. Es ist schön, nicht mein physischer Körper zu sein! Mit dieser Erkenntnis hatte ich nicht gerechnet. Nun musste ich mir eingestehen, dass es doch etwas Glaubwürdiges an Kirche und Religion gibt, obwohl ich hierfür auch Mangels Interesse noch nie viel übrig hatte.

Einige Monate später machte sich Frank immer wieder Gedanken über das Erlebnis, das sich bei mir vor fast vier Jahren zutrug. Er beschloss, sich auf die Suche nach Lektüre zu machen, die ihn in ausführlicher Weise über den Zustand der Außerkörperlichkeit informieren konnte. Es dauerte nicht lange, bis er fündig wurde. Wie durch geistige Führung wurde er auf ein Buch aufmerksam, das auch aufgrund des ansprechenden Umschlages sein Interesse weckte.

Gespannt verschlang Frank jede Seite des Buches. Es informierte wirklich sehr detailliert und eine spezielle Information wollte er mir nicht vorenthalten. Also rief er mich an und informierte mich schließlich von dem betreffenden Buch und dessen Inhalt – auch von der Tatsache, dass außerkörperliche Erfahrungen mit etwas Übung sogar willentlich herbeizuführen seien. Erfreut über diese Nachricht, beschloss ich, dieses Buch ebenfalls zu lesen.

Nachdem wir beide ein gutes Grundwissen über den Zustand der Außerkörperlichkeit (auch als »Astral-Projektion« oder im Englischen als »Out-Of-Body-Experience« bekannt) besaßen, beschlossen wir, mit der willentlichen Herbeiführung dieses Zustands zu experimentieren und den gelesenen Anweisungen zu folgen. Schon bald konnten wir beide erste außerkörperliche Erlebnisse verzeichnen – auch wenn diese nur von kurzer Dauer waren. Unsere Neugier trieb uns aber immer wieder an, weitere Erfahrungen jenseits unseres menschlichen Körpers anzustellen, um dieses geheimnisvolle Neuland mit Abenteuerlust zu erforschen.

Um sich von seinem physischen Körper für eine gewisse Zeitspanne zu trennen, gibt es zahlreiche Techniken. Eine zum Beispiel ist es, den Körper einschlafen zu lassen, während man versucht, geistig wach zu bleiben und sich mental nicht dem Schlaf zu übergeben. Umso länger man sich im Grenzland zwischen Wachbewusstsein und Schlaf bewegt, je mehr treten die nichtphysischen Sinne hervor und das Verlassen des biologischen Körpers wird möglich. Das konnten Frank und ich durch unsere Recherchen in Zusammenhang mit meinem Schlüsselerlebnis in Erfahrung bringen.

Wenn Sie bewusst beobachten wie Sie einschlafen, so wird Ihnen mit Sicherheit auffallen, dass Sie verschiedene Bewusstseinszustände durchqueren, je weiter Sie sich dem Tiefschlaf annähern. Ehe das Bewusstsein die schmale Grenze zwischen Wachzustand und Tiefschlaf passiert, führen gezielte Gedanken an das Verlassen des physischen Körpers – sofern man sich in diesem Dämmerzustand an dieses Ziel erinnert, einen Schwingungsprozess herbei. Dessen Anzeichen begegnen viele Menschen oft beim Einschlafen – auch ohne jemals von Astral-Projektion gehört zu haben oder gar an das Verlassen ihres Körpers zu denken. Doch wer kommt schon auf eine solche Idee ohne davon zuvor einmal gehört oder gelesen zu haben?

Zahlreiche Menschen begegnen also seltsamen Phänomenen, während sie sich auf dem Weg in den Tiefschlaf oder aber aus diesem heraus befinden. Es werden vibrierende oder wellenartige, energetische Empfindungen mit oft merkwürdigen Geräuschen wahrgenommen, welche sich schlecht einschätzen und irgendetwas Bekanntem zuordnen lassen. Diese Symptome sind Signale, die andeuten, dass Sie bereit sind, Ihren physischen Körper zu verlassen. Nun stellt sich die Frage, wodurch diese Beobachtungen erzeugt werden, sofern die nötige Akzeptanz für neue Erkenntnisse fehlt. Was – wenn nicht ausschließlich physischer Körper – sind wir denn noch? Die Antworten warten in diesem Buch auf Sie!

2 ÜBERSINNLICHE KOMMUNIKATION

Zu Beginn des Jahres 2005, etwa drei Jahre nach meinem außerkörperlichen Erlebnis, wurde Frank durch eine neue Bekanntschaft auf ein Buch aufmerksam, welches die Erfahrungen eines Mannes beinhaltete, der sich mit Gott unterhalten konnte. Neugierig verschlang er den Inhalt und wünschte sich, selbst mit Gott Gespräche führen zu können. Frank wusste, auf diese Weise könnte er endlich zu den Antworten kommen, die ihn schon so lange beschäftigten.

Schon bald versuchte mein Freund wiederholt vor dem Einschlafen darum zu bitten, dass Gott sich auch ihm mitteilen solle und dies seine feste Absicht sei. Nichts geschah! Er fragte sich, warum es so viele gläubige Menschen gibt, die um Unterhaltung mit Gott ersuchen und ebenfalls erfolglos waren. Doch warum war es diesem Mann aus dem Buch möglich? Was machte dieser richtig?

RAMTA – EINE STIMME IM KOPF

Mit dem Wissen über mögliche andere Bewusstseinszustände beabsichtigte Frank nach einem weiteren Jahr, seinen Versuch, mit Gott zu kommunizieren, zu wiederholen. Er hatte sich vorgenommen, bewusst die Kontrolle über den Prozess des Einschlafens zu gewinnen und mit anderen Bewusstseinszuständen zu experimentieren. Dieses Mal wollte er sich allerdings nicht ausschließlich auf die Kommunikation mit Gott konzentrieren. Es genügte Frank, wenn nur irgendein Wesen, das nicht unserer Welt angehörte, seinen Wunsch erhörte und versuchte, mit ihm in Verbindung zu treten.

Seine Anstrengungen hatten dieses Mal Erfolge hervorgebracht. Zu seiner Überraschung vernahm tatsächlich ein nichtphysisches Wesen seine Absicht und begann, sich mit ihm auszutauschen...

Die nächsten Berichte stammen von Frank, der erzählt, was er erlebt hat...

Kapitel 2

SCHIZOPHRENIE?

Bericht von Frank im Januar 2006:

In den letzten Tagen nahm ich ganz bewusst vermehrt eine innere Stimme wahr, die mir meine Fragen bezüglich des Lebens und dieser Welt beantworten konnte. Ich hatte bereits einige Fragen gestellt, die ich selbst nicht hätte ausreichend beantworten können und ich erhielt jedes Mal eine ausführliche und tiefgründige Antwort. Durch meine Zweifel war ich mir zunächst unsicher, ob diese Antworten aus meinem eigenen Wissensschatz stammten. Doch beinhalteten diese Antworten Aussagen, die mir kurz zuvor noch nicht als Wissen zur Verfügung standen.

Gestern Abend hatte ich nach dem Namen des Wesens gefragt. Die Antwort hierauf lautete »Ramta«. Es sagte mir, es wäre mein fehlendes Gegenstück, das, wonach ich immer gesucht hatte, wonach sich mein Herz schon immer gesehnt hatte: ein Stück Heimat, ein Stück Ewigkeit. Es sei der fehlende Teil meiner selbst; die liebende Energie, die immer bei mir ist, die liebende Energie in meiner Phantasie, die liebende Energie in meinen Träumen, die liebende Energie, nach der ich mich immer sehne, die ich so sehr vermisse. Und sie ist da, sie ist immer bei mir. Und es seien auch noch andere da, die uns hilfreich und unterstützend zur Seite stehen, wenn wir das denn möchten.

*Was den genannten Namen betrifft, so ist er nicht absolut. Eine Antwort von Ramta war: »****Nenne mich wie immer du willst, es bleibt sich gleich.****« Es spielte keine Rolle, welchen Namen ich Ramta zuteilte, oder ob ich sie oder ihn als männlich oder weiblich bezeichnete. Ramtas Natur ging weit über mein Vorstellungsvermögen hinaus. Ich konnte mir nicht vorstellen, wer oder was genau sie, er oder es ist. Es überforderte mein irdisches Denkvermögen. Ich werde also kurzerhand den Namen »Ramta« verwenden und das Wesen meinem Gefühl nach als weiblich bezeichnen.*

Hinsichtlich der Antworten war es manchmal nicht möglich, sie wortwörtlich festzuhalten, denn die Übermittlungen kamen meist sehr schnell und oft auch nicht einfach nur in aneinandergereihten Worten, sondern viel mehr wie ein Geistesblitz. Meine ganze Vorstellungskraft wurde da mit einbezogen. Es waren durchaus auch oft Worte dabei, aber es war weitaus mehr als Worte sagen können, es war ein Gefühl, ein inneres Wissen, das man auf einen Schlag erhält. Die Gesamtheit dessen, was während der Kommunikation übermittelt wurde, befand sich plötzlich umfassend in meinem Gedächtnis. Ich war dann im Besitz von Erkenntnissen, über die ich Sekunden zuvor noch nicht verfügt hatte.

Die Botschaften, die ich erhielt, besaßen ein solch enormes Potential, dass Worte allein unmöglich ausreichen, um sie festzuhalten. Ich werde trotzdem mit bestem Gewissen diese Antworten, oder besser die Kommunikation, in Worten festhalten. Doch gebe ich nochmals zu bedenken, dass Worte dem Gesamtgehalt der Informationen keinesfalls Rechnung tragen. Der ganze Umfang einer solchen Kommunikation kann nur erlebt, nicht gelesen werden.

Ich weiß, dass diese Stimme, die ich höre, nicht von mir selbst stammen kann. Dennoch stelle ich mir die Frage: Bin ich schizophren?

(Anm. d. Autors: Kursiv geschriebene Zeilen stehen in diesem Buch für Fragen, Gedanken oder Berichte von Frank)

DER AUFSTIEG DER ERDE (I)

Ramta erzählte Frank einiges, das zu Beginn der Entdeckung seiner Medialität nicht schriftlich festgehalten wurde. Zum damaligen Zeitpunkt war auch die Idee, aus diesen Informationen ein Buch entstehen zu lassen, noch kein Thema...

Das Wesen Ramta erwähnte, die Erde und somit auch die darauf lebenden Wesen befänden sich im Aufstiegsprozess. Der Aufstieg habe bereits begonnen, wir seien also mittendrin. Dem einzelnen Menschen auf unserem Planeten bliebe die Wahl, mit aufzusteigen, sich den neuen Schwingungen anzupassen und alle nicht mehr benötigten Energien abzulegen. Die andere Möglichkeit wäre, einfach die derzeitige Inkarnation abzuschließen und in einem neuen Leben weiter zu machen. Es hinge natürlich individuell von der seelischen Reife, also dem Fortschrittsgrad ab, den die einzelne Seele bis hierhin erreicht habe.

Diese Zeit des Aufstiegs sei eine wundervolle Zeit. Mehr als irgendwann sonst könne man genau in dieser Zeit wunderbare

Erfahrungen sammeln und einen großen Fortschritt erzielen, für den man sonst sehr viel länger benötigen würde. Wir würden eine Welt erleben wie niemals zuvor; eine Welt, wie wir sie uns bis jetzt nicht vorstellen könnten.

Die derzeitigen Umweltkatastrophen seien ein notwendiger Bestandteil des Aufstiegs. Die Erde müsse sich zuerst reinigen, sich von negativen Energien befreien, bevor sie den Aufstieg vollziehen könne. Viele Seelen, die für den Aufstieg noch nicht bereit seien, würden die Erde in dieser Zeit verlassen. Sie würden dann in einem »Spiel« weiter machen, und dort ihre weiteren Erfahrungen sammeln, um ihre Fortschritte zu erzielen.

Ebenfalls zu den Nebeneffekten in dieser Zeit gehörten die Aggressionen der Menschen, die Kriminalität, die Verbrechen, die Brutalität, der Hass, der Neid und die Eifersucht. Viele Seelen könnten mit der Schwingungserhöhung nicht umgehen. Sie bekämen große Angst, und projizierten diese nach außen. Sie fürchteten sich vor dem Tod, und davor, dass ihnen alles aus den Händen glitte. Und letzten Endes müssten sie diese Inkarnation beenden und in einer anderen weiter machen, es sei denn, sie entschieden sich noch einmal anders und akzeptierten den Aufstieg, passten sich den Schwingungserhöhungen an und legten alle nicht mehr benötigten Energien ab.

Viele hohe Lichtwesen, Engel, stünden der Erde und der Menschheit helfend zur Seite, damit der Aufstieg leichter fiele. Es sei eine wunderbare Zeit, in der auch Lichtarbeiter, wie mein Freund und ich ihre hilfreiche Arbeit für diesen Transformationsprozess beisteuern könnten.

∞

Weiterer Bericht von Frank im Januar 2006:

Der Austausch mit Ramta ist für mich äußerst interessant, doch er strengt mich auch sehr an. Dennoch habe ich das Gefühl, dass mein Geist die Verbindung zu höheren Sphären gut aufbauen kann. Zudem glaube ich zu spüren, dass die Kommunikation durch mein Gehirn weiterverarbeitet wird und meinen physischen Körper sehr auszusaugen scheint. Es benötigt viel Energie, um in Kommunika-

tion zu bleiben und so brauche ich auch viel Ruhe, um mich wieder aufzuladen, um neue Botschaften empfangen zu können.

Am vergangenen Abend hatte ich wieder Verbindung. Ich wollte die Einzelheiten nach der Kommunikation aufschreiben, da ich aber gerade so bequem im Bett lag und auch meinen Hund, der neben mir lag, nicht stören wollte, bin ich dann doch nicht aufgestanden. Und wie sollte es auch anders sein, habe ich einen Großteil dessen vergessen, was mir mitgeteilt wurde. Ich fragte unter anderem, ob es stimme, dass ich in den nächsten Jahren eine hellseherische Fähigkeit entwickeln werde und ob ich dadurch wohl die Zukunft voraussagen kann (diese Tatsache wurde mir vor kurzem von einem Astrologen mit präkognitiven Fähigkeiten prophezeit). Diese Frage wurde mir bestätigt. Es wurde mir mitgeteilt, dass ich nicht nur in die Zukunft sehen werde, sondern dass ich sogar aus der Zukunft komme, neu inkarniert in dieser Zeit. Ich habe die Zukunft schon erlebt, um zurückzukommen und die Zukunft voraussehen zu können. Dies ist eine meiner Aufgaben.

*Vorgestern habe ich für meinen Freund Matthias einige Fragen gestellt, die mir teilweise auch sogleich beantwortet wurden, wenn auch nicht so umfangreich. Am Tag danach habe ich mich deswegen mit Matthias beraten und er bat mich, nach weiteren Antworten zu fragen. Dies habe ich am Abend noch versucht, doch die Zeit scheint dafür noch nicht reif zu sein. Ramta teilte mir mit einem klaren »**Nein**« mit, dass sie mir keine Auskünfte geben könne und dass es wichtig sei, dass ich mich derzeit auf meine eigenen Anliegen konzentriere. Es sollten zuerst meine Fragen beantwortet werden, bis es wieder an der Zeit sei, mehr zu erfahren. Doch für den Moment wurde ich von Ramta über meine irdische Aufgabe aufgeklärt.*

»Du hast dich über eine lange Zeit und über viele Inkarnationen genau auf diese Inkarnation vorbereitet, in der du dich gerade befindest – das Spiel, wie du es nennst.

Du hast dich sehr gut vorbereitet und es wird dir leicht fallen, diesen Aufstieg zu vollziehen. Genau dafür bist du hierher gekommen!«

Ich werde, so wie es scheint, in Zukunft weitere Durchsagen erhalten, die der Allgemeinheit dienen können. Und es ist wichtig,

Kapitel 2

dass ich meinen Geist dafür frei halte. Wenn zu viele verschiedene Gedanken in meinem Kopf vorherrschen, dann leidet die Qualität der Kommunikation sehr darunter, so sehr, dass ich sie zum Teil gar nicht mehr wahrnehmen kann.

Bezüglich Matthias wurde mir mitgeteilt, dass unsere Verbindung auf keinen Fall zerbrechen darf und wir sehr darum bemüht sein sollen, unsere Freundschaft aufrecht zu erhalten.

Ramta bestätigte eine innere Vermutung unsererseits, die uns schon seit langer Zeit begleitet, nämlich, dass die Verbindung zwischen Matthias und mir weit über die Grenzen unserer gegenwärtigen Inkarnationen reicht.

Eine weitere Tatsache sei die, dass wir beide bereits vor unserem Einzug in diese Körper eine Mission angenommen hatten, bei der Ramta eine wichtige Rolle spielen würde. Wir hätten uns für sie als unsere spirituelle Führerin entschieden, damit sie uns bei unserem derzeitigen physischen Dasein unterstütze. Sie stimmte dem Wunsch zu, uns während des tiefen »physischen Schlafes« wachzurütteln bzw. uns die Augen zu öffnen und wiedererkennen zu lassen, was wir sind: Werkzeuge des Lichts. Dazu gehöre auch die Erinnerung, dass wir ewig während Energiewesen sind.

Ich bat Ramta, das Wesen, das Matthias und ich unserem Gefühl nach nun vorzugsweise gerne als männlich annehmen und ansprechen möchten, es oder ihn einmal sehen zu dürfen; einfach als Bestätigung dafür, dass ich mir das Geschehene nicht nur einbilde. Ramta sagte mir, dass dies zum gegenwärtigen Zeitpunkt in der physischen Dimension nicht möglich sei. Er teilte mir mit, dass ich ihn während einer Außerkörperlichkeit auf der Astralebene treffen könnte. Ich bin mir sicher, dass ich Ramta eines Tages zu einem passenden Zeitpunkt begegnen werde.

Durch die Kommunikation mit unserem feinstofflichen Führer durfte ich kürzlich erfahren, dass uns noch andere hohe Lichtwesen auf unserem Weg begleiten. Ich war gespannt, was sich noch ereignen würde!

DIE BUCHIDEE

Nachdem ich am späteren Abend noch etwas gegessen hatte, legte ich mich mit Notizblock und Stift ins Bett. Ich war zuerst noch ein wenig aufgewühlt von den Gedanken des Tages und versuchte, langsam meinen Kopf zu beruhigen. Ich vernahm ein paar Mal die Aufforderung: »**Befreie deinen Geist!**« *Folglich war ich bestrebt, meinen Kopf zu leeren, Gedanken einfach gehen zu lassen, meine innere Mitte zu finden. Nach und nach glitt ich immer mehr in einen angenehmen, ruhigen Zustand, bis ich plötzlich ein Kribbeln in meinem Körper wahrnahm und die Anwesenheit mehrerer nicht-physischer Präsenzen fühlte. Ich fragte, ob sie das sind.*

»**Lasse es zu! Wir nehmen eine Schwingungsanpassung vor. Deine Schwingung wird ein klein wenig erhöht.**«

Mir fiel eine Idee von Matthias ein, die auch ich hegte: aus meinen Notizen ein Buch zu fertigen. Ramta meinte, dass dies eine gute Sache sei. Der Antrieb dafür sollte aber das Bestreben sein, anderen Menschen damit helfen zu wollen und nicht die Gier nach Profit. Es sollte in erster Linie um die Unterstützung anderer Seelen gehen, die auf ihrem Weg ins Licht Inspiration brauchen. Ich dachte an das Mitwirken von Matthias bei diesem Projekt, worauf Ramta kommentierte:

»**Matthias wird dir eine große Hilfe in Sachen der Formulierung sein. Ihr solltet das Projekt gemeinsam ausführen. Wenn ihr es tut, um den Menschen damit zu helfen, wird es euch zu einer höheren Form des Seins führen.**«

Ich spürte ein Kribbeln auf meiner Stirn und vernahm gleich weitere Worte...

»**Wir synchronisieren dein Gehirn, öffnen dein Stirn-Chakra und aktivieren dein drittes Auge. Du wirst damit die Zukunft schauen können.**«

Während ich dies schrieb, sagte Ramta:

»Lege dich nun hin und schlafe, ruhe dich aus und lasse geschehen. Wir haben noch viel zu tun mit dir und deinem Körper. Nun schließe den Text ab und finde deine Ruhe. Licht sei mit dir!«

Ich legte den Block zur Seite. Die Unterhaltung endete. Stille kehrte ein. Es erfüllte mich eine innere Ruhe und Zufriedenheit. Ich spürte noch ein paar energetische Veränderungen in meinem Körper. Sie waren sehr angenehm und ich wusste, sie dienen meinem Besten…

Die Idee, aus meinen Notizen ein Buch zu schreiben, war nun besiegelt und von Ramta als gute Sache bezeichnet worden. Zuvor sollten meine Aufzeichnungen lediglich dem Zweck dienen, meine persönlichen Erlebnisse für mich und meine Zukunft festzuhalten. Die erhaltenen Botschaften wollte ich zudem nicht für mich alleine behalten. Freunde und Bekannte sollten bei Interesse an diesem außergewöhnlichen Wissen teilhaben und mit uns staunen können.

Ich schätzte mich glücklich, nach meinen Anstrengungen jetzt über einen überaus interessanten Kontakt zu einer Welt und einem Wesen außerhalb der Erde zu verfügen. Zudem fühlte ich mich zufrieden in dem Wissen, fast alles von Ramta Übermittelte von Anbeginn unseres Kontaktes notiert zu haben. Ausgenommen waren einige erste, ganz persönliche Antworten auf Fragen, die sich auf mein Leben und gegenwärtige Situationen bezogen.

Nun war ich neugierig, welches Wissen mir im Laufe der nächsten Tage, Wochen und Monate zukommen würde. Ich erinnere mich deutlich, dass ich vor einiger Zeit zusammen mit meinem Hund und Matthias abends einen Spaziergang machte, während ich ihm erzählte, dass ich ein starkes inneres Gefühl verspürte, dass wir beide in unserem Leben große Dinge vollbringen würden. Doch leider fehlte mir hierzu jeglicher Anhaltspunkt. Auch Matthias hatte ein ähnliches Gefühl was ihn betraf, doch genau wie ich fand er keine Antworten dafür. Meine Intuition sagte mir damals, dass ich über irgendetwas ganz Besonderes und Wichtiges Bescheid wusste. Allerdings konnte ich mich an keine Details erinnern und mir auch keine Antwort darauf geben, wo diese Annahmen ihren Ursprung fanden.

War die gegenwärtige neue Situation und der Kontakt zu Ramta ein Weg, an die Antworten der damals aufgeworfenen Fragen zu kommen? Oder stellte dies sogar den Beginn eines großen Weges dar, den wir nun betreten hatten und dessen unbekanntes Ziel wie ein bislang unsichtbares Geheimnis in der Ferne mit besonderen Ereignissen auf uns wartete?

∽

Einige Tage später konzentrierte sich Frank beim Austausch mit Ramta auf ein persönliches Anliegen von mir. Ich interessierte mich dafür, in welchen Ausmaßen die Energiearbeiten ausfallen, die nun auch an mir getätigt wurden, und welchen Zeitraum sie beanspruchen würden. Ramta erwähnte unter anderem Folgendes:

»Lieber Matthias, du leistest gute Arbeit. Mache weiter so. Wir verneigen unser Haupt vor dir und ehren dich!
Deine Energieanpassungen laufen gut. Es wird drei Jahre dauern, dann wirst du neu geboren sein.
Du bist fähig, Menschen anzuleiten. Du bist ein Prophet des Lichts, ein Träger der Hoffnung. Du öffnest den Menschen die Augen und wirst vielen wie ein Vater sein. Die Menschen werden dir zuhören. Auch du wirst ein Bote Gottes sein, so wie ich es jetzt bin.«

Eine Gefahr durch dunkle Mächte?

Nach den ersten positiven Erfahrungen mit Ramta, dessen fühlbarer Fürsorge und hilfreichen Aussagen wendete sich plötzlich das Blatt. Frank und ich gerieten durch einen Zwischenfall in eine zweifelhafte Lage, in der es uns schwierig erschien, an den positiven Ereignissen der letzten Tage festzuhalten.

Ich führte gerade ein ausführliches Telefonat mit Frank, wie des Öfteren, seit wir Mitteilungen von höherer Stelle erhielten. An diesem Tag jedoch ist bei mir etwas Maßgebendes passiert. Zwei Anhänger einer religiösen Gruppierung, die für Hausbesuche bekannt ist, klingelten bei mir. Jemand aus meiner Familie öffnete die Tür, redete mit den Leuten über ihren Glauben und ich gesellte mich schließlich hinzu.

Ich übernahm das Gespräch und unterhielt mich dann auch darüber, dass wir nicht einfach nur an irgendeine Bibel glauben, sondern dass wir Antworten von nichtphysischer Seite erhalten und dass wir auch Erfahrungen in Außerkörperlichkeit sammeln. Auf den Hinweis, dass wir mit Wesen kommunizieren, die nicht unserer physischen Welt angehören, haben die Anhänger der erwähnten Gruppierung Bedenken angemeldet. Sie meinten, dass sich durchaus auch dunkle Mächte als positiv ausgeben können und zitierten passende Zeilen aus der Bibel. Möglicherweise bestünde die Gefahr, dass wir uns auf den Weg der Finsternis begeben und irregeführt werden könnten.

Diese Aussage, dass sich auch dunkle Mächte als gut ausgeben könnten, begegnete uns öfter einmal. Doch heute hat uns dieser Hinweis ein wenig verwirrt und unsicher gemacht. Ich hatte Frank den gesamten Ablauf mit den Besuchern geschildert und auch er hatte jetzt ein paar Zweifel, ob wir uns wohl auf dem richtigen Weg befinden oder nicht. Eine Prüfung?

Was wir jetzt brauchten, war eine Bestätigung von Ramta – irgendein höheres Erlebnis, irgendwelche Informationen, irgendetwas, das uns überzeugte, dass wir auf dem Weg des Lichts sind. Es war uns wichtig, dass das, was wir tun, richtig und für die Menschheit tatsächlich hilfreich ist. Wir wollten uns sicher sein, dass unser Weg von Wesen des Lichts angeleitet wird.

Es sollte für Ramta kein Problem sein, uns mit irgendetwas zu überzeugen, das unsere Zweifel wegwischen würde. Wir hatten das Wesen gebeten, uns so bald als möglich die notwendigen Dinge mitzuteilen, die wir brauchten, um unsere Sicherheit zurück zu gewinnen. Möglicherweise könnte Ramta uns auf der Traumebene begegnen oder wer weiß, was ihm sonst so einfallen könnte, um uns Sicherheit zu geben. Ebenso war uns wichtig, zu wissen, warum diese Leute gerade jetzt gekommen sind und ob sie kamen, um uns von weitreichenden Fehlern abzuhalten. Vielleicht verfolgten sie aber auch die Absicht, uns von dunkler Seite her zu beeinflussen, damit wir den Weg des Lichts nicht länger gingen. Diese Möglichkeit erschien mir aber eher unwahrscheinlich zu sein. Wie dem auch immer sei, es war uns wichtig, der Sache auf den Grund zu gehen.

Das Wesen Ramta hatte Frank ja bereits das Angebot gemacht, dass wir es auf der Astralebene antreffen und es dort dann auch sehen könnten. Es sagte, dass es sich in seiner Schwingung so weit verringern könne und auf die Astralebene käme, um dort visuell wahrnehmbar zu sein, es aber unsererseits des außerkörperlichen Zustands bedürfe, damit wir ebenfalls auf die Astralebene gelangen konnten. Durch dieses persönliche Kennenlernen hätten wir unseren Beweis – auch um die Gesinnung des Geistwesens zu testen. Wir brauchten notfalls etwas anderes, das uns Überzeugung verschaffen konnte. Denn zu diesem Zeitpunkt war es für uns nicht so einfach, Außerkörperlichkeit herbeizuführen.

Frank bereitete sich am selben Abend auf eine eventuelle Kommunikation mit Ramta oder ein vielleicht bevorstehendes Erlebnis vor. Er befreite seinen Geist, um aufnahmefähig zu sein für die Dinge, die ihm zur gegenwärtigen Situation mitgeteilt werden könnten. Frank forderte Klarheit, denn er wollte die wertvolle Zeit dieser Inkarnation nicht für den falschen Weg verschwenden. Er beharrte auf persönlicher Überzeugung, dass alles so seine Richtigkeit hatte, wie es vor einigen Tagen begann.

Am Abend erhielten wir eine Kunde von höherer Stelle...

Entspannt legte ich mich ins Bett und beruhigte meine Sinne. Ich leerte meinen Kopf von den alltäglichen Gedanken und erwartete eine Kommunikation. Durch die entstandene Verwirrung hinsichtlich des Auftretens der allseits bekannten Glaubensanhänger war die Qualität der empfangenen Botschaft nicht so gut. Ich nahm auch nicht wirklich viel wahr. Es fühlte sich an, als hätte sich Ramta distanziert. Vielleicht ist es auch eher eine Distanz, die aus mir heraus entstand. Als mir dies bewusst wurde, bereute ich, dass wir mit unserem einfältigen physischen Verstand so hartnäckig gegen Ramta vorgingen. Eines war mir dann doch klar: er hatte uns bislang nur gute Dinge gelehrt und Gutes war geschehen. Dann erhielt ich plötzlich eine unsere Zweifel betreffende Botschaft, die ich gut vernehmen konnte:

»Ihr werdet euren Beweis zur gegebenen Zeit erhalten.«

Für Matthias erhielt ich folgende Nachricht:

»Siehe, ich erfülle dir einen Wunsch. Es wird nicht lange dauern, bis du erkennen wirst, wann es soweit ist.
Lasse deine Sorgen fallen. Alles wird gut! Wir freuen uns, dass du dich für uns interessierst. Licht sei mit dir! Auf deinen Wunsch hin werden wir mit unserer Unterstützung fortfahren.«

Ramta teilte mir auch mit, wir hätten die freie Wahl, ob wir diesen Weg gehen wollten oder nicht. Wir seien zu nichts gezwungen und hätten lediglich eine wundervolle Chance, der Menschheit zu helfen.
Die Kommunikation wurde beendet und ich wendete mich der Nachtruhe zu.

AN DEN FRÜCHTEN WIRST DU ERKENNEN

Bericht von Frank; es ist Mitte Januar 2006:

Ich war gerade auf einem morgendlichen Spaziergang mit meinem Hund. Entspannt und friedlich schlenderten wir über die Straßen. Ich dachte nochmals über unsere derzeitige Situation nach und ob es wohl gerechtfertigt war, ein solches Misstrauen zu entwickeln. Plötzlich erhielt ich Botschaften. Ich fasse sie in eigenen Worten zusammen, da ich sie einerseits nicht mehr wortgetreu wiedergeben kann und andererseits, weil mir auch Gefühle übermittelt wurden.
Es ist so, dass, wenn wir uns ein wenig Zeit nehmen, wir tief in unserem Innern die Wahrheit kennen. Wir besaßen bereits die Antwort darauf, ob Ramtas Herkunft das Licht ist und ob wir einen guten Weg gewählt haben. Unser Herz sagte es uns schon die ganze Zeit, doch wir haben diese Zeichen bislang einfach nicht erkannt. Des Weiteren wurde mir Folgendes klar gemacht: Die Wege des Lichts bringen nur gute Ergebnisse hervor, und bewirken somit nur Positives. Sie bringen Fortschritt in der einen oder anderen Weise... »**An den Früchten wirst du erkennen!**«, *ließ mich Ramta wissen. Die Wege der Finsternis sind grausam, verwirren die Menschen, produzieren Gefühle wie Angst und Verzweiflung. Die Finsternis verlangt und nötigt, das Licht gibt und liebt. Auf Wegen des Lichtes hat man immer die freie*

Wahl. Auf Wegen der Finsternis wird man gezwungen, wird man überredet, wird man missbraucht und hat kaum eine eigene Wahl. Die Finsternis bringt niemals Gutes hervor...

Das Wesen Ramta teilte mir auch mit, dass es mir meine neue Arbeitsstelle und dadurch mein neues noch vor mir liegendes Leben ermöglicht hat. Es unterstützte mich maßgebend dabei. Ganz nach meinem Wunsch. Es sei nämlich kein Zufall, dass die Abläufe in Bezug auf meine Arbeit so problemlos vonstatten gingen. Ob ich dafür denn überhaupt nicht dankbar sei? In diesem Moment fiel mir ein, dass dies wirklich alles so gelaufen ist, als ob höhere Mächte daran beteiligt waren. Und doch, ich war äußerst dankbar. Ich bedankte mich bei Ramta und ließ mir die Situation nochmals durch den Kopf gehen. Mein Herz bestätigte, dass ich mich auf dem Pfad des Lichts bewegte...

∼

Einen Tag später führte Frank ein weiteres Gespräch mit Ramta...

Ich hatte das Gefühl, dass ich sehr entspannt war und fähig, eine gute mediale Unterhaltung zu führen. Ich ließ Ramta wissen, dass ich bereit für eine Kommunikation sei. Er meldete sich auch zugleich, und wir begannen uns auszutauschen. Der Dialog war sehr umfangreich und Ramta gab mir zu verstehen, dass es nicht notwendig sei, alles aufzuschreiben. Wenn sich meine Gedanken zu sehr darum drehten, dass ich alles notiere und ja nichts vergesse, dann würde ich den Blick für das Wesentliche verlieren und die Qualität der Kommunikation würde darunter leiden. Er sagte, er würde mich schon darauf hinweisen, was genau ich jeweils schriftlich festhalten solle. Ich könne mich darauf verlassen und müsse mir deswegen keine Sorgen machen. All das, was für andere Menschen nützlich sei, das werde nicht verloren gehen.

Ich dachte an Matthias und mich und unsere gemeinsame irdische Mission und formulierte in Gedanken folgende Frage:

»Wie können wir uns gegen dunkle Mächte verteidigen, gegen die Mächte der Finsternis?«

> *»Ihr braucht euch nicht zu verteidigen, denn ihr seid aus dem Licht, und wo Licht ist, kann keine Finsternis sein.*
> *Der Kampf der Offenbarung zwischen Gut und Böse, über den viele christliche Menschen nachdenken, findet vor euren Augen statt, doch könnt ihr ihn nicht sehen.«*

Der Dialog ging weiter und ich bekam einige persönliche Dinge mitgeteilt, die mir selbst sehr dienlich sind. Ich wurde in meinem Tun bestätigt.

Matthias und ich sollten auch Anleitung erhalten, wie sich andere Menschen vor der Finsternis schützen können, die noch nicht so weit sind wie wir. Wir sollten entsprechende Hilfestellung und den Rat Ramtas aufzeichnen und das festgehaltene Wissen an andere Menschen, die Hilfe benötigen, weitergeben. Dies würde eine unserer zahlreichen Aufgaben sein, für die wir auf diesen Planeten gekommen sind.

Dann hielt ich wieder etwas schriftlich fest...

> *»Wir werden euch in den kommenden Tagen energetisch noch etwas vorbereiten, damit wir leichter in Kontakt bleiben können und euch die Arbeit leichter fällt.«*

Mit »Arbeit« meinte Ramta unsere Mission, für deren Ausführung wir in die physische Realität berufen sind. Ich spürte, dass das Ganze ein großes Werk werden wird.

Da mir nun selbst – genau wie Matthias – jemand von der hausierenden Religionsgemeinschaft begegnet war, beschäftigten sich meine Gedanken selbstverständlich wieder mit diesem Thema. Es interessierte mich, welches Ziel diese Leute verfolgten. Warum erschienen sie gerade jetzt und gerade uns beiden und dazu noch in ziemlich kurzen Abständen? Ich fragte Ramta, was diese Begegnungen für uns zu bedeuten hatten.

> *»Dinge geschehen! Ihr werdet später den größeren Zusammenhang erkennen können!«*

Am Ende dieser Kommunikation erhielt ich noch Informationen, die meinen Freund betrafen:

»Matthias wird in Kürze einige Erfahrungen machen, die seinen Glauben stärken werden. Er wird spüren, welche Dinge getan werden müssen. Und er wird nicht mehr nur auf deine Mitteilungen angewiesen sein, die du ihm überbringst.«

Die letzten Zeilen bedeuten, dass Matthias' eigene Fähigkeiten zur medialen Kommunikation sich entwickeln werden und er lernen wird, wie er selbst Verbindung zu feinstofflichen Ebenen herstellen kann.

Nur Einbildung?

An den letzten Abenden hielt sich der Umfang der Kommunikationen mit Ramta in Grenzen, vermutlich bedingt durch Franks Jobwechsel. Er konnte sich nicht immer komplett vom Alltag lösen.

Frank war zu diesem Zeitpunkt zudem etwas im Zweifel, ob er den Kontakt zu Ramta überhaupt aufrecht erhalten und von der Kommunikation mit ihm etwas schriftlich festhalten sollte. Mein Freund fühlte sich manchmal etwas verrückt und nicht wirklich sicher, ob er sich vielleicht auf dem besten Weg befand, schizophren zu werden und damit begonnen habe, sich mit sich selbst zu unterhalten. Er fragte sich, ob er diesen Eingebungen wirklich trauen konnte, ob sie nicht aus seinen eigenen Gedanken geboren wurden, oder aber, ob er von bösen Mächten irregeführt würde. Frank war sich dessen zum betreffenden Zeitpunkt einfach nicht sicher. Die Unterhaltung mit Ramta führte er letztlich dennoch fort...

»Ramta, ich rufe dich!«

»Ich bin da! Was ist dein Anliegen?«

»Was macht mich sicher, dass du echt bist und nicht nur in meiner Einbildung existierst?«

»Vieles, was ihr Menschen als vermeintlich echt und real bezeichnet, ist in Wirklichkeit eine Illusion. Wirklich echt ist nur

die Ewigkeit. Wenn du erkennst, dass dich etwas zur Ewigkeit führen kann, dann ist es echt.«

»*Wie kann ich erkennen, dass mich etwas zur Ewigkeit führen kann?«*

»**Liebe ist ewig. Wahre Liebe fördert. Das Licht ist Liebe. Liebe ist im Licht. Die Finsternis vermag keine Liebe zu spenden, sie ist reines Verderben.«**

»*Dann muss ich also auf die Liebe achten?«*

»**Ja, aber nicht nur. Doch wenn ihr alle guten Dinge auf das Mindestmaß minimiert, dann ist der kleinste gemeinsame Nenner die Liebe. Aber ihr Menschen teilt alles immer so kompliziert in Kategorien ein.«**

»*Wie erkenne ich die Finsternis?«*

»**Am Hass, an der Zerstörung, Angst und Verzweiflung. Nichts, was die Finsternis hervorbringt, enthält Liebe. Die Finsternis regiert durch erzeugte Angst. Wer Angst hat, ist leicht zu beeinflussen.«**

»*Hat Gott mich verlassen?«*

»**Nein, im Gegenteil! Er befürwortet meine Hilfe für dich. Er schickt dir Engel, damit du den Pfad des Lichtes leichter gehen kannst. Er liebt dich wie auch die anderen.
Die Zeit für den Aufstieg ist nahe. Ihr werdet es bald erkennen!«**

»*Was soll ich im Moment tun?«*

»**Du wirst zur rechten Zeit geführt. Sorge dich nicht!«**

»*Was kommt in der Zukunft?«*

»Viel! Viele große Dinge geschehen. Du wirst zur rechten Zeit darauf vorbereitet.
Dein Leben hat einen Sinn. Du besitzt die Fähigkeit, anderen Menschen großen Segen zu spenden.«

Mein Bewusstsein konfrontierte mich mit den Aufgaben eines Lichtarbeiters. In einer neuen Kommunikation stieg die Frage in mir auf, was wir aktiv für unsere Mission tun können.

»Lehrt die Menschen, wie man Harmonie erzeugt. Lehrt und vermehrt die Liebe. Seid füreinander da, denn die Liebe nehmt ihr mit, bis weit über den physischen Tod hinaus. Die materiellen Dinge vergehen!«

Ich bedankte mich bei Ramta und freute mich über diese neuen, beflügelnden Informationen. Nun, da mein Verstand überzeugt wurde, kann ich mich wieder voll und ganz meiner Mission widmen, die für diese Welt ein Segen sein wird.

Zwar stiegen immer wieder Zweifel in mir auf, ob ich alles wirklich erlebe oder ob hier meine Einbildungskraft in sehr überzeugender Weise am Werk war. Die Kommunikation in meinem Kopf geschieht ganz leise, im Hintergrund sozusagen. Es wäre also kein Problem, sich einen Dialog mit einem von mir selbst geschaffenen imaginären Wesen einzubilden. Doch von einer anderen Seite betrachtet empfing ich oft genug Antworten, die ich mir selbst nicht hätte geben können.

In letzter Zeit geschieht es öfter, dass ich das Gefühl habe, als wäre ab und zu irgendetwas in meiner unmittelbaren Umgebung; ein höheres Wesen, das nach mir schaut. Es ist, als spürte ich genau den Zeitpunkt, an dem es erschien, aber auch den Zeitpunkt, zu dem es wieder ging.

Ich fühlte, dass mein Körper sich nach und nach in seiner Schwingungsfrequenz erhöhte. Ich sehe die Welt zunehmend aus einer anderen Sicht – aus der Sicht der Ewigkeit. Ich hatte das Gefühl, als könne ich schon bald neue Fähigkeiten erlangen und dadurch meine Lebensqualität erhöhen. Ob dies wohl das Ergebnis von Ramtas Energiearbeit war?

Kapitel 2

DIE WEGE ZUR ERLEUCHTUNG

Ich rief Frank Ende Januar 2006 an und wir diskutierten über den aktuellen Stand der Dinge. Eine Erkenntnis machte sich in mir breit, der sich Frank anschließen konnte.

Der Sinn hinter Ramtas Worten »***Dinge geschehen! Ihr werdet später den größeren Zusammenhang erkennen können!***« war folgender: Zahlreiche Wege führen auf den Weg der Erleuchtung. Auf dem Weg zum Ziel kreuzen sich die möglichen Wege untereinander. Es spielt keine Rolle, welchen Weg wir uns auf unserer Reise ins Licht aussuchen, wenn wir nur wissen, ob wir uns dessen im Innersten sicher sind – sicher, in dem was wir tun und in der Achtung hinsichtlich unserer Gefühle, die uns als Wegweiser ins Licht dienen.

Auf unserem Planeten haben sich über Jahrtausende zahlreiche religiöse Gruppierungen gebildet. Alle haben sie eine für sie passende Lehre über Gott, die biblischen Himmel und die Lehre dessen, was wir Menschen wirklich sind, für ihre Anhänger gestrickt, die diese religiöse Theorie treu verfolgen. Wirft man einen präzisen Blick auf die Weltreligionen, so erkennt man, dass diese in gewissen Punkten übereinstimmende Ansichten vertreten: himmlische Reiche, in welchen alles Sichtbare aus reinem Licht zu bestehen scheint und eine allumfassende Energie – das reine existierende und liebende Licht, in dem wir angeblich unseren Ursprung finden.

Wir benennen die angebetete Schöpferkraft mit Namen wie zum Beispiel »Gott«, »Jehova« oder »Allah«, doch wir alle sollten versuchen zu verstehen, dass wir Menschen uns über Namensvergaben nicht streiten müssen – auch nicht darüber, ob wir überhaupt an etwas Hohes, unsere eingeschränkte Sinneswahrnehmung Überragendes, glauben oder nicht.

Viele Religionen dieser Welt besitzen ähnliche Ansichten, wenn auch hier und da mit Abweichungen unterschiedlicher Art, doch deren Lehren sind im Kern auf etwas Höherem und Gutem gegründet. Die Menschheit wird sich dessen eines Tages bewusst werden und ihre religiösen Konflikte beiseite legen.

Wir werden verstehen, dass wir uns alle auf einer großen Reise befinden und es jedem von uns freigestellt ist, sich den für sich passendsten Weg ins Licht auszusuchen. Dies kann in atemberaubender Weise über außerkörperliche Erfahrungen erkannt werden. Wenn man zu jenen gehört, die durch eigene Erfahrungen jenseits des Physischen staunend Zeuge davon wurden, was wir alle wirklich sind und sich durch dieses Wissen ein neuer Horizont entfaltet hat, der die Antworten zu den ältesten und geheimnisvollsten Fragen der Menschheit und unserer Existenz bereit hält, wird man sich schwer tun, an überlieferten Normen festzuhalten.

Ein möglicher Weg zur Erleuchtung ist die Medialität. Über spirituelle Medien an überirdisches Wissen zu gelangen ist eine Möglichkeit, die von vielen Menschen nicht ernst genommen oder gar belächelt wird. Im folgenden Abschnitt dieses Buches soll Ihnen daher unter Befürwortung des nichtphysischen Informationsgebers Ramta die Arbeit als spirituelles Medium nähergebracht werden...

3 DIE ARBEIT ALS MEDIUM

Widmen wir uns nun einer Thematik, die nicht allseits verstanden wird. Nämlich, Ihnen, liebe Leser dieses Buches, näherzubringen, was unter einem spirituellen Medium zu verstehen ist. Hier soll die Art und Weise erklärt werden, wie mediale Menschen Auskünfte bzw. Botschaften aus der für uns unsichtbaren geistigen Welt durch sogenanntes »Channeling« (der Vorgang, dem die besonderen Übermittlungen für dieses Buch zu verdanken sind) einholen.

Zu Ihrem Verständnis und der Authentizität in Bezug auf die gechannelten Texte, die Sie in diesem Buch vorfinden, haben Frank und ich zahlreiche Fragen ausgearbeitet, die Ramta über mehrere Channeling-Sitzungen vorgetragen und dessen Antworten schließlich schriftlich festgehalten wurden...

»Warum werden Medien in unserer Welt benötigt?«

»Medien haben große Fähigkeiten, mehr zu erkennen, und somit als Kanal göttlicher Botschaften zu fungieren. Sie sind die Hoffnungsträger der neuen Zeit. Durch sie wird großes Wissen offenbart.

Die wundervolle Arbeit dieser Individuen ermöglicht vielen inkarnierten Seelen, schneller auf ihrem Entwicklungsweg voranzuschreiten und so wird die Welt ein wenig heller, ein wenig lichtvoller.«

»Kann jeder Mensch ein Medium werden?«

»Nicht jeder Mensch hat die Aufgabe, als Medium zu dienen. Auch wird dies nicht von jedem gewählt, da es auch zahlreiche andere wichtige Dinge zu erfahren gibt, die für das Voranschreiten ebenso bedeutsam sind.

Grundsätzlich haben viele inkarnierte Wesen die Möglichkeit, sich der geistigen Welt zu öffnen und auch Botschaften wahrzunehmen. Einige lehnen das bewusst ab, andere wiederum leben in einem unterdrückerischen Umfeld, das solche Erfahrungen nicht zulässt, weil das Bewusstsein durch verschiedene Faktoren blockiert wird.«

Frank fühlte, dass es ihm an diesem Tag äußerst schwer fiel, die Verbindung mit Ramta zu halten und beendete somit das Channeling.
Bereits in der folgenden Nacht ereignete sich ein Traumerlebnis der besonderen Art, welches ich Ihnen nicht vorenthalten will.

DIE MACHT EINER GÖTTLICHEN STIMME

Es war zu später Stunde, als ich müde zu Bett ging. Ich legte mich auf den Rücken und schloss meine Augen. Nur kurze Zeit später spürte ich einen seltsamen Druck an den Schläfen, den ich niemals zuvor empfunden hatte. Zunächst nahm ich an, dass man von feinstofflicher Seite wieder Energieanpassungen an mir vornahm, doch war ich mir hierbei nicht sicher. Es war auffällig, dass etwas vonstatten ging, das ich bislang nicht kannte. Die Empfindungen am Kopf erschienen mir nicht durch ein Problem an meinem Körper hervorgerufen worden zu sein. Eine innere Vermutung, dass mein Körper von außen durch eine Energieform bearbeitet wurde, veranlasste mich dazu, diese druckartigen Empfindungen an den Schläfen über mich ergehen zu lassen und mich nicht dagegen zu wehren. Schon bald fiel ich in den Schlaf.
In den frühen Morgenstunden dann – etwa gegen 4 Uhr – offenbarte sich mir ein umwerfend realer Traum mit einem unerwarteten und vormals ungekannten, atemberaubenden Aspekt.
Für einen kurzen Zeitraum beobachtete ich das Leben eines Mannes. Er schien meine Anwesenheit nicht zu bemerken, obwohl ich mich in seiner unmittelbaren Nähe aufhielt. Es fand keine Unterhaltung zwischen uns statt. Meine Lage war lediglich jene eines anscheinend unsichtbaren Beobachters. Es mag etwas seltsam klingen, aber es fühlte sich so an, als verfügte ich tatsächlich über keine körperliche Gestalt. Ich befand mich einfach dort und ein Körper war wohl in diesem Traum nicht notwendig.
Deutlich erkannte ich das Aussehen des für mich Fremden, als ich ihn musterte. Er trug kurze rabenschwarze Haare, die in der

Sonne glänzten. Sein Gesichtsausdruck war markant, während seine Mimik sehr selbstbewusst wirkte – ein stabil gebauter Mann, der körperlich und mental imstande zu sein schien, einiges zu ertragen. Seine Bekleidung entsprach zweifelsohne der eines Römers: ein beige-weißes und armfreies Gewand, welches an seinen Kanten goldene Verzierungen aufwies und bis zu den Oberschenkeln reichte, wo es rockartig endete. Die Beine des Mannes waren unbedeckt, seine Füße mit Sandalen bekleidet. Ich sah weder Schwert oder Schild noch einen Helm. Dennoch wusste ich, dass die Person vor mir ein römischer Krieger war.

Instinktiv war mir klar, dass der Mann eine unethische Tat begangen hatte, mit welcher er sich nicht arrangieren oder gänzlich identifizieren konnte. Er wurde sichtlich von Gewissensbissen verfolgt. Offenbar befolgte er Befehle von höherer Position, die er einfach ausführte, weil sie zu seinen Pflichten gehörten. Doch woher wusste ich das? Ich schien einfach Bescheid zu wissen. Hatte ich unbewusst seine Gedanken gelesen?

Nachdenklich ging der Römer durch die Natur, während ich stets an seiner Seite war und ihn begleitete. Meine Empfindungen teilten mir mit, dass es Frühling oder Sommer sein musste. Der Himmel war wolkenlos und die Sonne schien kraftvoll. Anhand des mediterranen Klimas, das ich seltsamerweise wahrnehmen konnte, vermutete ich, dass sich die Szenen mit dem Fremden – passend zu seiner Kleidung – irgendwo in Italien abspielen mussten.

Der Mann kletterte über cremefarbene Felsen und kam auf einer Klippe zum Stehen. Ich folgte ihm. Wieder kannte ich seine Gedanken. Ich schien einfach darüber Bescheid zu wissen, dass er sich erneut seiner schlechten Tat gegenüber einem anderen Menschen erinnerte und sich damit beschäftigte. Er legte seinen Kopf in den Nacken und wandte seinen Blick dem Himmel zu, während ich ihn ansah.

Plötzlich donnerte eine mächtige, tiefe und ehrfürchtig klingende männliche Stimme vom Himmel herab. Sie galt dem Römer und ermahnte ihn in seiner schlechten Tat. Sofort wandte ich meinen Blick von seinem Gesicht ab und sah ebenfalls nach oben, als die Stimme verstummte. Der Römer fügte sich der Stimme, war niedergeschlagen und schwieg betroffen.

Die zwei kurzen Sätze waren so machtvoll gesprochen, dass mir klar war, dass das nur die Stimme Gottes sein konnte; nichts anderes kam für mich in Frage. Diese Stimme wies Eigenschaften auf, die selbst den stärksten und widerstandsfähigsten Mann förmlich in die Knie zwingen konnten. Kein menschliches Wesen oder irgendeine andere Lebensform im Universum würde jemals ein Wort gegen diese Macht erheben. Dies war meine unumstößliche Überzeugung.

Die Realität und Macht der Stimme, die ihren Ursprung irgendwo im tiefblauen Himmel hatte, war unheimlich überwältigend. Sie erklang echofrei und zu meinem Verblüffen in deutscher Sprache. Doch wunderte ich mich darüber, dass die vernommene Stimme nichts Liebevolles in sich barg und ihr nur ein trockener, rücksichtsloser Ausdruck anhaftete. Würde sich Gott verbal so hart ausdrücken, wenn er zu einem Menschen spricht, der einen Fehler begangen hat? Das konnte ich so nicht akzeptieren.

Während ich über diese Details noch beim Träumen nachdachte, kam mir ein erleichterndes Gefühl, als ich feststellte, dass die Ermahnung zum Glück nicht mir galt, sondern dem Italiener. In diesem Moment erwachte ich ... Die Uhr zeigte viertel nach vier und ich legte mich nochmals zum Schlafen hin, ehe mich mein Wecker um fünf Uhr aus der Nacht reißen würde...

Beim Frühstück machte ich mir Gedanken über den Traum und die ehrfurchtsvolle Stimme. So etwas hatte ich noch niemals zuvor geträumt. Unglücklicherweise erinnerte ich mich nicht an den Wortlaut der mächtigen göttlichen Botschaft. Nach dem Aufwachen waren diese Informationen einfach nicht mehr abrufbar, auch wenn mir alle anderen Details im Gedächtnis geblieben waren. Ich fragte mich, was wäre, wenn die Ermahnung nicht – wie im Traum empfunden – nur dem Römer, sondern auch mir galt? Bei diesem Gedanken überkam mich ein sonderbar schlechtes Gefühl. Nur wenige Augenblicke später begann ich eine innere Stimme wahrzunehmen, die Folgendes zu mir sprach:

»Ihr habt gerade mit dem Kapitel ‚Die Arbeit als Medium' in eurem Buch begonnen. Dies sollte ein Beispiel dafür sein, wie ein hörendes Medium Botschaften aus der Welt der Geister empfangen kann.«

Ich war froh und erleichtert, diese Worte zu hören. Es waren definitiv nicht meine eigenen, sondern eine Eingebung von höherer Stelle. Die geistige Welt hatte erkannt, dass ich dabei war, den Traum zu Unrecht auf meine Person anzuwenden und dass mich dabei schlechte Gefühle überkamen. Nun konnte ich mich ohne Einschränkung darüber freuen, dass ich wohl auch die Fähigkeit besaß, wörtliche Botschaften von feinstofflicher Seite in Empfang zu nehmen.

Ich möchte für alle zweifelnden Menschen, die denken, ich hätte möglicherweise nur meine eigenen Gedanken gehört, eine Erklärung abgeben. Es gibt Details, die mir als Realist aber auch als Zweifler gegenüber vielen Dingen deutlich zu verstehen geben, dass die empfangene Botschaft tatsächlich von außen eintraf. Ich würde nie etwas von Frank und mir denken und es schließlich für mich selbst aus der dritten Person formulieren. Des Weiteren kann man sich vorstellen, dass die Botschaft so angekommen ist, als drückte jemand auf einen imaginären »Abspiel-Knopf«. Die Nachricht läuft dann so lange, bis sie abgespielt ist, sollte der Empfang nicht durch etwas gestört werden.

Weitere Auffälligkeiten wurden mir bewusst: Das Empfangene traf einfach in spielerischer Leichtigkeit ein, während man sich gleichzeitig – wie es bei mir der Fall gewesen war – theoretisch auch mit anderen Gedanken oder einer körperlichen Tätigkeit (wie Frühstücken) befassen könnte. Allerdings scheint die von außen übermittelte Botschaft die eigenen Gedanken zu überlagern bzw. letztere in den Hintergrund zu drängen. Daraus ging für mich auch hervor, dass man seine eigene Gedankenwelt bewusst selbst steuert und eine gewisse geringfügige »Energie« dafür aufbringen muss, Sätze zu formen.

Überprüfen Sie die Richtigkeit der obigen Ausführungen, indem Sie ein wenig experimentieren: Stellen Sie fest, was Sie tun müssen, um eine eigene Überlegung oder Formulierung geistig zu kreieren, während Sie im direkten Vergleich mit einfacher Leichtigkeit jemandem zuhören können, der seine Worte unter Aufwendung von Denkenergie erschafft, um sich Ihnen mitzuteilen. Erkennen Sie hier einen Unterschied?

Das Gehörte, in unserem Fall eine Botschaft der geistigen Welt, »spielt« sich einfach selbstständig mit lauter oder leiser wahrgenommenen Worten im Bewusstsein ab (je nach gegenwärtig vorherrschendem Bewusstseinszustand), während Sie beispielsweise parallel die Klänge eines eingeschalteten Radios wahrnehmen. Sie haben natürlich die freie Wahl, auf welches »Signal« Sie Ihr Bewusstsein lenken und was Sie folglich hören möchten…

Mein Gemüt war beruhigt durch die Erkenntnis, dass der erlebte Traum lediglich als imposantes Beispiel für das aktuelle Kapitel diente. Ich vermutete, dass ich der Auserwählte war, weil Frank bereits als Medium im Einsatz und mit den damit einhergehenden Wahrnehmungen vertraut war und ich diese Fähigkeit bis jetzt nicht mit ihm teilte. Ich wollte wie Frank selbst Fragen stellen können, um beispielsweise eine Lösung zu einem Problem zu erhalten, auf das ich mir selbst keine zufriedenstellende Antwort geben konnte. Obwohl ich die Absicht verfolgte, mir die Medialität experimentierend anzueignen, konnte ich die dafür nötige Zeit nicht aufbringen, da zu diesem Zeitpunkt andere Dinge in meinem Leben meine Aufmerksamkeit in Anspruch nahmen. Ich freute mich aber darüber, dass ich jetzt Bescheid wusste, auf welche Weise Frank an die durch Ramta übermittelten Botschaften für dieses Buch gelangte.

Es blieb letztlich der Wunsch, einige Auskünfte über den Sinn des Traumes durch Franks mediale Tätigkeit zu erhalten, nachdem ich meinem Freund von meinem nächtlichen Erlebnis Bericht erstattete. Frank würde Ramta bestimmt bald zu meinem Traum befragen und mir die Antworten liefern...

~

»*Matthias hatte kürzlich einen sehr realen Traum. Was hatte dieser zu bedeuten?*«

»*Er sollte inspirierend sein. Es sollte damit aufgezeigt werden, wie machtvoll eine Botschaft oder ein Hinweis aus einer höheren Dimension wirken kann. Und es sollte auch tatsächlich ein Beispiel dafür sein, wie ein hörendes Medium eine Botschaft wahrnehmen kann.*

Matthias hat das richtig empfangen. Wir gaben ihm dieses Wissen ein. Wir sahen, dass er anfangs sehr verwirrt war und nicht genau wusste, wie er das in seinem Traum Erlebte zu deuten hat.«

»Müssen wir uns also keine Sorgen machen, dass die Ermahnungen, die in Matthias' Traum ausgedrückt wurden, für ihn oder gar uns beide galten?«

»Sie galten euch nicht. Sie dienten Matthias als Eindruck dessen, wie machtvoll ein innerer Impuls wirksam werden kann – in diesem Falle wahrgenommen als göttliche Stimme.
Die Dinge teilen sich euch oft in der Weise mit, wie ihr sie am besten akzeptieren werdet. Euer Unterbewusstsein formt euch die von höherer Stelle gegebenen Botschaften um, in eine Form, wie ihr sie begreifen und annehmen könnt.«

»Bedeutet das dann, dass unser Unterbewusstsein entscheidet, auf welche Weise wir feinstoffliche Botschaften wahrnehmen?«

»Ja, zu einem großen Teil schon, doch spielen auch andere Umstände mit eine Rolle. Von Mensch zu Mensch bestehen verschiedene Veranlagungen.
Es gibt die Fähigkeiten, Botschaften zu hören, zu sehen, auf Traumwelten zu erleben, spontanes oder intuitives Wissen, das, was durch ein Medium direkt geschrieben wird oder eine Mischung aus allen diesen Faktoren.
Das Unterbewusstsein steuert, welche der gegebenen Fähigkeiten eines Individuums gezielt in Anspruch genommen werden.«

»Hatte der Mann im Traum eine bestimmte Bedeutung? Ist es wichtig zu erkennen, wer dieser war oder nicht?«

»Der Mann stellte einfach nur den Empfänger der Botschaft dar. Eine Botschaft wird niemals ohne empfangendes Medium gesendet. Diese Person diente also als Empfänger.«

»Warum spielte sich der Traum in einer früheren Zeit ab, in der Römerzeit, so wie Matthias es mir schilderte?«

»Das diente als Veranschaulichung, dass auch schon zu anderen Zeiten Dinge möglich waren, die selbst heute noch von vielen Menschen in eurer Realität nicht für möglich gehalten werden.

Schon vor tausenden von Jahren in eurer Zeitrechnung, gab es Menschen, die mit der geistigen Welt Kontakt aufnehmen konnten. Doch noch nie zuvor war die Freiheit in eurer Gesellschaft so groß, dass man diese Fähigkeiten offen leben und auch anderen Personen hilfreich zur Verfügung stellen kann. Im Mittelalter zum Beispiel, wäret ihr dafür auf dem Scheiterhaufen verbrannt worden.«

»Ich erhielt die Antwort auf meine Frage, ob diese Vision für uns eventuell eine Ermahnung sein sollte, bereits von einer anderen Quelle, nämlich als ich Gott persönlich um diese Nachricht gebeten hatte. Ich bemerkte, dass sie nicht von dir kam, Ramta! Auch wurde mir ein Gefühl des Friedens übermittelt. War dies Gott persönlich oder nur ein anderer Geist?«

»Es gibt Geister, die in unserer Hierarchie – wenn ihr es so nennen wollt – so weit aufgestiegen sind, dass es ihnen erlaubt ist, direkte Antworten vom Schöpfer an euch zu überbringen.

Diese Antwort kam direkt vom Schöpfer, jedoch war der Überbringer ein sehr hohes Geistwesen, das dir auch das Gefühl des Friedens übermittelt hat.

Doch öffnet eure Augen: Gott antwortet auf vielerlei Weisen, nur allzu oft seid ihr Menschen blind dafür! Öffnet eure Sinne und nehmt die Wahrheit war, die hinter allen Dingen liegt!«

»Ich stelle gerade fest, wie meine geistigen Kräfte für heute nachlassen. Ich fühle mich erschöpft und möchte mich nun zur Ruhe begeben.«

»So tue dies! Wie du schon festgestellt hast, hat ein jeder Mensch begrenzte Energie für die schöpfenden Kräfte seines Geistes. Wenn diese zur Neige gehen, wird der Geist müde. Steuert diese Kraftreserven sinnvoll und setzt diese wohlproportioniert ein, damit ihr große Gewinne daraus ziehen könnt.

Es ist ähnlich einer Batterie: Wenn sie verbraucht ist, muss sie neu aufgeladen werden. Eure geistigen Kräfte laden sich im Schlafe auf, in ausgedehnten Ruhepausen oder Meditationen.
Nun begebe dich in das Land der Träume. Wir sehen uns auf der anderen Seite!«

DIE FEINSTOFFLICHE SCHULE

Der folgende Bericht wurde von meinem medialen Freund verfasst, der kurze Zeit nach meinem stimmgewaltigen Erlebnis eine erwähnenswerte Traumerfahrung machte...

*Am gestrigen Abend, ehe ich mich schlafen legte, dachte ich noch über Ramtas Aussage nach: »**Wir sehen uns auf der anderen Seite!**« Was mag er wohl damit gemeint haben? Ob wir uns möglicherweise auf der Traumebene begegnen werden? Ich war gespannt, was passieren würde.*

In der Nacht durchlebte ich mit vollem Bewusstsein einen sehr realistischen Traum, in dem ich meine Handlungen – so wie im scheinbar realen Leben – selbst steuern konnte. Solche Träume hatte ich in den vergangenen Jahren öfters und dies hält bis heute an. Es scheint mir, als sei dies eine besondere Gabe oder ein Geschenk.

In besagtem Traum befand ich mich in einem sehr harmonischen Umfeld, in welchem mir die dort angetroffenen Personen alle sehr vertraut vorkamen. Während des Träumens wusste ich mit ziemlicher Bestimmtheit, um welche Personen es sich handelte. Mein normales Tagesbewusstsein sperrte mir diese Informationen nach dem Erwachen allerdings ab.

Der Umgang miteinander war sehr friedvoll und geschah mit großer Rücksicht aufeinander. Ich verspürte Liebe sowie eine fliegende Leichtigkeit. Während ich mich in einem riesigen Gebäude mit großen Räumen befand, wurden uns dort die unterschiedlichsten Dinge gelehrt – ähnlich einer Schule.

Das Gelehrte war keinesfalls mit den Themen unserer Lehreinrichtungen in der physischen Welt vergleichbar. Anstelle dessen wurde Wissen von größerer Wichtigkeit vermittelt: Dinge, welche die Welt hinter dem augenscheinlichen Physischen und über die größeren

Zusammenhänge unseres Daseins betreffen, die für die Entwicklung der Seele wichtig sind. Was jedoch präzise gelehrt wurde, konnte ich nach dem Aufwachen nicht mehr wiedergeben.

Die Schüler wurden gelehrt durch eine Persönlichkeit in Frauengestalt. Die anderen Wesen zeigten sich in männlicher und weiblicher Gestalt. Alles verlief ohne Zwang. Und als ich dann keine Lust mehr verspürte, weiter zuzuhören, wurde der Unterricht zu meiner Freude auch schon abrupt beendet und alle Anwesenden wandten sich freizeitlichen Beschäftigungen mit harmonischem Umgang untereinander zu.

Ich wandelte ein wenig umher. Dies ging mit einer beinahe schwerelosen Leichtigkeit von den Beinen, dass man es fast schon als Schweben bezeichnen könnte. Ich ließ mich auf einer Art Parkbank nieder. Rechts von mir saß eine wunderschöne Frau, zu der ich mich hingezogen fühlte. Irgendein wunderbares Gefühl verband sie und mich. Meine Zuneigung wurde sogleich erkannt und erwidert. Wir beide verbrachten eine glückliche Zeit.

Die Umgebung, in der ich mich befand, war um ein Vieles liebevoller als die physische Welt, in der ich im trägen Körper des Mannes lebe, der auf den Namen Frank hört. Während meines Traumaufenthaltes hatte ich den beständigen Eindruck, dass es sich bei dem vorgefundenen Zustand um meinen normalen Seinszustand handelte.

Als ich schließlich am Morgen wieder aus dem Traum erwachte, verspürte ich erneut diese seltsame Schwere, diese niedrig schwingende und zähe Energie, die ich hier in dieser physischen Realität in meinem menschlichen Körper ertragen muss.

Schon bald stellte ich Ramta einige Fragen über die Traumebene, um zu erfahren, wie viel Bedeutung wir dieser zumessen können, welche Funktion diese Träume übernehmen und ob sie den Zugang zu einer parallel existierenden Realität darstellen. Ich wollte zudem in Kenntnis bringen, ob Ramta ein Teil dieses Traumes gewesen ist, vielleicht sogar die Lehrerin...

Wie funktioniert die mediale Tätigkeit?

»Ramta, ich rufe dich!«

»Hier bin ich! Wir sind immer bei dir, nur manchmal kannst oder willst du uns nicht hören.«

»Ich arbeite daran, mein Ego in den Griff zu bekommen, denn das Ego ist es, das mir manchmal einen Strich durch meine Pläne macht.«

»Im Zuge deines Erwachens lässt dein Ego nach. Dein volles überirdisches Bewusstsein tritt immer mehr zutage.«

»Warst du in meinem Traum eigentlich mit dabei, warst du vielleicht sogar die Lehrerin?«

»Ich war anwesend, aber ich war nicht die Lehrerin. Du wirst mich einmal wieder treffen. Vielleicht erkennst du mich das nächste Mal, wenn du deinen Traum noch bewusster lebst.«

»Wenn ich als Medium Durchsagen von der geistigen Welt erhalte, wird da eurerseits eigentlich so eine Art Universalsprache gesendet und mein Unterbewusstsein übersetzt diese in meine Sprache? Oder kennt ihr selbst alle Sprachen der Erde und sprecht diese entsprechend der geografischen Herkunft eines Mediums?«

»Wir benötigen keine Sprache in eurem Sinn. Unsere Kommunikationsform geht weit darüber hinaus.
Es gibt einen Teil in euch, der gewisse Informationen aus der geistigen Welt für euch verständlich darstellt. Wir senden alles, was überhaupt im Spektrum der Wahrnehmung liegen kann. Ihr empfangt immer nur einen Bruchteil von allem; je nachdem, wie hochwertig eure Empfangsqualität in dem Moment ist.
Das besagte Bindeglied in euch nimmt einige Informationshappen heraus und präsentiert diese in einer euch begreiflichen Form.«

»*Dieses Element, also das Bindeglied zwischen uns und der geistigen Welt, was genau kann man darunter verstehen?*«

»**Das ist etwas, das der Mensch nicht versteht. Ich kann euch das nicht in einfachen Worten begreiflich darstellen. Es ist ein Bauteil, das sowohl physisch als auch nichtphysisch ist. Nicht alle Dinge sind dem menschlichen Verstand fassbar.**«

∽

Ein Großteil der Fragen für die nachfolgenden Channelings hatte ich für Frank zum »inneren Vorlesen« formuliert. Er und ich waren gespannt, wie Ramtas Antworten darauf ausfallen würden...

»*Ramta, wenn du dich mir mitteilst, musst du dann in einer eventuell reduzierten Geschwindigkeit zu mir sprechen, damit ich deine Worte verstehen kann?*«

»**Weniger die Geschwindigkeit ist reduziert wie viel mehr das Volumen an Informationen, das ich dir übersende. Die Geschwindigkeit spielt nur in eurer Realität eine Rolle, in der Zeit ein wichtiger Faktor ist. Bei uns auf der feinstofflichen Ebene hat eure Zeit keine Bedeutung.**
Wir senden dir immer wieder kleine Informationspakete, denen es möglich ist, in dein Bewusstsein durchzudringen.«

∽

»*Zu Beginn eures Austauschs nanntest du Frank einen Namen, nämlich ‚Ramta‘, mit dem er dich rufen kann. Wenn Namen für die Geister in eurer Dimension nicht notwendig sind, wie kann man die Geister ohne die Verwendung eines Namens anrufen und um Kommunikation bitten, ohne die Aufmerksamkeit aller Wesen zu wecken? Wie wird euch klar, wer dem rufenden Medium antworten soll?*«

»**Allein der Gedanke an einen bestimmten Geist ruft genau diesen sogleich an. Es bedarf dessen keines Namens.**

Der Gedanke produziert so eine Art Signatur, wobei der Begriff ‚Signatur' nur bildlich zu betrachten ist. Diese Signatur sorgt dafür, dass genau der richtige Empfänger gerufen werden kann.

Oft wird euerseits aber kein bestimmter Geist gerufen, sondern ihr wendet euch einfach nur an die geistige Welt, um welche Anliegen es sich auch immer handeln mag. Es können sich dann unterschiedliche Individuen für eure Belange einsetzen.

Nicht alle Seelen sind befähigt, alle Aufgaben zu meistern. Es richtet sich nach unzählig vielen Kriterien, wer von uns sich dann dem Rufenden widmen darf.«

»Wenn ein Mensch seine Medialität entdeckt und blind in die Welt der Geister hineinruft, kann dieser Mensch das Opfer eines bösartig gesonnenen Geistes werden, der sich seiner spontan annimmt? Oder fühlen sich immer nur jene Geister angesprochen, die Sympathie für ein Medium verspüren bzw. wenn gleiche Interessen vorhanden sind oder ein Geist eine ähnliche Entwicklungsstufe mit dem Medium teilt?«

»Böse Geister versuchen oft, Macht über Menschen zu gewinnen. Wenn sie sehen, dass ein Rufender schwach, ängstlich oder unwissend gegenüber dem ist, was er tut, so haben böse Geister häufig ein leichtes Spiel mit ihm. Sie geben sich als Wesen des Lichts aus, bringen aber Zerstörung und Untergang.

Ein Mensch sollte eine gewisse Sensibilität mitbringen, um zu erkennen, ob ihn ein Weg ins Licht oder in die Finsternis führt. Dies zu unterscheiden, ist wahrlich nicht einfach und so fallen viele inkarnierte Seelen unter den Einfluss der Dunkelmächte.

Wenn ein Rufender in seiner spirituellen Entwicklung gefestigt und sich sicher ist, welchen Weg er beschreiten will, so haben es böse Geister sehr viel schwieriger.

Um gute und ehrwürdige Geister zu erreichen, muss die Absicht des Rufenden edel sein. Er darf nicht aus egoistischen Gründen die Geisterwelt anrufen und auch nicht aus Aberglauben heraus. Es hängt sozusagen maßgebend von der Qualität

der Gedanken des Rufenden ab, auf wen er in seiner Kommunikation treffen wird.
Im Grunde gilt aber: Liebe zieht gute Geister an; Angst, Hass, Eifersucht, Ego und alles, was es sonst noch an Negativität gibt, ruft böse Seelen an. So prüfet also zuerst den wahren Grund eures Handelns. Denn so manch leichtsinniger Mensch hat seine Geister nicht mehr los bekommen!«

»Ist es wahr, dass ein Geist sich einem Medium auch durch klopfende Geräusche, zum Beispiel alphabetische Schläge mitteilen kann?«

»*Es ist gewiss möglich, sich aus der Geisterwelt heraus in eurer Physis bemerkbar zu machen, eventuell durch Klopfgeräusche, aber auch durch andere Phänomene. Dies ist die Welt eurer sogenannten Poltergeister. Erhabene Geister begeben sich nicht auf diese Schiene!*«

»Wie erzeugt ein Geist in der Materie klopfende Geräusche, wenn sein Lebensraum im feinstofflichen Bereich liegt? Gibt es auch hier eine Art Element, das teils physischer und teils nichtphysischer Natur ist, das es euch erlaubt, mit der Materie zu interagieren?«

»*Ja, dieses Element ist ein Transportelement, das zwischen physischer und nichtphysischer Welt interagieren kann. Es gehört nicht zum Geist, aber auch nicht zur Materie. Es ist eine Art Stoff, der sich nur schwer beschreiben lässt. Wie soll es sich auch beschreiben lassen, wenn ich es nicht einmal gänzlich zu verstehen vermag?*
Gewisse Dinge sind einfach göttlicher Natur, dessen Wissen der Mensch nicht bedarf.«

∼

»Ramta, einmal hast du dich mir direkt durch die Führung meiner Schreibhand mitgeteilt, ohne dass ich selbst Kenntnis davon hatte, was ich niederschrieb. Wie hast du das gemacht? Würde das auch mit einem Medium gehen, das entweder das Schreiben nicht gelernt hat oder in einer Sprache, die es eigentlich nicht beherrscht?«

»*Nein, das Medium muss gewisse Fähigkeiten in sich tragen, um Dinge ausführen zu können. Es mag wohl auf eurer Welt Ausnahmen geben, die scheinbar Unmögliches vollbracht haben, doch ist dies nicht die Norm.*
Und: Vieles, was publik gemacht wird, entspricht schlicht und einfach nicht der Wahrheit. Wasser brennt nicht und Hunde können nicht fliegen!«

»Kann ein spirituelles Medium auch mit Geistern in der Weise in Verbindung treten, dass ein Geist es schafft, einen physischen Gegenstand zur Kommunikation in Bewegung zu setzen?«

»*Wie schon erwähnt, ist es Geistern durchaus möglich, die Physis zu manipulieren, doch dazu ist nicht die Art der Kommunikation maßgebend. Es geschieht aus dem Willen des Geistes heraus. Doch wie ebenfalls schon erwähnt: Erhabene Geister werden sich mit diesen Dingen nicht abgeben, denn sie wissen, dass das, was am meisten bewegt und Fortschritt bringt, auf der Ebene des Bewusstseins und des Unterbewusstseins stattfindet und nicht in der Materie.*«

»Besteht auch die Möglichkeit, dass ein Geist dem Medium eine Botschaft in der Weise mitteilt, dass es etwas wörtlich ausspricht, ohne eventuell zu verstehen oder zu wissen, was es sagt?«

»*Wenn das Medium nicht versteht, was man ihm aus der geistigen Welt übermitteln will, dann kann es zwar sein, dass es die Botschaft im Moment schon hören kann, es ist dann aber nicht imstande, sie zu wiederholen.*
Anders ist es bei Wissen, das ihm übermittelt wird, das es zwar versteht, das ihm bislang aber noch fremd war. Verstehen hat also etwas mit Erkennen zu tun. Das hängt aber nicht damit zusammen, ob das, was gesendet wird, vorher im Rahmen des Wissens zur Verfügung stand.«

»Ist es möglich, dass ein Medium während des Austauschs mit einem Geist diesen visuell wahrnehmen kann, wenn der Geist sich in die unmittelbare Nähe des Mediums begibt? Dass es sehende Medien gibt, hast du uns schon erzählt, doch möglicherweise verstehen wir diese Aussage nicht richtig.«

»Sehende Medien sehen Visionen, sehen Dinge, die möglicherweise noch geschehen oder die bereits bei anderen Seelen geschehen sind. Sie sehen manchmal die Zukunft oder größere Zusammenhänge, die sie eigentlich nicht wissen könnten.

Der Begriff ‚sehende Medien' hat nichts mit dem Sehen der Geister zu tun, die ihnen Wissen übermitteln. Und doch ist es auch möglich, dass man uns optisch wahrnehmen kann. Das können aber oft auch Menschen, die keine Medien in diesem speziellen Sinne sind.

Oft ist die Spiritualität gewissen Menschen völlig fremd und doch sehen sie unter Umständen feinstoffliche Erscheinungen.«

»Du hast die möglichen Arten, wie ein Medium Botschaften von den Geistern empfangen kann, beschrieben. Welche der von dir genannten Varianten ist für euch am bequemsten, euch den Menschen mitzuteilen, vorausgesetzt ein Medium beherrscht mehrere Empfangsmethoden? Hängen Vorlieben individuell vom gerufenen Geist ab, wenn dem Medium die Art der Kommunikation je gleichgültig wäre?«

»Wir senden Botschaften immer auf die gleiche Art und Weise. Wie euer Unterbewusstsein diese in eine euch verständliche Weise übersetzt, hängt von euren eigenen Fähigkeiten ab. Es ist uns gleich, wie ihr die Botschaft empfangen möchtet. Uns ist es Freude genug, wenn sich ein Mensch überhaupt der feinstofflichen Realität öffnet!«

»Kann ein Medium auch in der Lage sein, zum Empfangen einer Nachricht mehrere Kommunikationsarten zur gleichen Zeit zu beherrschen und anzuwenden?«

»Du machst das selbst sehr oft! Vielleicht wird dir dies ja jetzt bewusst. Du empfängst zwar diese Worte, die gerade durch mich geschrieben werden, doch oft werden dir aber zugleich auch Gefühle aus unserer Sphäre oder intuitives Wissen zuteil, das parallel in deinen Verstand Einzug hält.«

»Können Medien ihre medialen Fähigkeiten zum Beispiel durch Krankheiten für eine bestimmte Zeit oder dauerhaft verlieren?«

»Ja, physische Beeinträchtigungen haben sehr großen Einfluss auf die geistige Aktivität. Du hast es selbst erfahren, als du körperlich sehr müde warst nach langen und harten Arbeitstagen. Du warst oft nicht in der Lage, uns wahrzunehmen. So ist es auch bei Krankheiten, die den Körper schwächen, so dass er das Bewusstsein gefangen nimmt und du nicht mehr fähig bist, zu kommunizieren.

Wenn die mediale Fähigkeit aber einmal entwickelt ist, so kann sie dauerhaft nur durch eigenen Willen oder durch den physischen Tod unterdrückt werden, wobei ihr nach dem Tode ja ohnehin in euren normalen Seinszustand zurückkehrt und somit eine ganz andere Art der Wahrnehmung und der Kommunikation erlebt.«

~

»Was kann ein spirituelles Medium falsch machen, das das Fortbleiben eines bestimmten Geistes zur Folge hätte? Würde dann ein anderes Geistwesen an die Stelle des vorigen treten und die Kommunikation mit dem Medium aufnehmen?«

»Gute Geister bleiben häufig fern, wenn sich das Medium einer bösen Struktur annimmt, wenn sich jemand bewusst dem Bösen widmet oder wenn er Abneigung gegen den gerufenen Geist hegt. Auch wenn das Medium auf einmal beginnt, aus egoistischen Gründen zu handeln, wird ein erhabener Geist sich entfernen. Oft tritt dann ein Geist niederer Art an die frei gewordene Stelle. Natürlich funktioniert das auch in umgekehrter Form.

Ein Mensch kann sich aus den Fängen des Bösen befreien, wenn er sich bewusst dem Guten – also dem Licht – zuwendet. Doch dazu ist ein starker Wille und eine hohe Tugend vonnöten!«

»Wie kann man außerhalb der praktischen Anwendung vorhandene mediale Fähigkeiten entwickeln oder ausbauen, oder als Unerfahrener eine eventuell vorhandene Medialität feststellen?«

»Ein Unerfahrener wird dahin geführt werden, dass er erkennt, welche Fähigkeit er besitzt. Ihm wird göttliche Führung zuteil. Er muss selbst nichts dafür tun. Es ist so eine Art Selbsterweckungsprinzip. Die mediale Fähigkeit kann man nur durch Erfahrung und Übung verstärken. Hingabe ist das Schlüsselwort!«

»Können mediale Fähigkeiten vom Schöpfer verliehen werden, beispielsweise zu einem besonderen Zweck wie in unserem Fall zum Schreiben eines Buches?«

»Es ist oft möglich, sich eine Inkarnation zu wählen, in der man diese Fähigkeit aller Wahrscheinlichkeit nach besitzt. Man kann vor der Inkarnation sehr viel wählen, was man im nächsten physischen Leben erfahren möchte. Und natürlich ist alles, was man erhält, was man ist, was man erlebt und was man sein darf ein Geschenk des Schöpfers. Er erschafft und er regiert! Er ist in Ewigkeit und wir sind alle ein Teil von ihm – so wird es immer sein! Nichts ist außerhalb von ihm und nichts ist ohne ihn. Er ist der Anfang und das Ende, das Oben und das Unten. Wo immer du bist, ist auch Gott.«

~

»Die mediale Fähigkeit ist also ein Segen. Wäre es richtig zu behaupten, dass jeder Mensch mehr oder weniger medial ist? Ich denke hier an das Beispiel, wenn jemand zwiespältige Gedanken hegt und es ihm quasi vorkommt, als würde sich eine Stimme in seinem Innern melden, die nicht seine eigene zu sein scheint. Er ordnet diese Sache dann eventuell als intelligentes Selbstgespräch ein oder glaubt im *schlimmeren Falle sogar, schizophren zu sein. Könnte man, wenn man dies aus begrenzter irdischer Sicht betrachtet, sagen, dass jedem Menschen ein gewisses Maß an Schizophrenie zu eigen ist? Und kann man grundsätzlich davon ausgehen, dass diese von Menschen als Krankheit eingestufte Eigenschaft in Wirklichkeit gar keine Krankheit ist, sondern die Gabe spiritueller Medialität?«*

»Es gibt diese Eigenschaft tatsächlich als Krankheit und oft sogar in übersteigertem Maße! Das kann in eurer Welt dazu führen, dass es Menschen gibt, die sich selbst zu Propheten ernennen, die jedoch nur eigenen Gedanken und Wahnvorstellungen nachhängen. Aber in vielen Fällen hast du Recht.
Gerade in eurer jetzigen Zeitphase gibt es immer mehr Menschen, denen ein Teil deiner sogenannten Schizophrenie anhaftet. Es ist das Erwachen des medialen Funkens im Innern dieser Individuen. Anstatt wirklich krank zu sein, passiert etwas viel Fataleres: Menschen die tatsächlich medial sind, ordnen sich als geistig gestört und labil ein, was oft dazu führt, dass sie in eure psychiatrischen Behandlungen kommen oder gar von eurem Gesellschaftsleben völlig ausgeschlossen werden – oder sie sich selbst ausschließen.
Die Vorstufe der Medialität nennt sich Intuition. Diese ist den meisten Menschen zu eigen, sofern sie sich etwas Zeit dafür nehmen, in sich gehen, um ihre Gefühle zu erkennen und sie deuten zu lernen.«

∽

In Bezug auf eines der vorigen Channelings hatte ich mir etwas Interessantes überlegt. Ramta teilte uns darin mit, dass der Gedanke an einen bestimmten Geist diesen sogleich anrufe. Was wäre, wenn Freunde und Bekannte, die unser Skript vor der Veröffentlichung des Buches zum Lesen erhalten, die Botschaften lesen, die Ramta an Frank übermittelte und sich Ramta jedes Mal angesprochen fühlt, wenn zum Beispiel sein Name gelesen wird? Was, wenn dadurch ständig ein Impuls der Anrufung an Ramta übermittelt werden würde? Dazu hatte ich eine Frage entworfen, auf deren Antwort auch Frank ganz gespannt war...

»Hallo Ramta!«

»Sei gegrüßt, mein Freund!«

»Da wäre etwas zu einer Begebenheit, über die sich Matthias Gedanken gemacht hat und hierfür eine Frage formulierte. Ich lese sie dir mal vor!«

»Ja, so tue dies. Ich höre dir gerne zu!«

»Ramta, weißt du eigentlich Bescheid darüber, wie vielen Personen wir das Manuskript zu unserem entstehenden Werk weitergeleitet haben? Ich habe da eine Theorie. Ich vermute, dass etwas Bestimmtes jedes Mal auftreten könnte, wenn beispielsweise jemand den Satz ‚Ramta, ich rufe dich!' liest, der ja hier und da den Beginn der medialen Unterhaltungen in unserem Skript signalisiert. Wenn also jemand besagte Worte oder andere Sätze liest, die du uns für das Buch übermittelt hast, empfängst du dann die einzelnen Schwingungen der unterschiedlichen Personen, die gewisse Passagen unseres Schriftstückes lesen? Du sagtest uns in der vorigen Kommunikation, dass ein Gedanke an einen bestimmten Geist diesen sogleich anruft. Es muss anstrengend sein, wenn das so einfach läuft und du ständig und immer wieder andere Menschen ‚Ramta, ich rufe dich!' lesen hörst. Oder funktioniert das anders, weil vermutlich nicht der eigentlich unwichtige Name ‚Ramta' dich anruft, sondern viel wahrscheinlicher die Schwingung der Rufenden bzw. der Leser deine Aufmerksamkeit erregt?«

»Ihr habt das Skript wahrlich schon einigen Personen weitergeleitet. Aber keine Sorge, das pure Lesen einer solchen Passage ruft mich nicht sogleich an. Ich vernehme das dann auch nicht auf die Weise, wie du es dir hier bildlich vorzustellen vermagst.
Eine Anrufung geschieht vielmehr dann, wenn der Rufende auch tatsächlich den Wunsch hegt, sich an mich zu wenden. Er muss also die Absicht haben, mich anzurufen und dann daraufhin seine Gedanken ausrichten. Entsprechend sendet er dann

eine Schwingung aus, die es vermag, zu mir durchzudringen und so erreicht mich dann sein Rufen.«

~

»Kann die Ausübung der medialen Tätigkeit gesundheitliche Nachteile oder Irrsinn mit sich bringen?«

»Der Irrsinn ist in der Welt zu finden und nicht in der Medialität. Umso näher ein Individuum der Wahrheit kommt und ein inkarnierter Geist sich seiner wahren Natur bewusst wird, je klarer wird sein Blick für diese und die anderen Welten. Irrsinn ist dann vorhanden, wenn man sich von einer Illusion täuschen lässt – und alles in eurer Welt ist Illusion!«

»Besteht eine Gefahr, wenn Kinder Medialität entwickeln bzw. kann ein Kind schon medial befähigt sein? Gibt es ein Mindestalter für die Auseinandersetzung mit spirituellen Themen und den Versuch mit medialen Experimenten?«

»Es gibt da keine Grundregel. Es ist ganz unterschiedlich, wann sich ein Mensch für mediale Tätigkeiten öffnet. Im Kindesalter ist dies in den meisten Fällen nicht der Fall, da der physische Körper noch in Entwicklung begriffen ist und zu viele Aspekte dessen versperren gewisse geistige Fähigkeiten. Es gibt aber Kinder, bei denen der Sinn für gewisse höhere Fähigkeiten bereits stark entwickelt ist.«

»Wir wissen, dass sich jedes Individuum – aus der Sicht unserer nichtphysischen Natur betrachtet – Wissen in früheren Inkarnationen erworben hat, das es während seines aktuellen physischen Daseins vergessen hat, dessen es sich aber als Geist wieder erinnern wird. Besteht die Möglichkeit, Informationen aus diesem Wissensvorrat zu entnehmen? Können also medial empfangene Mitteilungen auch vom Medium selbst stammen? Wenn ja, wie kann man diese Informationen von den Eingebungen der Geister unterscheiden?«

»Ja, es ist möglich, Wissen von diesem höheren Aspekt des Selbst zu erhalten. Dieses Wissen wird dann aber auch von der geistigen Sphäre herab gereicht. Euer Höheres Selbst ist nämlich nicht in die materielle Welt verwickelt und agiert somit aus einer höheren Ebene. Dieses von den Eingebungen der Geister zu unterscheiden, wird euch nicht möglich sein. Aber was würde es auch für eine Rolle spielen, hier Unterschiede zu machen? Beide Quellen höheren Wissens sind gleich viel wert, sind Wahrheit!«

»Werden Medien, die von ihrer Fähigkeit schlechten Gebrauch machen, üble Konsequenzen ertragen müssen?«

»Jede schlechte Tat wird Übles anziehen. Das gilt für den bewussten schlechten Gebrauch der medialen Fähigkeit genau wie für andere bewusst negativ angewendete Handlungen oder Gedanken.
Schlechtes zieht Schlechtes an und Gutes zieht Gutes an – das ist das Gesetz!«

»Spielt die Umgebung, in der sich das Medium befindet oder die Anwesenheit anderer Personen eine Rolle für die Qualität der empfangenen Botschaften?«

»Ja, natürlich! Es ist für ein Medium äußerst wichtig, von äußeren Einflüssen unberührt zu bleiben. Störungen von außen mindern die Qualität einer Kommunikation, und zumeist verhindern sie diese sogar gänzlich.
Was die Umgebungen betrifft, so sind die dort vorherrschenden Schwingungen maßgebend. In einer Umgebung mit negativen Schwingungen wird sich ein Medium sichtlich schwer tun, Botschaften zu empfangen. In liebevoller und harmonischer Umgebung wird es ihm dementsprechend leichter fallen, seine Dienste zu vollbringen.«

»*Kann sich zum Beispiel während einer Kommunikationsphase zwischen dir und mir ein niederer Geist einmischen und das Gesendete zum Negativen beeinflussen?«*

»Das Gesendete kann nur durch dich negativ empfangen werden, indem du selbst den Inhalt umkehrst oder negative Dinge mit einbringst. Da dies aber gewöhnlich nicht der Fall ist, bleibt die Botschaft unverändert.
Ein niederer Geist hat nicht die Macht, sich hohen Geistern entgegenzustellen. Ihnen bleibt allerdings die Möglichkeit, schlechte Botschaften zu senden, wenn hohe Geistwesen nicht anwesend sind. Es liegt dann am Medium selbst, diese niederen Wesen aus seinem Umfeld zu vertreiben, so dass sie keinen Schaden anrichten können.«

~

»Können zwei oder mehrere Medien zugleich mit einem bestimmten Geist kommunizieren bzw. kann letzterer gleichzeitig mehreren ihn rufenden Medien antworten?«

»Ja! Höhere Geister sind auf jeden Fall in der Lage, verschiedene Kommunikationen zur gleichen Zeit auszuführen. Sie leben mit einem Bewusstsein, das dem euren in eurer grobstofflichen Welt weit überlegen ist.
Ist man in der materiellen Welt inkarniert, so ist das Bewusstsein auf ein Minimum herunter geschraubt und man wird durch vielerlei Faktoren beeinflusst und geblendet. Ihr könnt euch nicht vorstellen, wie viel höher eure Fähigkeiten auf der feinstofflichen Ebene sind.«

»Was soll man von jenen Menschen denken, die in spirituellen Handlungen eine ernsthafte Gefahr sehen und der Überzeugung sind, dass man insbesondere spiritistische Sitzungen unterlassen sollte?«

»Jene, die der Meinung sind, dass man spirituelle Handlungen lieber sein lassen sollte, für die ist die Zeit auch noch nicht reif, um sich in solche Themengebiete hineinzuwagen. Für diese Individuen ist es dann tatsächlich nicht gut – oft sogar destruktiv – sich in solche Dinge hineinzubegeben. Gemäß den Worten ‚Die Wahrheit liegt in euch' weiß jeder intuitiv selbst,

was für ihn im gegebenen Zeitraum richtig ist und was er zu tun hat.

Im Zuge des Fortschritts werden inkarnierte Seelen irgendwann dazu geführt, sich den größeren Dingen des Lebens zu widmen und auch erst dann ist die richtige Zeit, sich spirituellen Dingen zuzuwenden. Also überredet niemanden, etwas zu tun, was ihr für richtig haltet. Für diejenigen könnte sein, dass die Zeit noch nicht dafür geboren ist oder dass sie sogar längst darüber hinaus gegangen sind.«

»Du sagtest, dass manch ein Mensch seine bösen Geister nicht mehr los geworden ist. Warum kann sich ein Medium, von den bösen Geistern, die ihm anhängen, nicht lösen bzw. warum mischen sich erhabene Geister nicht ein, um die niederen zu vertreiben?«

»Die Menschen erkennen oft nicht, dass ihnen böse Geister anhaften. Erhabene Geister dürfen nur auf die Bitte des Betroffenen hin handeln. Wenn also der Betroffene nicht erkennt, dass er unter einem bösen Einfluss steht, was sollte er dann zum Anlass haben, solch eine Bitte vorzubringen? Wenn das Übel einmal erkannt wurde, so ist es nicht mehr schwierig, dies zu bannen!«

»Ist die Belästigung durch ein niederes Wesen ein Zeichen der Unwürdigkeit eines Mediums und dessen Tätigkeit?«

»Nein! Es gibt sehr viele Gründe, warum ein niederes Geistwesen ein Medium belästigt. Manchmal nutzen sie die Unachtsamkeit des Mediums, um sich in dessen Aktionsradius einzuschleichen.

Auch ein Medium hat – genau wie andere Menschen – Zeiten, in denen das Bewusstsein und somit die Wahrnehmung verringert ist. In solchen Momenten wird der Mensch natürlich für einen niederen Geist angreifbar, welcher sich diese Momente auch oft zunutze macht. Wir alle unterliegen guten wie auch bösen Kräften. Das ist das Gesetz der Dualität.«

»Kann ein Medium den bösen Einfluss schlechter Geister bekämpfen, indem es sie darüber aufklärt, gute anstatt böse Taten zu vollbringen?«

»Zum einen gibt es keine sogenannten schlechten Geister. Einst waren wir alle einmal niedrig und mussten lernen. Ein niederer Geist muss selbst zur Erkenntnis kommen, dass etwas nicht richtig ist und das lernt er dadurch, dass er zuerst schlechte Taten vollzieht.
Wenn ihr versucht, sie zu belehren, werden sie euch nur verspotten. Eure Worte werden nicht verstanden, wenn die nötige Einsicht dazu noch nicht geboren wurde.«

»Ist es ausreichend, als ernsthaftes Medium gute moralische Vorsätze zu haben, um nicht getäuscht zu werden?«

»Das Böse versucht immer zu täuschen. Da spielen Vorsätze oder Einstellungen keine Rolle. Gute Vorsätze zu haben, ist der Ansatz einer hohen Tugend. Das reicht aber bei weitem nicht aus, um nicht mehr von niederen Geistwesen getäuscht zu werden.
Denket auch daran: Viele Individuen haben ein großes Interesse daran, euch in eurem Fortschritt aufzuhalten. Achtsamkeit und bewusstes Sein sind eine starke Waffe gegen böse Angriffe. So geht aufmerksam durch euer Leben und wählt bewusst, welchen Dingen ihr euch unterwerft!«

»Warum erlaubt Gott, dass sich übelwollende Geister einem Medium mitteilen, um dieses mit falschen Informationen zu versorgen oder mit bösen Absichten zu belästigen?«

»Viele Dinge geschehen, dass der Einzelne daraus lernen kann, dass Aufgaben bewältigt und große Hindernisse überwunden werden. So wird die Seele geformt, entwickelt sich und schreitet voran – zu immer höheren Sphären.
Eure Erkenntnis müsst ihr euch erarbeiten. Und wie wollt ihr erkennen, wenn es nichts zu tun, nichts zu überwinden gibt? Wer zuerst in die tiefste Finsternis ging, der weiß wahrhaft zu schätzen, was Glück und Zufriedenheit bedeuten!«

»Unter welchen Umständen oder Voraussetzungen unterhält sich Gott persönlich mit einem Menschen, der mediale Fähigkeiten besitzt, um die gesandten Worte wahrnehmen zu können? Mit »Unterhaltung« meine ich die Kommunikation, wie auch wir beide sie führen.«

»Keiner von uns hat die Einsicht in Gottes Absichten. Dinge geschehen nach dem Willen des Schöpfers. Warum sollte er uns darüber in Kenntnis setzen? Wenn Gott selbst entscheidet, etwas zu tun, dann ist dies so und keiner hat eine Erklärung dafür. Er hat uns alle in die Dualität gesandt, damit wir uns gegenseitig unterstützen. Das Hohe hilft dem Niederen, sich zu erhöhen. So erfüllt sich der Plan, der uns alle zurück nach Hause führt!«

Angst und Zweifel

Der folgende Bericht wurde erneut von Frank geschrieben, der mich mit einem unerwarteten Sinneswandel über seine Tätigkeit als Medium überraschte und für Spannungen sorgte...

In den letzten Tagen geschahen Dinge, die mich in eine tiefe Verunsicherung trieben. Ich wandte mich dadurch einige Tage lang bewusst von meiner Arbeit als Medium ab, da ich von den Dingen, die sich in diesem Zeitraum zutrugen, in einer tiefen Weise eingeschüchtert war.

Es entwickelte sich in mir das Bedürfnis, mich an Gott persönlich zu wenden, um eine eindeutige Bestätigung darüber zu erhalten, ob unsere Mission auch richtig war und dem Willen Gottes entsprach. Ich erwartete Informationen von Gott persönlich, was ich tun oder wie ich mich verhalten sollte, damit ich Anhaltspunkte dafür hatte, wie ich auf seinem Weg wandeln konnte und letzten Endes auch das ersehnte Glück finden würde – die ewige Glückseligkeit, das Paradies oder wie auch immer man es benennen möchte.

An einem Abend, als ich diese Bitte vorgebracht hatte, geschah nichts. Am nächsten Tag brachte ich diese Bitte nochmals vor und siehe da, es offenbarten sich mir Dinge in einer Intensität und höchst perfekten Abfolge, als ob sie von Gott höchstpersönlich so eingeleitet wurden. Kein Gefühl, das ich bislang verspürte, überrannte mich jemals zuvor so mächtig.

Diese vielseitigen Empfindungen können von mir nur schwer in Worte gefasst werden. Es ist mir schlichtweg nicht möglich, alle Details zu erwähnen, doch es war unbeschreiblich überwältigend. Ich war mir ziemlich sicher, dass dies alles von höchster Stelle kam. Gefühle größter Ehrfurcht erfüllten mich, denn was mir da widerfuhr, ist mir in einem solchen Maße noch niemals begegnet. Es war eine Macht gegenwärtig, die alles übertraf, was ich jemals erfahren hatte. Mir wurden auch Gefühle und Erkenntnisse übermittelt, die mich ehrfürchtig erzittern ließen.

Ich wurde zu verschiedenerlei Informationen geführt, die aussagten, was Gottes Wille für die Menschheit ist: zu Passagen der Bibel und zu biblischen Interpretationen im Internet. Alles ereignete sich in einer solch präzisen Abfolge, dass eine jede meiner Fragen genauestens beantwortet wurde. Ich wurde den ganzen Tag über bewusst von Gott geführt. Mir wurden die Augen für die Dinge geöffnet, die ich vorher nicht erkannte. Es waren Dinge, mit welchen ich leider meine Freizeit verbrachte.

Es gab da das Interesse für Tarot-Karten und magische Rituale. Diese Bereiche fanden kürzlich meine Neugier. Mir war bis dahin nicht bewusst, was ich teilweise tat, denn es waren Dinge, die mir viel Gutes und große Vorteile einbrachten und mir oft sehr weitergeholfen haben, doch erkannte ich nicht, dass manch eine Tat mit dem Bösen in Verbindung stand.

Es gibt Ausführungen, bei welchen böse oder anders gesagt, niedrige Geister sich angezogen fühlen. Diese erfüllen spezielle Wünsche, die man als Wunder ansehen könnte. Oft denkt man dann, diese Wunder selbst herbeigeführt zu haben. Magische Rituale, Gedankenmanipulation des Umfeldes durch bewusst eingesetzte Affirmationen, Tarot-Karten, durch die man – oft ohne Erlaubnis der Betroffenen – Einblick in fremde Leben erhält usw. sind Handlungen, die von Gott in keiner Weise gut geheißen werden. Genau hierfür wurde ich ermahnt.

Tarot ist nicht grundsätzlich eine schlechte Sache, sofern man es für gute Dinge und nur mit Erlaubnis der betroffenen Personen einsetzt. Dringt man damit in Privatsphären ein, ohne sich darum zu kümmern, ob dies die Betroffenen überhaupt möchten, so ist dies

Angst und Zweifel

finsteren Machenschaften zuzuordnen. Es ist also immer wichtig, wie man eine Technik einsetzt. Die Technik selbst ist vielmals gar nicht böse.

Ich fragte schließlich, was ich tun sollte, um Gottes Wille zu entsprechen und erhielt meine Antwort. Es wurde mir genau gezeigt, was ich besser unterlassen sollte. All das wurde mir in einer Weise offenbart, dass ich große Angst verspürte. Ich erkannte auf einmal, was ich mit meinen neuen Beschäftigungen getan hatte. Es war, als hätte ich zu meinen Gunsten einen Pakt mit dem Bösen geschlossen – doch zu welchem Preis!

Da wir laut Ramta in einer Dualität leben, diente mir natürlich auch das Gute und führte mich, so wie ich dem Guten diente. Doch vermochte ich im Moment der Offenbarung die guten von den schlechten Taten nicht mehr zu unterscheiden. Ich unterließ alles, was ich in meiner Freizeit an esoterischen Dingen ausübte. So stellte ich in diesen Tagen auch den Austausch mit Ramta ein. Eingeschüchtert durch die eingetretenen Ermahnungen Gottes wollte ich mich auch dieser Tätigkeit nicht weiter widmen. Die Umstände veranlassten mich dazu, die Arbeit für das Buch und das damit verbundene Channeling mit der geistigen Welt vollständig einzustellen und mich dem nie wieder zuzuwenden, obwohl ich erkannte, hierfür nicht ermahnt worden zu sein.

Zwischen meinem Freund Matthias und mir entstand eine große Anspannung. Er war aufgebracht und konnte nicht verstehen, was mir widerfuhr und warum plötzlich dieser massive Sinneswandel entstand. Ich konnte seine Situation gut nachvollziehen und hätte an seiner Stelle vermutlich auch enttäuscht reagiert, wenn er gesagt hätte, er führe die Arbeit am Buch-Projekt nicht fort. Aber ich war nicht fähig, ihm zu erklären, was geschah und wie ich mich fühlte. Leider war kein Zusammenhang erkennbar, ob die eingetretenen Situationen ebenfalls einen höheren Plan verfolgten. Wenn ja, war ich nicht in der Lage, die Absicht zu verstehen.

∼

Zwei Tage waren verstrichen. Durch Gespräche mit Frank, klärte sich sein Verstand nach und nach und er erkannte langsam wieder die positiven Eigenschaften, die unsere Arbeit und seine Tätigkeit als spirituelles Medium mit sich brachten. Er erkannte auch, dass die im Vorfeld empfangenen Botschaften keinesfalls schlecht waren. Warum sollte Ramta ein Wesen der Finsternis sein, wenn doch viele gute Dinge geschehen sind?

Auf einmal sah mein Freund wieder, wie gut es war, dieses Buch zu schreiben. Wohl mag er viele Dinge getan haben, die er nun sein lassen würde, doch seine wahre Aufgabe als Medium würde er wahrnehmen – so, wie diese lange zuvor schon geplant war. Nun lag es an ihm, genauer darauf zu achten, dass er in Zukunft nicht Beschäftigungen nachging, die ihn in die Dunkelheit führten. Doch Frank erhielt Aufklärung von höchster Stelle und war bereit, sein Leben anzupassen, so dass böse Wesen weniger Macht auf ihn ausüben konnten und diese gemeinsame Mission ohne größere Zwischenfälle weiter voranschreiten konnte.

Mir fiel auf, dass sich Gott meinem Freund gewiss persönlich mitteilte, weil es zu diesem Zeitpunkt vielleicht einfach so eintreffen musste. Schließlich war unsere letzte Frage im vorigen Channeling mit Ramta, unter welchen Umständen oder Voraussetzungen sich Gott persönlich mit einem Menschen unterhalten würde. Wieder ein praktisches Beispiel für das Buch? Ein Beispiel dafür, wie sich Gott den Menschen offenbaren kann?

Es war nun an der Zeit, Ramta zu befragen, warum dies alles geschah. Auch wollten wir damit das Wirrwarr auflösen, welches sich in Franks Kopf gebildet hatte und ihn daran hinderte, die Dinge wieder klar sehen zu können.

Mein medialer Freund beabsichtigte, diesem Thema wenn möglich noch am selben Tag ein Channeling zu widmen und einige aufklärende Fragen zu stellen. Er wollte einfach wissen, welche Absichten verfolgt wurden und wie wir nun weiter verfahren sollten. Beinahe wäre das Channeln über die Grenze seiner Akzeptanz gegangen und hätte ihn von der medialen Arbeit entfernt – davon, höhere Botschaften zu empfangen, die so vielen Menschen dienlich sein könnten...

GOTTES WILLE

> *»Selbst im finsteren Tal seid ihr begleitet und Gott ist überall, denn alles ist Gott, und ohne Gott wäre nichts.«*
>
> (RAMTA)

»Ich öffne mein Bewusstsein für die geistige Welt...
Wenn es Gottes Wille ist, so soll Ramta nun mit mir in Verbindung treten!«

»Wir sind da. Wir sind immer da!«

»Warum wurde ich in den letzten Tagen in solch schwierige Situationen geführt?«

»Es verfolgt alles einen größeren Plan!«

»Ist es denn wirklich der Wille Gottes, dass wir unsere Mission durchführen?«

»Nichts geschieht ohne den Willen Gottes, aber auch gar nichts!«

»Wieso gibt es dann den biblischen Willen Gottes und warum soll man sich nach den zehn Geboten richten?«

»Dies ist der schnellste Weg zurück nach Hause! Wer den Willen Gottes achtet, der bleibt auf lichtvollen Wegen und somit auf direktem Wege in die glückliche Ewigkeit. Doch Menschen und Geister sind allesamt unvollständige Wesen, die oftmals viele Fehler begehen. Es werden immer Umwege gegangen, egal, wie sehr sich jemand bemüht. Das ist die Welt der Dualität.«

»Warum droht die Bibel mit ewiger Verdammnis? Warum macht die Bibel Angst? Ich dachte immer, dass Gott ein liebender Gott ist, und nicht ein verdammender!«

Kapitel 3

»*Er ist ein liebender Gott! Niemand wird verloren gehen, so steht es selbst in der Bibel. Die Verdammnis währet nur so lange, so lange ihr euch auf einem dunklen Pfad befindet. Dies kann zuweilen sehr lange dauern – so lange, dass man in euren Worten schon von einer Ewigkeit ausgehen könnte.*

Man kann Umwege gehen, doch die Seele reift. Niemand wird für ewig verloren sein. Was wäre es für ein Gott, wenn er seine eigenen Geschöpfe verdammen würde?«

»*Sollte das Geschehene ein Beispiel für das Buch sein?*«

»*Dinge geschehen einfach. Nicht alles ist für euer Buch gedacht.*

Dies alles war eine Vorbereitung für dich. Gewisse Dinge müssen modifiziert werden – Dinge in deinem Tun und in deinen Gedanken. Dies wird durch einschneidende Ereignisse erreicht.«

»*Was, wenn doch das Christentum recht hat und ich beim Channeling förmlich einen Pakt mit dem Teufel eingehe? Dann bin ich für immer verloren!*«

»*Die Wahrheit liegt in dir! Du selbst wählst deinen Weg und deine Wahrheit.*

Entscheide dich, was du glauben willst. Doch was ist mehr wert: Persönliche Erfahrung oder etwas, das dir irgendjemand erzählt?«

»*Warum wurde ich bewusst zu Informationen geführt, die mich in meinem Handeln hindern, als Medium dienlich zu sein, wenn meine Arbeit doch von so großem Wert ist?*«

»*Auch du musst lernen! Auch du musst durch Prüfungen gehen! Bestandene Aufgaben festigen den Geist.*

Wenn Gott wirklich wollte, dass alles perfekt wäre, dann würde er alles Unreine vertilgen und alles neu und perfekt entstehen lassen. Doch der Plan sieht es anders vor.

Man kann nicht erkennen, was wahres Glück ist, wenn man nicht auch durch die tiefsten Abgründe der Dunkelheit gewan-

dert ist. Selbst im finsteren Tal seid ihr begleitet und Gott ist überall, denn alles ist Gott, und ohne Gott wäre nichts!

Du hattest Gott darum gebeten, dass, wenn wir Geister – wir, die mit euch arbeiten – euch Böses anhaben wollten, oder unsere Absicht wirklich darin bestehen würde, euch in die Finsternis zu führen, dass er uns dann den Zugang zu euch verwehren und uns wegschicken würde und es nie wieder ermöglicht, dass wir euch kontaktieren. Er hat dies aber nicht getan. Also entspricht es wohl seinem Willen, dass dies alles geschieht.

Glaubst du, er wäre nicht mächtig genug? Oder glaubst du, dass er auf deinen eigenen Wunsch hin dies alles gleichgültig betrachten würde? Sicher nicht!«

»Also sind wir auf dem richtigen Weg?«

»Ja, natürlich! Alles geschieht so wie es geschehen soll. Nichts geschieht aus Zufall! Alles verfolgt einen Plan!«

Zukunftssorgen

Nicht nur, dass Frank gerade aus seiner Bahn geworfen wurde, auch ich machte mir Gedanken über meine Zukunft und zweifelte daran, dass ich ein stabiles Leben ohne finanzielle Sorgen führen werde.

In der Hoffnung auf positive Nachrichten wandte ich mich an meinen Freund, um Auskünfte zu meiner Situation bei Ramta einzuholen…

»Matthias steht auf einmal nicht mehr gänzlich hinter seinem Beruf als Mediengestalter. Und die Firma, bei der er arbeitet, wird ihn bald nicht weiter beschäftigen können. Kannst du ihm irgendetwas mitteilen? Kommt etwas anderes auf ihn zu? Was erwartet ihn?«

»Alles wird gut! Er wird das Licht sehen und wie wir für ihn eintreten. Er wird begleitet und Gott lässt es nicht zu, dass er ohne Hilfe seine Wege gehen muss.

Es sind Dinge geplant, so wie sie sein sollen. Er soll sich keine Sorgen machen. Alles wird so laufen wie es vorgesehen ist.

Das Maßgebende, das er in diesem Beruf mitnehmen sollte, hat er bereits. Das unmittelbar vor ihm Liegende stellt lediglich den Abschluss eines Lebensabschnittes für ihn dar. Es wird gut für ihn weiter gehen – ungewohnt; es werden neue Dinge kommen, es werden Umstellungen kommen, doch wir begleiten ihn. Der goldene Weg ist bereits bereitet. Er ist nicht allein. Alles wird gut! Er wird in seiner jetzigen Inkarnation große Wege beschreiten.

Er kann getrost alle Anspannung loslassen. Das Schwerste in seinem Leben hat er bereits gemeistert. Es wird nun von Mal zu Mal immer besser, immer einfacher. Er ist begleitet!

Sehr viel Liebe wartet auf ihn, und es werden sich Dinge ergeben, in denen er das wahre Glück erkennen kann. Sein Leben wird erblühen wie eine wunderschöne Blume nach Sonnenaufgang. Seine Seele wird blinken, wie die Sterne am Nachthimmel. Und sein Bewusstsein wird so klar wie ein reiner Bergsee. All das zeichnet seine Zukunft aus!«

»Gehört alles, was geschieht und was geschehen ist zu seinem Lebensplan?«

»Viele Dinge sind vorherbestimmt und vieles wird bewusst kreiert. Doch alles wird gut. Er schwebt in lichter Höhe und hat Angst, dass er fällt – hinunter in die Dunkelheit; dort, wo kein Licht ihn mehr finden kann. Doch er muss keine Angst haben. Er schwebt wie ein Engel empor. Er wird nicht fallen, denn Gottes Liebe hält ihn und lässt ihn steigen – immer weiter empor, nach Hause!

Vertraut! Alles wird gut, ihr seid geführt und Gott ist mit euch! Es wird euch niemand schaden.

Ihr seid beide bereit für einen Sprung – einen Entwicklungssprung in etwas Neues. Etwas, das ihr euch noch nicht vorstellen könnt; etwas Wunderschönes, das mit Worten nicht mehr zu beschreiben ist.

Empfanget die Liebe, die euch nun zuströmt – Tag für Tag und Nacht für Nacht. Seid in der Liebe des Herrn!

Und nun beende die Sitzung und gebe deinem Freund Bescheid. Wir werden heute Nacht für ihn da sein. Er soll sich fallen lassen – in die Hände dieser wundervollen blau leuchten-

den Gestalt, die ihn liebt und in so vielen Momenten bei ihm ist. Er ist nicht allein!
Schlaft meine Kinder! Schlaft ein und seid selig heute Nacht, denn etwas Neues bricht an!«

∼

Für Frank war es ungewohnt, dass sich in den letzten Wochen die Dinge so gewandelt haben. Seine Sicht und seine Betrachtungsweise dieser Welt wurde durch gewisse Erfahrungen und seine Medialität auf eine Art verändert, die ihn erkennen ließen, nie wieder der alte Frank sein zu können.

Oft wird ihm die Frage gestellt, ob es viele medial veranlagte Menschen gäbe, die wie er die besondere Fähigkeit besitzen, mit Wesen von der geistigen Ebene zu kommunizieren. Auch meinen Freund beschäftigten diese Gedanken schon mehrfach. Unser feinstofflicher Gefährte Ramta ließ Frank auf eine dies bezogene Fragestellung wissen:

»**Du bist einer unter einer Million Menschen, der diese Fähigkeit in dieser Stärke besitzt.**«

Frank beschäftigte zudem die Frage, ob sich diese überirdische Fähigkeit über die kommenden Wochen, Monate und Jahre wohl noch verbessern würde oder ob er aktiv etwas für den Ausbau tun konnte. Ganz von alleine zeichneten sich dabei aber gewisse Beobachtungen ab. Anfangs gelangte Frank nur kurz vor dem Einschlafen in einen erweiterten Bewusstseinszustand, um die Stimme Ramtas vernehmen zu können. Später gelang es ihm auch über Tage während des Wachbewusstseins. Nach einigen Minuten kam er mithilfe meditativer Entspannungsmusik in einen veränderten Bewusstseinszustand, um zu channeln. Dies war zunächst meist erst in den Abendstunden möglich, wenn sein Tagesbewusstsein und sein Körper vom Arbeiten ausgelaugt waren. Mit der Zeit erreichte Frank aber auch in den Morgen- und Mittagsstunden einen meditativen Zustand, der zum Channeling benötigt wird. Es gelang Frank später auch, Emotionen wahrzunehmen, beispielsweise ein amüsiertes Lachen von Ramta.

Die Botschaften schrieb mein Freund zu Beginn handschriftlich auf einen großen Schreibblock, während er vergleichbar wie bei einem Diktat in der Schule Ramtas Worten lauschte. Hier und da ergab sich der Nachteil, dass ein Satz von geistiger Seite aus wiederholt werden musste, da Frank mit dem Schreiben nicht hinterher kam. Diesem Umstand wurde er aber mit der Zeit und zunehmend gewonnener Routine beim Channeln mittels eines Computers gerecht. Das Tippen von Buchstaben geht meinem medialen Freund recht zügig von der Hand. So war er in der Lage, innerhalb kurzer Zeit auch größere Mengen an Text bzw. Übermittlungen von Ramta zu empfangen, was auch einen weiteren Vorteil mit sich brachte.

Das Channeln erfordert geistige Energie, die irgendwann verbraucht ist – je nach Tagesform früher oder später – und sich wieder regenerieren muss. Einen Computer zum Festhalten der Botschaften von höherem Wissen zu nutzen, erweist sich also auch in diesem Bezug als förderlich...

Die Medialität ist ein sehr umfassendes Thema. Dieser Abschnitt in diesem Buch kann somit jenes interessante Gebiet über Medien nicht in seiner Vollständigkeit beschreiben. Um Ihnen jedoch zu verdeutlichen, wie das mediale Einholen von Botschaften aus einer anderen Dimension vonstatten geht und wodurch dieses Schriftwerk seine besonderen Inhalte zu verdanken hat, reicht der dargebotene Wissensumfang zur medialen Tätigkeit vollkommen aus.

Medialität entwickelt sich im Laufe der Zeit, sollte sie zur Vorsehung eines Menschen gehören. Da es im Universum offenbar keine Zufälle gibt, wird man zu exakt den Informationen geführt, die man benötigt, um seine Talente und Fähigkeiten im Allgemeinen zu entdecken und zu fördern. Dies gilt natürlich ebenso in spiritueller und in Bezug auf die in diesem Kapitel behandelte Thematik auch in medialer Hinsicht. Die hieraus erwachsenden Erkenntnisse über die größeren Zusammenhänge des Universums werden vielleicht den Einen oder Anderen dazu animieren, sich selbst auf die Reise ins Licht zu begeben. Hören Sie dabei auf Ihre innere Stimme, die Sie bestimmt auch zu diesem Buch geführt hat.

4 DIE BEGEGNUNG MIT EINEM SPIRITUELLEN FÜHRER

Frank rief mich am späten Abend des 7. Mai 2006 an und erzählte, er habe eine interessante Botschaft für mich, welche er mir sogleich per E-Mail übermittelte. Gespannt empfing ich seine Nachricht und las die Übersendungen Ramtas, die auf meine Fragen zu einer gegenwärtig ungewissen Situation meines Lebens Bezug nahmen. Überrascht fand ich am Ende der Botschaft, ich solle mich in der bevorstehenden Nacht in die Hände der blau leuchtenden Gestalt begeben, die in vielen Momenten an meiner Seite sei und mich liebe.

Kurze Zeit später beendeten Frank und ich unser Telefongespräch und ich machte mich gespannt und erwartungsvoll auf den Weg ins Bett.

Schließlich lag ich entspannt auf dem Rücken und dachte an Ramta. Ich formulierte in Gedanken, dass ich mich in meinem Bett befände und nun jene Dinge ihren Lauf nehmen konnten, die mich in dieser Nacht erwarten sollten.

Ich schloss die Augen und wartete ab, was geschehen würde. Während sich meine Gedanken noch mit Begebenheiten des Tages auseinander setzten und nur wenige Minuten vergangen waren, stellte ich plötzlich wie schlagartig die Ankunft eines nichtphysischen Wesens in meiner unmittelbaren Nähe fest. Zeitgleich wurden die beiden Zwergkaninchen im Nachbarzimmer in ihrem Käfig hörbar unruhig. Ich war mir sicher, dass in diesem Moment tatsächlich ein Wesen zu Besuch war, welches ich nicht sehen konnte. Mit einem kurzzeitig etwas mulmigen Gefühl und dem Impuls, mich aufzurichten, blieb ich stattdessen doch in Rückenlage, während ich mich schnell wieder beruhigte. Ich wusste ja wie es sich anfühlte, wenn sich mir etwas Unsichtbares näherte, das nicht unserer Dimension angehörte und mich besuchte. Dies geschah auch dann, wenn bei mir oder Frank Schwingungsanpassungen vorgenommen wurden.

Gedanklich hieß ich das Wesen willkommen. Meine Gedanken richteten sich jetzt auf die Absicht, mit der unsichtbaren Präsenz zu kommunizieren. Ich wollte alles über mich ergehen lassen, was in dieser Nacht mit mir geschehen sollte. Ich äußerte, dass es mir egal sei, ob das Wesen sofort mit seiner Tätigkeit begann oder erst, nachdem mein Körper eingeschlafen war. Im Anschluss versuchte ich, mich so ruhig wie möglich zu verhalten.

Während ich regungslos da lag, spürte ich kribbelnde und energiereiche Empfindungen in Armen und Beinen. Es fühlte sich an, als durchströmte mich eine Art angenehme Elektrizität, die keine Schmerzen verursachte. Ich stellte fest, dass die Empfindungen ähnlich jenen waren, die vorherrschten, wenn von feinstofflicher Seite aus Energiearbeiten an meinem Körper durchgeführt wurden, wenn ich darum bat.

Nach mehreren verstrichenen Minuten und in Analyse der an mir getätigten energetischen Behandlung bemerkte ich, dass ich plötzlich meine Gliedmaßen nicht mehr wahrnahm. Es war ein Gefühl, als besäße ich weder Arme noch Beine. Schmunzelnd erkannte ich die Absicht und mir wurde klar, was das Ziel des Eingriffs sein sollte: Eine von außen mit feinstofflicher Hilfe unterstützte außerkörperliche Erfahrung. Es ging offenbar darum, eine rasche Muskelentspannung meines menschlichen Vehikels zu fördern.

(Diesen Zustand kann man nach einigem Experimentieren selbst erreichen, wenn man sich während des Einschlafens längere Zeit nicht bewegt, gegen den Schlaf ankämpft bzw. seinen Körper einschlafen lässt und dabei versucht, geistig wach zu bleiben. Gelingt dies, fühlt sich der Körper deutlich wärmer als gewöhnlich an und man nimmt ihn mit zunehmend verstreichender Zeit und sich fortwährend verstärkender Tiefenentspannung nicht mehr wahr. In dieser Kondition ist es möglich, sich durch bewusste Gedanken an den Ausstieg aus seinem physischen Körper von diesem willentlich zu trennen. Dies kann geschehen, nachdem man auf den in der Einleitung dieses Buches erwähnten Schwingungszustand zur Lockerung des Energiekörpers erfolgreich reagiert hat. Zudem sollten während dieses Zustands die Gedanken vom physischen Körper abgewandt bleiben.)

Ich war froh darüber, mir dieses Wissen durch mein Interesse an außerkörperlichen Erfahrungen und das damit verbundene Erleben unserer wahren Natur in Verbindung mit der Erkenntnis der persönlichen Unsterblichkeit angeeignet zu haben. Somit kannte ich den Plan des Energiewesens, das noch immer an mir arbeitete. In diesem Moment überkam mich ein Drang zum urinieren. Ich ärgerte mich darüber, dass ich mich diesbezüglich nicht besser vorbereitet und über den Abend zu viel getrunken hatte. Entgegen dem Willen liegen zu bleiben, fühlte ich mich von meinem Körper dazu gezwungen, aufzustehen, um mich des störenden »Wassers« zu entledigen. Ehe ich meinen Körper bewegte und mich aus dem Bett begab, entschuldigte ich mich bei meinem unsichtbaren Besucher für diesen Umstand und teilte ihm mit, dass ich hoffte, dass die zuletzt erreichte Muskelentspannung nach meiner Rückkehr rasch wiederherzustellen sei und das Vorhaben fortgeführt werden konnte...

Schließlich fand das feinstoffliche Geschehen seine Fortsetzung. Aufs Neue durchflossen mich elektrische Energien. Ich freute mich bald darüber, dass der vorherige Grad der Entspannung rasch wiederkehrte und ich erneut meine Gliedmaßen nicht mehr wahrnahm. Mit diesen Empfindungen und in Erwartungshaltung auf das unbekannte Bevorstehende schlief ich ein.

Wie viel Zeit verstrichen war, ehe ich – wieder in Rückenlage – zu Bewusstsein kam und feststellte, dass jemand mit den Händen meine Füße sanft an den Zehen hielt, wusste ich nicht. Es waren angenehme Berührungen, die ich empfand, als ich überlegte, dass sich das Wesen am Fußende meines Bettes befinden musste. Mit den Fingern einer Hand hielt es zugleich mehrere Zehen meines Fußes; mit der anderen Hand die Zehen meines anderen Fußes. Plötzlich wurden meine Beine und ein Teil des Rumpfes etwa einen halben Meter angehoben und anschließend wieder in die waagerechte Position auf Matratzenhöhe abgesenkt. Die Empfindungen, die ich vom bewegten Teil meines Körpers hatte, waren schwerelos. Folglich wusste ich, dass es nicht mein physischer Körper, sondern mein Energiekörper war, der beim Einschlafen seine Lockerung vom biologischen Körper erfahren hatte und nun gehoben und gesenkt wurde. Ich lag absolut richtig mit meiner Annahme, dass ein außerkörperliches Erlebnis auf mich wartete...

Kapitel 4

Von Geist zu Geist

...Das Anheben und Absenken meines Unterkörpers wiederholte sich insgesamt drei Mal, ehe mir einfiel, meinen Kopf anzuheben und nachzusehen, ob ich das Wesen jetzt zu Gesicht bekommen konnte. Ohne Kraftaufwendung richtete ich meinen nichtphysischen Oberkörper auf, stellte fest, niemanden zu erspähen und äußerte gedanklich sofort im Anschluss, dass ich nun bereit dazu sei, die blaue Gestalt zu erblicken, die ich in dieser Nacht sehen sollte.

Kaum hatte ich meine Forderung hervorgebracht, befand ich mich von einem auf den anderen Moment nicht mehr in meinem Bett, sondern ca. drei Meter abseits davon vor meinem Kleiderschrank. Wie ich dort hin gelangte, war mir nicht bewusst. Jedenfalls war ich nicht aus dem Bett gestiegen. Was ich dann sichtete, war eine blau schimmernde, halb durchsichtige Erscheinung in menschlicher Gestalt mit dem Aussehen eines kleinen Jungen im Alter von etwa sieben Jahren. Er trug glatte aschblonde Haare, die auf einer Seite wie streng in die Stirn hinein gekämmt aussahen. Ich war ein wenig überrascht darüber, dass lediglich die Farbgebung der Haare sich von jener des restlichen Körpers in den verschiedensten Blauschattierungen unterschied. Auffällig war auch, dass der weise Gesichtsausdruck des Wesens nicht zu jenem eines kleinen unerfahrenen Jungen passte.

Während ich mir die Erscheinung ansah, kam meine analytische Denkweise zum Zuge. Ich fragte mich, ob ich mich tatsächlich in einem außerkörperlichen Zustand befand. Irgendwie war mir das zwar klar, doch mir fiel sofort etwas ein, was ich gerne ausprobieren wollte. Aber zunächst einige aufklärende Informationen:

Durch das Wissen, das ich mir durch Lektüre über außerkörperliche Erlebnisse sowie persönliche und willentlich herbeigeführte Erfahrungen in dieser Richtung angeeignet hatte, war mir bewusst, dass – wenn wir unseren festen Körper verlassen – wir in den meisten Fällen unseren ersten bzw. die dichteste Form unseres Energiekörpers erfahren. Dieser Körper besitzt dann eine gewisse Schwingungsstufe, mittels der wir uns in jener feinstofflichen Dimension ausdrücken können, die in Bezug auf ihre Dichte der physischen Ebene am nächsten liegt, in welcher wir mit unserem menschlichen Körper in der Materie interagieren.

Der erste Energiekörper ist also der dichteste von weiteren, noch feineren Ausdrucksformen, die wir auf unseren Wunsch erfahren können, um je nach aktuell vorherrschendem Dichtegrad dieses Vehikels eine entsprechend andersartige feinere bzw. höhere Energieumwelt zu erleben. Das Aussehen des nichtphysischen Körpers entspricht exakt jenem des physischen. Es handelt sich bei diesem Energie-Doppel also um ein immaterielles Duplikat des biologischen Körpers eines jeden Menschen.

Zurück zu meinem Einfall: Alle Energiewesen, mit welchen man sich gemeinsam innerhalb einer Dimension aufhält, können angefasst werden, wenn beide Individuen dieselbe oder eine sehr ähnliche Dichte aufweisen. Also dachte ich darüber nach, dass sich meine Außerkörperlichkeit dadurch bestätigen ließe, dass ich einfach versuchen sollte, den Jungen zu berühren (so wie ich in einer einstigen außerkörperlichen Erfahrung auch meinen eigenen feinstofflichen Körper anfassen konnte). Ich entschied mich spontan für die Bauchgegend. Unter Einsatz meiner rechten Geisterhand berührte ich den Jungen am Bauch und tippte mehrmals leicht gegen die weiche Oberfläche. Das regungslose Wesen ließ offensichtlich mit sich experimentieren und wich mir weder aus noch kommunizierte es mit mir. Sicherlich las es meine Gedanken und wusste, was ich vor hatte.

Die Bestätigung für meine gegenwärtige außerkörperliche Position hatte ich soeben erhalten. Im Anschluss interessierte mich ein neugieriger Blick in mein Bett, in dem ich meinen schlafenden physischen Körper vermutete – doch dieser war nicht wie erwartet dort vorzufinden. Warum war dies nicht der Fall? Verblüfft bemerkte ich, dass mein Bett beleuchtet war, währenddessen die unmittelbare Umgebung, in der ich mich mit dem Wesen aufhielt, nicht ganz dunkel und nur leicht durch den Schein einer Straßenlaterne erleuchtet war. Hatte der Geist geahnt, dass ich experimentieren und einen Blick in mein Bett riskieren würde, um zu meiner Erleichterung dessen Standort für mich zu beleuchten? Ich wusste es nicht und wandte dann den Blick wieder dem Jungen zu, der mich anblickte, ohne seinen kindlichen und zugleich seriösen Gesichtsausdruck zu verändern. Mich überkam das brennende Verlangen, zu erfahren, wer er war. Ich schaute ihm ins Gesicht und stellte meine Frage: »Wer bist du?«

Im nächsten Moment befand ich mich wieder in meinem physischen Körper und richtete mich auf. Beeindruckt von dem, was sich soeben zugetragen hatte, blickte ich in Richtung des Kleiderschrankes, vor dem ich kurz zuvor etwas Besonderes erleben durfte – etwas, das Ramta am Abend zuvor angekündigt hatte. Die Begegnung mit der blauen Gestalt war eingetreten.

Ich kam nicht umhin, mich erneut zu fragen, wer das Wesen war, vor dem ich erstaunlicherweise keinerlei Ängste verspürte. Blitzartig kam mir ein Einfall: Das Wesen könnte etwas darstellen, welches zu einem für mich unbekannten Zeitpunkt in der Zukunft den physischen Körper eines möglichen Nachkommens einnehmen könnte. War diese Erscheinung mein zukünftiger Sohn, der sich mir in der Weise offenbarte, wie sein späterer Körper einmal im Kindesalter aussehen würde? Das wäre zumindest eine Möglichkeit.

Glücklich über diese spezielle Erfahrung außerhalb meiner materiellen Hülle schlief ich nachdenklich langsam wieder ein... Am Tage beschloss ich dann, Frank darum zu bitten, einige gezielte, vorab genau besprochene Fragen zu formulieren, und diese Ramta vorzutragen.

Channeling zu dieser Begegnung

»War der kleine Junge, den Matthias gesehen hat, das Wesen, das zu einem Zeitpunkt in der Zukunft den Körper eines möglichen Sohnes einnehmen wird? Matthias hatte diese Vermutung direkt nach der Rückkehr in seine menschliche Hülle.«

»Nein! Dieser Junge ist einer seiner Führer in der feinstofflichen Welt. Matthias sollte ihm Respekt erweisen. Der Junge lehrt Matthias schon seit langer Zeit.

Der Schein trügt, denn das Auge[1] erblickt einen kleinen Jungen, doch ist es in Wirklichkeit ein Geistwesen mit ungeheurer Macht!«

»War es denn das erwähnte kleine Wesen, das Matthias vor dem Einschlafen längere Zeit energetisch bearbeitet bzw. nach Matthias'

Vermutungen eine Lockerung seines Energiekörpers durchgeführt hat? Oder war es das weibliche Wesen mit blonden lockigen Haaren, das er vor einigen Monaten schon einmal nachts an seinem Bett stehend gesehen hat und es beim aktuellen Erlebnis dafür gesorgt hat, seinen Energiekörper aus dem physischen Körper zu heben?«

»Es war weder der Eine noch die Andere. Viele Wesen kümmern sich um ihn. Viele davon sind so hoch entwickelt, dass es ihm noch lange Zeit nicht möglich sein wird, sie in optischer Manifestation wahrzunehmen – auch nicht in der feinstofflichen Welt!«

»Das Wesen in Form des kleinen Jungen machte auf Matthias einen sehr reifen Eindruck, da es sich – aus Matthias' Sicht – recht ruhig gegenüber ihm zeigte und ein geistig und seelisch recht fortgeschrittenes Bild von sich abgab.«

»Der Junge, so wie ihr ihn nennt, hat seine Reinkarnationsschleife längst überwunden. Er ist aus der Liebe heraus zu euch gekommen, um euch ein Licht zu sein. Seid ihm dankbar! Er spendet euch unglaublich viel Energie, gibt euch Kraft, öffnet auf euren Willen hin euren Geist, euer Bewusstsein. Ohne ihn hättet ihr noch lange nicht erkannt, was ihr wirklich seid!«

»Warum war das Erlebnis zu Ende, als Matthias dem Jungen die Frage ‚Wer bist du?' stellte? Sollte es an diesem Punkt enden oder dachte Matthias unbewusst an seinen physischen Körper, worauf der Rückruf in denselben veranlasst wurde?«

»Der Erlebnisausschnitt war exakt so festgelegt. Weitere Einsicht sollte es genau in diesem Moment nicht geben. Das Erlebte

---

[1] Während der niedergeschriebenen Antwort wurde Frank noch eine ergänzende Information übersandt. Ramta verwendete in seiner Aussage eine bildhafte Sprache in Bezug auf das Auge. Hierbei sei das nichtphysische Blickfeld gemeint, über das man auf der feinstofflichen Ebene verfügt. Mit dem Sehen der physischen Augen besteht hier kein Zusammenhang.

diente einem ganz besonderen Zweck und für die Einsicht, die damit erzielt werden sollte, reichte das vollkommen aus.«

»Matthias beschreibt, dass er das unmittelbare Umfeld um das Geschehen relativ dunkel wahrgenommen habe. Als er jedoch seinen Blick in Richtung seines Bettes richtete und feststellte, dass sein physischer Körper nicht im Bett lag, bemerkte er, dass sein Bett beleuchtet zu sein schien. War diese Beleuchtung ein von euch gesetzter Effekt, weil ihr davon ausgegangen seid, dass Matthias einen interessierten Blick in sein Bett werfen würde?«

»Nein, er selbst hat diesen Effekt herbeigeführt. Die Kraft seiner Gedanken ließ diesen Ort heller erscheinen. In der mentalen Welt, in der sich Matthias zu diesem Zeitpunkt aufgehalten hat, lässt sich alles mit Geisteskraft bewerkstelligen.
Ihr seid selbst viel fähiger, als ihr euch vorstellen könnt. In anderen Welten habt ihr sehr viel mehr Fähigkeiten, als ihr sie jemals in der materiellen Welt haben könnt.«

»Matthias experimentierte mit dem Jungen und versuchte festzustellen, ob er ihn denn anfassen konnte, um Klarheit darüber zu erhalten, ob er sich auf der selben Ebene mit der Erscheinung befand. Offenbar war dies so, da er den Energiekörper des Jungen ertasten konnte. Matthias fragt, ob der Körper, den er bei diesem Erlebnis erfahren hat, sein erster bzw. dichtester Energiekörper war, der ein optisches Duplikat des physischen Körpers darstellt und ob das Geschehen somit in der dichtesten, also in der der physischen Dimension am nächsten liegenden Energiedimension stattfand?«

»Er war nicht irgendein Körper – er war er; er ist er.
Ein nichtphysischer Körper ist nur ein Ausdrucksmittel in verschiedenen Dimensionen. In gewissen Erfahrungen oder Ereignissen bedarf er keines dieser Körper. Er ist dann reines Bewusstsein.
Es gibt Erfahrungsbereiche, die kann man nicht streng in eine gewisse Dimension einordnen. Es gibt Orte, die sozusagen programmiert sind – für einen eingeschränkten Besucherkreis.

Begebenheiten können programmiert werden, ähnlich wie man einen Film dreht oder ein Computerspiel programmiert. Man muss bedenken, dass der Begriff ‚programmieren' hier nicht wirklich wörtlich zu nehmen ist. Aber für das, was ich hier auszudrücken versuche, gibt es keine Begriffe in eurer Sprache. Wie könnte es auch einen Begriff dafür geben, wenn ihr von einer solchen Möglichkeit nicht einmal wisst?

Es wird also ein Ort gewählt, ein Umfeld erzeugt und es wird gewissen Seelen Zutritt gewährt, so dass kein anderes Individuum diesen Kontakt stören kann. Es ist also eine erzeugte Realität, geschützt von Fremdzugriffen, um genau das zu erleben, das vorgesehen ist.

Eine Dimension ist es insofern nicht, so wie auch ein Film nicht Bestandteil eurer materiellen Realität ist. Er wurde zwar einst in eurer Realität produziert, ist aber im Moment nicht wirklich. Er wird einfach nur erlebt.

Diese Begebenheiten sind besondere Anlässe, um zu lehren, um gewisse Dinge zu übermitteln, um bestimmte Erfahrungen in einem geschützten Umfeld möglich zu machen. Seid dankbar dafür!«

∾

Nun hatte ich also Todar »kennen gelernt«, um dies allein auf mein menschliches Erinnerungsvermögen zu beziehen. Ob ich eines Tages im Körper des Matthias wohl auch Ramta einmal ganz persönlich vor mir sehen werde? Es blieb mir nichts anderes übrig, als abzuwarten, ob eine solche Erfahrung stattfinden wird – eine, die in dieses Buch aufgenommen werden könnte, was sicherlich auch in Ihrem Interesse läge, wie ich annehme.

Übrigens: Wie Ramta in meiner Vorstellung aussieht, können Sie im Anschluss an das Nachwort der geistigen Welt anhand der farbigen Illustration erfahren, die ich mit Freude anfertigte.

5 UNTERSCHIEDLICHE REALITÄTEN

»Es gibt unzählige Wege,
die eine Seele begehen kann.
Keiner dieser Wege ist absolut.
Alles wandelt und dreht sich in sich selbst.«

(RAMTA)

Ehe wir mit der Thematik des nächsten Kapitels fortfahren, der außerkörperlichen Erfahrung, ist es vorbereitend förderlich, an dieser Stelle Grundlegendes zur Existenz von unterschiedlichen Realitäten in Erfahrung gebracht zu haben. Frank führte dazu im Jahre 2007 mit Ramta auf dessen Vorschlag mehrere Dialoge, die sich unmittelbar an mein Erlebnis mit meinem spirituellen Führer »Todar«, der »blauen Gestalt«, anschlossen.

Mit einer neugierigen Erwartungshaltung begab sich Frank wie gewöhnlich in einen kommunikativen Zustand, um Ramtas Worte vernehmen zu können und war gespannt darauf, was unser wortgewandter, feinstofflicher Informationsgeber ihm zum Thema unterschiedliche Realitäten erzählen würde. Es dauerte nicht lange, bis Ramta damit begann, Frank neues, äußerst lesenswertes Wissen in sein erweitertes Bewusstsein zu übertragen...

»Folget dem Pfad eures Herzens. Die Welt hat unzählige verschiedene Gesichter. Was des Einen Hölle, ist des Anderen Himmel. Wo es Licht gibt, dort ist auch Schatten. Zahlreich sind die Facetten, die ihr inkarnierten Wesen auf dieser Erde und in dieser Dimension erleben könnt.«

»Die meisten würden sagen: Es gibt nur diese Welt und wir sehen sie alle gleich!«

»Es gibt unzählige Welten in unzähligen Dimensionen. Wenn wir jedoch nur auf eure Welt Bezug nehmen, so ist es dennoch nicht korrekt, dass ihr alle die Welt gleich seht. Je nach Bewusstseinszustand, je nach Erfahrung, je nach Aufgabe, kann sich

Unterschiedliche Realitäten

diese eine Welt ganz unterschiedlich zeigen. Es liegt im Auge des Betrachters!
Der Eine sieht Dornen am Rosenstrauch, der Andere eine wundervolle Rose am Dornenbusch. Es ist ein und der gleiche Busch, doch sind es zwei Betrachtungswinkel, wenn du siehst, was ich meine?«

»Ja! Ich würde sagen, es gibt Pessimisten und Optimisten!«

»*Das stimmt soweit, doch ist es beileibe nicht so einfach einzuteilen. Du kannst Hunderte von Optimisten nehmen, so sehen diese hundert die Welt doch wieder jeweils ganz anders, ganz individuell. Die Realität passt sich an, sie ist kein starres Gebilde.«*

»Wie soll sich denn die Realität anpassen? Die Realität ist doch, wie sie ist, oder?«

»*Die Realität ist, wie sie ist, doch ist sie nicht immer gleich und vor allem ist sie stets in Veränderung.*
Ihr selbst seid dafür verantwortlich, welchen Blickwinkel ihr einnehmen möchtet. In vielen Fällen wählt ihr selbst, in welche Erlebnisse ihr euch hineinmanövriert. Am Ende nennt ihr es dann Schicksal. Doch glaubt mir, so etwas wie ein Schicksal gibt es nicht!
Alles ist gewollt erschaffen worden – teils durch euer bewusstes oder unbewusstes Denken und teils ist es von euch vor eurer Inkarnation gezielt gewählt worden, welche Dinge auf euch zukommen, um daraus zu lernen und zu reifen.«

»Aber diese Erde ist doch immer gleich! Wie sollten denn am gleichen Ort ganz unterschiedliche Begebenheiten herrschen?«

»*Nicht die Lebensgrundlagen sind unterschiedlich, und auch nicht die Spielregeln, die auf dieser Erde vorherrschen.*
Ihr lebt eure Inkarnation unter gleichen Bedingungen, und doch erzeugt ihr selbst ganz unterschiedliche Erfahrungsebenen. Eure Sicht und euer Handeln lässt euch die Dinge sehen und erleben, für welche ihr euch entschieden habt.

Der Eine sieht das Glück, während der Andere nur Verderben und Unheil erblickt. Seht euch nur die vielen Menschen und ihre unterschiedlichen Einstellungen zum Leben an. Denkt ihr denn tatsächlich, das bleibt alles ohne Wirkung für den Einzelnen?«

»Die meisten Menschen sagen, das Leben und die äußeren Umstände hätten sie zu dem gemacht, was sie sind. Viele trifft ein harter Schicksalsschlag!«

»Das ist so nicht ganz korrekt. Die Menschen haben ihr Umfeld und ihr Leben zu dem gemacht, was sie sind – nicht anders herum. Jene, die behaupten, sie könnten ihr Leben nicht beeinflussen, denen wurden die Augen noch nicht geöffnet.
Jede Handlung, jedes Wort und jeder Gedanke nimmt unmittelbar Einfluss auf eure Realität. Aus diesem Blickwinkel heraus betrachtet habt ihr sodann unendlich viele Möglichkeiten, auf euer erlebtes äußeres Umfeld einzuwirken und so wird aus Schicksal eine eigene Kreation.
Erkennt, dass euer Handeln, Sagen und Denken eure wertvollsten Werkzeuge sind!«

»Doch nicht alles, was im Leben geschieht, kann dadurch beeinflusst werden!«

»Die großen Dinge, die ihr bewusst vor eurer Inkarnation gewählt und euch zur Aufgabe gemacht habt, die bleiben erhalten, bis ihr sie gemeistert habt. Ihr könnt eurem eigenen Plan nicht entkommen!
Ihr habt euch bewusst gewisse Hürden gesetzt, um einen höheren Reifegrad zu erlangen. Seht dies als Segen an und nicht als Fluch!«

»Dann erleben die Menschen einfach unterschiedliche Blickwinkel auf ein und demselben Planeten?«

»Das ist der eine, kleine Teil eines größeren Puzzles. Verschiedene Menschen erleben noch ganz andere Realitäten, obwohl sie scheinbar fest mit ihrem derzeitigen Körper verbunden sind.«

Unterschiedliche Realitäten

»Welche Realitäten sind das?«

»Ich werde dir einige aufzählen, auf die wir nach und nach eingehen werden.
Da sind die Traumwelten, die sich nicht wie allseits vermutet, nur im Gehirn abspielen – nein, sie sind tatsächlich erlebte Existenzebenen, denen man eine viel größere Bedeutung zumessen darf.
Dann sind da die außerkörperlichen Erfahrungen, von denen du und Matthias ja schon einige machen durftet. Ihr habt die Möglichkeit, mit etwas Training und Willensstärke euren physischen Körper zu verlassen und in anderen Energiedimensionen umherzuwandeln und Erfahrungen zu machen.
Dann gibt es noch die bewusst kreierten Zwischendimensionen, die wir für Lernzwecke benutzen und um einen neutralen Raum für Treffen verschiedener Individuen zu erschaffen. Matthias hatte kürzlich selbst ein solches Phänomen erleben dürfen, was wir ja erläutert haben.[2]
Es existiert da noch die spirituelle Welt, die sich völlig außerhalb unseres dualen Systems befindet. Diese Welt ist unvorstellbar und unerklärlich. Darauf werden wir später nur in wenigen Worten eingehen.
Alle diese verschiedenen Realitäten werden dann wiederum – genau wie eure physische Welt – unter verschiedenen Betrachtungswinkeln erlebt. Sie können ein Fluch wie auch ein Segen sein. Sie liegen alle im Auge des Betrachters.
Es gibt in diesem Universum nichts Statisches. Alles ist im Fluss, alles wandelt und entwickelt sich. Alles lebt in sich und auch außerhalb seiner selbst. Solch komplexes Dasein lässt sich wahrlich schwer in Worte fassen.
Es gilt wie bei vielen Dingen: Nichts ersetzt die Erfahrung! Wenn ihr den Himmel erfahren habt, dann werden Worte nicht mehr ausreichen, um etwas solch Wunderbares, etwas solch Göttliches beschreiben zu können!«

---

[2] Siehe Beispiel und Channeling unter »Die Begegnung mit einem spirituellen Führer«.

»Es gibt in der Tat viele Dinge, die wir Menschen nicht kennen. Was für ein multidimensionales Dasein!«

»Ja, und es gibt noch weit mehr als das! Doch alles, was hierüber hinaus geht, würde euer derzeitiger Verstand nicht einmal annähernd begreifen können.
Das Leben ist weit mehr als nur ein ‚Dahinvegetieren' auf nur einem Planeten mit nur einem Leben, so wie viele es annehmen. Das Leben ist Entwicklung, ist Erleben von einem und dem nächsten Ort. Das Leben ist so vielschichtig und unendlich, dass selbst die höchsten Wesen nicht den vollen Einblick haben.
Gott ist der Erbauer und Bewahrer dieses wundervollen Gebildes. Er allein vermag den Überblick und die Einsicht in alles, was Ist, zu behalten!«

»Ich danke dir für diese Informationen. Ich werde mich nun langsam zur Ruhe begeben.«

»Wir danken dir, dass du dich wieder einmal für uns geöffnet hast!«

Träume

»Hallo Ramta! Ich möchte dir nun Fragen zum Thema Träume stellen.

Ist es denn in Träumen möglich, die Zukunft zu sehen? Ich habe schon oft Dinge geträumt, die dann Jahre später genau so eingetroffen sind!«

»Ja, doch könnt ihr nicht nur die Zukunft sehen, sondern ihr seid dann in der Zukunft!
Die Zeit, so wie ihr Menschen sie kennt, verläuft nicht linear. Die meisten von euch nehmen an, dass die Zeit etwas Ablaufendes ist – also Vergangenes vergangen bleibt und Zukünftiges noch nicht existiert. Ich sage euch, alles existiert zur gleichen Zeit! Die Zeit ist nur eine Illusion, um einen gewissen Erfah-

rungsrahmen zu ermöglichen. Zeit ist relativ und es gibt weder eine Vergangenheit noch eine Zukunft. Wir leben in Wirklichkeit im ewigen Jetzt. Das ist für euch Menschen schwer zu begreifen, denn ihr lebt ständig in dieser Zeit-Raum-Illusion.«

»*Das hört sich recht kompliziert an. Du sagst also, ich wäre manchmal in meinen Träumen bereits in der Zukunft. Dann steht ja die Zukunft schon fest, oder?«*

»*Die Zukunft steht fest, aber immer nur für den Augenblick. Sobald ihr im Jetzt etwas tut, das Einfluss auf künftige Ereignisse hat, dann verändert sich sogleich auch die Zukunft. Die Zukunft ist also wandelbar und verändert sich immer gemäß dem, was ihr jetzt im Begriff seid, zu tun. Alles hat Einfluss aufeinander.*
  Doch lasse diese Zeit-Thematik für den Moment einmal so stehen. Wir werden zu einem anderen Zeitpunkt noch einmal darauf zu sprechen kommen. Gehen wir weiter auf die Realität der Träume ein.«

»*Gut! Träume sind also real, sagtest du. Ich könnte mir gut vorstellen, dass gegen diese Aussage so mancher Wissenschaftler Einspruch einlegen würde. Viele sind der Meinung, dass Träume eine Produktion des Gehirns sind; dass sie also nur wie eine Art Film ablaufen und nicht wirklich sind; dass sich so unverarbeitete Geschehnisse des Tages im Traum entladen können und man sie so verarbeiten kann.«*

»*Träume sind sehr viel wirklicher als so manches Erlebnis in eurer physischen Realität. Träume sind weder eine Einbildung noch laufen sie nur wie ein Film ab.*
  Es gibt zwar dieses Phänomen, dass das Gehirn eine Art Traum produziert, der dann auch einfach nur abläuft, aber die Träume, von denen ich hier spreche, sind eine wirkliche Realität. Ihr nennt sie zumeist ‚luzide Träume'. In diesen Träumen habt ihr Bewusstsein oder ihr seid Bewusstsein und habt willentlichen Einfluss auf euer Tun. Ihr bewegt euch auf einer anderen Ebene und erlebt dort die gegebene Welt. Dazu verfügt ihr noch über wesentlich mehr Fähigkeiten als ihr sie im physischen

Leibe habt. Ihr seid für die Dauer des Traumes eurem menschlichen Leibe entrückt und seid somit auf einer Reise durch eine andere Sphäre.«

»Meistens erinnern sich die Menschen nicht an ihre Träume. Hat das einen bestimmten Grund?«

»*Das Wissen und die Erfahrung, die man in der Traumwelt gesammelt hat, wird meist vom Tagesbewusstsein abgesperrt. Wenn man also im physischen Körper aufwacht, übernimmt ein bestimmter Teil von euch die Absperrung, oder man könnte auch ‚vorrübergehende Löschung' dazu sagen.*

Das Erlebte ist oft so intensiv und so viel realer als eure derzeitige Welt, dass ihr es wahrlich schwer verkraften könntet, wieder in der dichten Materie gefangen zu sein. Es ist also eine Art Schutzmechanismus.«

»Ich habe oft luzide Träume, an die ich mich erinnern kann. Ist es irgendwie möglich, dass man diese Fähigkeit fördert?«

»*Bei inkarnierten Seelen entwickelt sich diese Fähigkeit ab einem gewissen Reifegrad von alleine und ihr habt zunehmend mehr Zugang zu diesen Erinnerungen mit eurem Tagesbewusstsein.*

Ansonsten hat der Mensch die Möglichkeit, sich diesen Bereichen bewusst geistig zu öffnen. Es bedarf eines großen inneren Willens, die Wahrheit schauen zu können und auch andere Dimensionen zu erfahren. Es ist förderlich, sich mit diesen Themengebieten bewusst auseinander zu setzen, zum Beispiel durch Lektüre oder Gespräche mit Menschen, die darin Erfahrung haben.

Öffnet euren Geist für die feinstoffliche Welt und auch diese Fähigkeit wird sich ganz natürlich entwickeln!«

»Oft hatte ich schon luzide Träume, wenn ich versuchte, eine Technik zum Erreichen von Außerkörperlichkeit anzuwenden, dies aber nicht funktionierte. Häufig erlebte ich dann in diesen Nächten luzide Träume – auch Matthias berichtet von dieser Feststellung. Hat das etwas Bestimmtes zu sagen?«

»Beim Praktizieren der Außerkörperlichkeitstechniken ist man sich meist schon einer größeren Realität bewusst. Man weiß über andere Dimensionen Bescheid, wenn manchmal auch nur theoretisch. Das genügt aber vollkommen, um sein Bewusstsein so zu erweitern, dass Erinnerungen an diese Erlebnisse dem Tagesbewusstsein zugänglich werden.

Dann sind da diese Suggestionen, derer man sich meist bedient, wenn man außerkörperlich werden möchte. Suggestionen sind ein starkes Werkzeug, um seine Sinne zu erweitern und seinen Geist zu öffnen. Die Realitäten beginnen sich zu überlappen und ihr werdet von Mal zu Mal bewusster.«

»Wenn ich abends ins Bett gehe, freue ich mich meistens schon auf meine Träume. Die Welt dort ist meist so schön und angenehm zu erleben. Oft sind geliebte Personen anwesend, mit denen ich dann eine wundervolle Zeit verbringe.«

»Du bist dir deiner Reisen schon sehr bewusst. Du hast diese Ebene längst schon als Realität akzeptiert. Die Erlebnisse können wirklich äußerst paradiesisch sein, aber es kann auch ganz anders aussehen.

Viele Menschen erleben Horrorvisionen, Angstzustände und so weiter. Das liegt dann zumeist daran, dass sie nicht fähig sind, ihre geistigen Kräfte zu kontrollieren, oder es ist das Werk negativ gesinnter Wesen, die dort ihr Unwesen treiben.

Mit zunehmendem Bewusstsein schwinden diese Dinge und ihr werdet geübter, eure mentalen Werkzeuge einzusetzen, um euch eine schöne Traumwelt zu erschaffen.«

»Ich merke, wie ich immer müder werde. Die Empfangsqualität verschlechtert sich. Ich werde mich nun meiner Nachtruhe übergeben und in das Land der Träume gleiten. Vielen Dank für deine Informationen!«

»Schlaf' gut!
Vielleicht treffen wir uns in deinem Traum!«

∽

Nach der vorigen Kommunikation mit Ramta war Frank und mir eine scheinbare Ungereimtheit gegenüber einer Aussage Ramtas aufgefallen. Wir zerbrachen uns die Köpfe über die Veränderlichkeit der Zukunft durch bewusste oder unbewusste Handlungen in der Gegenwart bzw. der Erschaffung einer möglichen Zukunft. Dies im Abgleich mit der Tatsache, dass wir vor einer Inkarnation sehr vieles wählen können, was wir im nächsten physischen Dasein unausweichlich erfahren. Der nächste Austausch mit Ramta verschaffte uns Aufklärung darüber. Zu Beginn der nächsten Channeling-Sitzung wurde sofort auf unsere Verwirrung eingegangen...

»Ich habe eure Verwirrung über die Beeinflussbarkeit der Zukunft bereits wahrgenommen. Mögen wir diese nun aufklären!«

»Gut! Du sagtest, Zukunft sei veränderbar und dass eine vorgeschriebene Zukunft nur für den Augenblick existiert – so lange, bis bewusste Handlungen im Jetzt eine Zukunftsvariante verändern. Du sagtest aber auch, dass wir uns vor einer Inkarnation Aufgaben für das kommende physische Leben auswählen, die wir dann zu bewältigen haben; Prüfungen, denen wir nicht entkommen können, bis wir sie gemeistert haben. Dann ist dies ja ein unveränderlicher Teil der Zukunft, oder?«

»Es ist veränderbar, doch wollt ihr in Wirklichkeit diese Erfahrung machen. Und dieser Wunsch eurer Seele ist immens stärker als euer Egodenken, weswegen es euch zumeist verwehrt bleibt, Dinge, die auf euch zukommen, abzuwenden.
Es ist veränderbar, doch ihr verändert es nicht, weil ihr gewählt habt, es so zu erfahren. Deswegen sagte ich auch, ihr könnt eurem Plan nicht entkommen.
Euer stärkster Gedanke manifestiert sich. Und es ist zu unterscheiden zwischen dem Willen der Seele und dem Willen des Ego. Wenn die Seele eine Entscheidung trifft, dann kann das Ego diese Entscheidung nicht mehr umkehren.«

»Der Wille der Seele bleibt unserem Tagesbewusstsein wohl auch abgesperrt?«

»*Einen großen Teil eures Wissensspeichers habt ihr in eurer leiblichen Hülle nicht, doch erinnert ihr euch dessen, wenn ihr zurück in der feinstofflichen Welt seid – nach dem Ableben eures physischen Körpers.*«

»*Danke! Kommen wir nun zurück zu den Träumen...*

Träume erzählen ihre Geschichte oft in symbolhafter Sprache. Hat das einen besonderen Grund und könnte man auch bewusst unverschlüsselte Träume fordern?«

»*Ihr erschafft euch im Traume ziemlich viel selbst von eurer Umgebung und führt selbst Erlebnisse herbei, die ihr erleben möchtet.*
  Wenn ihr symbolhaft träumt, dann ist es eine Ausdrucksform des Träumenden. Würde er diese Form des Erlebens nicht mögen, so würde es auch nicht geschehen.
  In der feinstofflichen Welt – und dazu gehört auch die Traumebene – erschaffen sich viele Individuen ihr Umfeld gerne symbolhaft, einfach weil diese Sprache sehr viel mehr Inhalt vermitteln kann als unverschlüsselte Erlebnisse. Es ist aber durchaus möglich, durch Suggestionen unverschlüsselte Träume zu fördern.
  Durch solche Techniken programmiert ihr euer Unterbewusstsein auf bestimmte Weise, eine gewisse Erfahrungsebene einzuleiten. Aber achtet gut darauf, was ihr euch suggeriert, denn manch ein Wunsch kommt alleinig aus dem Ego und hindert euer Voranschreiten sehr!«

»*Matthias möchte bald noch einige Fragen zum Thema Träume stellen, ist das in Ordnung?*«

»*Ja natürlich. Stellt eure Fragen, denn sie dienen euch und der ganzen Welt. Seid im Licht!*«

∾

»*Ramta, ich würde nun gerne die Fragen über Träume stellen, die Matthias notiert hat.*«

»*Nun dann, so stelle die Fragen!*«

»Sind Personen, welchen man im Traum begegnet, immer nur solche, die man persönlich kennt oder auch andere?«

»*Die Welt der Träume ist sehr vielseitig, sehr groß und absolut real. Es ist eine Ebene, auf der sich natürlich auch andere Individuen tummeln können. Ihr werdet oftmals bekannten Wesen begegnen, doch sind dort genauso auch für euch fremde Seelen vor Ort. Dieser Ort gehört euch nicht alleine. Ihr teilt ihn mit unzählig vielen anderen.*«

»Wie kommt es, dass physisch verstorbene Freunde, Bekannte oder Familienangehörige, die man sich sehnlichst wünscht zu sehen, sich uns nie oder selten im Traum zeigen? Vermutlich ist ein möglicher Faktor jener, dass sich bestimmte Geister nicht zeigen können, weil sie bereits in einen neuen physischen Körper inkarniert sind, oder?«

»*Sollten diese Seelen bereits wieder inkarniert sein, so steht es ihnen immer noch frei, auf die Traumebene zu gelangen, genau so wie ihr selbst es tut. Nur ist es eben so wie bei euch auf der Erde: Man ist nicht zu jeder Zeit an jedem Ort. Man ist mal da und mal dort und wenn derjenige eben gerade irgendwo anders ist, dann werdet ihr ihn nicht treffen. An viele gemeinsame Aufenthalte auf der Traumebene könnt ihr euch meist nur nicht erinnern, da sie vom Tagesbewusstsein abgeriegelt werden. Ihr trefft die gewünschten Personen oftmals, nur wisst ihr im Moment nichts davon.*«

»Ist es eine Schöpfung der eigenen Phantasie, wenn man im Traum oder im physischen Wachbewusstsein zum Beispiel etwas Teufelartiges oder anderes Merkwürdiges sieht, über das wir normalerweise denken, dass es diese Dinge nicht gibt? Kann es sich hier auch um eine Halluzination oder die Erscheinung eines Geistes handeln, der je nach Gesinnung ein übles Angesicht wählt?«

»Sowohl als auch. Es gibt Dinge, die man sieht, die absolut real sind und eine eigene Existenz aufweisen. Es gibt aber auch Dinge, die ihr selbst erschafft und dann denkt, sie kämen von außen. Natürlich haben Seelen die Möglichkeit, sich in teufelartiger Gestalt zu zeigen. Dies ist jedoch nicht immer der Grund. Oft produziert ihr euren Teufel selbst. Es ist eure eigene negative Energie, der ihr häufig ins Auge schaut.«

»Du erzähltest, es sei möglich, sich auf der Traumebene ziemlich viel selbst von seiner Umgebung zu erschaffen und Erlebnisse herbeizuführen, die man erleben möchte. Sicher ist es dann auch möglich, sich eigene Traumcharaktere zur Interaktion aller Art zu erschaffen. Gehen wir nun davon aus, dass das möglich ist und diese eigenen Schöpfungen unbewusst im Traumbewusstsein vonstatten gingen. Wie kann man beim Träumen feststellen, ob die Charaktere, denen man begegnet, keine eigene Kreation sind, sondern tatsächlich existierende Menschen, die ebenfalls träumen? Das zu beurteilen wäre einfach, wenn man sich zum Beispiel mittags schlafen legt und weiß, dass eine bestimmte im Traum angetroffene Persönlichkeit in Wirklichkeit mittags nie schläft. Eine interessante Sache wäre es, in einem luziden Traum, in dem man deutlich mehr Bewusstsein als in anderen Träumen besitzt, den angetroffenen Charakteren Fragen zu stellen wie: ‚Weißt du, dass du mein Traumcharakter bist und ich dich womöglich selbst erschaffen habe?', ‚Ist dir eigentlich bewusst, dass du träumst?' oder ‚Denkst du, du kannst dich an unsere Begegnung und an deinen Traum erinnern, wenn du in deinem physischen Körper aufwachst?' Mit welcher Reaktion könnte man hier rechnen – besonders von den selbst erschaffenen Charakteren? Und wäre es möglich, unbewusst selbst geschaffene Traumcharaktere oder ganze Umwelten zum Verschwinden zu bringen, wenn man im Traum ‚Alles Selbsterschaffene verschwindet jetzt!' äußern würde?«

»Mit dem Träumen verhält es sich ähnlich wie bei euren Computerspielen. In dem Moment, wo ihr auf der Traumebene verweilt, zählen solche Gedanken nicht, ob dies oder jenes wohl scheinbar real oder von euch selbst erschaffen ist. Wenn ihr et-

was erschafft, dann tut ihr dies aus einem bestimmten, tiefer gehenden Grund und dies wird dann von eurem Bewusstsein auf diese Weise niemals hinterfragt.

Man kann mit Charakteren, die von einem selbst erschaffen sind, interagieren, als hätten diese Wesen ein eigenständiges Bewusstsein, was in gewisser Hinsicht auch teilweise zutrifft. Eure Lebensessenz teilt sich dann auf: Ein Teil ist euer eigenes Bewusstsein, mit dem ihr die Dinge wahrnehmt und der andere Teil geht in einen oder mehrere Traumcharaktere hinein, die ihr euch erschaffen habt. Auf diese Weise erwacht alles zum Leben und es interagiert alles mit allem.

Wenn ihr Charaktere auf der Traumebene trefft, die ihr auch aus eurer Physis kennt, dann ist das eine wundervolle Sache. Hier erlebt man meist wie sich der Mensch verhält, wenn er nicht oder nur teilweise mit seinem physischen Ego verbunden ist. Oft verhält man sich dann abgelöst davon ganz anders; meist viel offener und tabuloser.

Es ist möglich, dass ihr diesen Menschen auf der Traumebene antrefft, obwohl dieser scheinbar zu genau dieser Zeit im physischen Körper in der physischen Welt interagiert. Das ist aber möglich. Alleine aus diesem Grunde heraus, weil die Zeit oder das Modell der Abläufe nicht mit dem Zeitmodell eurer Physis übereinstimmt, sondern außerhalb dessen liegt. Und so ist es auch möglich, dass der eine inkarnierte Mensch zu einer Zeit und ein anderer zu einer anderen physischen Zeit träumt und doch seid ihr gemeinsam in ein und demselben Areal der Traumwelt. Das passiert sogar sehr oft und meist, ohne dass sich die Menschen darüber bewusst sind. Dieses Wissen ist auch sehr neu für eure Gesellschaft, weil Zusammenhänge dieser Art nie berücksichtigt wurden.

Natürlich kann man im Traum auch selbst Erschaffenes auflösen. Es gibt Aufgaben zum Wachstum auf der Traumebene, da ist es sogar notwendig, dass selbst erschaffene Dinge aufgelöst werden müssen – Negatives, das euch verfolgt, aufgrund dessen ihr euch im Traum ein böses Elemental erschafft, das euch als Dämon, böser Geist, Teufel oder Ähnliches verfolgt. Ihr müsst dann lernen, richtig zu handeln; müsst lernen, Dinge zu erkennen, um euch letzten Endes darüber zu erheben, um so das Ele-

mental in Liebe aufzulösen. Großes Wachstum der Seele wird dadurch erreicht, und ihr schreitet auf diese Weise im Plan eurer Evolution weiter voran, hin zum Licht.

Wenn ihr im Traum tatsächlich herausfinden möchtet, ob ein Wesen von euch selbst erschaffen wurde, was ziemlich unwahrscheinlich ist, dass ihr das tun werdet, so fragt: ‚Wer bist du?' oder ‚Bin ich du?' Solltet ihr tatsächlich einmal diese Situation erschaffen, dann fragt dies und ihr werdet aus dem Staunen nicht mehr heraus kommen!

Selbst erschaffene Umwelten lassen sich leicht verändern. Ihr müsst sie einfach nur umgestalten, ähnlich dem, wenn ihr euer Zimmer verändert, umdekoriert oder mit neuen Dingen schmückt. Gänzlich zum Verschwinden bringt ihr selbsterschaffene Umwelten nicht, ohne dass das entstehende Vakuum durch Neues erfüllt wird, sonst würdet ihr euch in ein Nichts begeben, was den Zusammenhängen des universellen Lebens widersprechen würde.

Und nun zu eurem Bewusstsein auf der Traumebene: Viele Individuen sind sich nicht bewusst, dass sie träumen oder dass sie auch ein physisches Leben führen. Auf der Traumebene kann man sich meistens nicht an seine physische Existenz erinnern, so, wie man sich im physischen Bereich oft nicht an seine Träume erinnern kann. Natürlich gibt es Ausnahmen.

Solltet ihr euch im Traum bewusst sein, dass ihr träumt und eigentlich ein physisches Leben führt, so könnt ihr andere ansprechen, ob sie dergleichen Bewusstheit sind. Diejenigen allerdings, die sich ihrer physischen Existenz zu diesem Zeitpunkt nicht bewusst sind – und das werden die meisten sein – die sind sich auch nicht bewusst, dass sie träumen oder eigentlich genau ausgedrückt, sich auf der Traumebene befinden. In diesen Momenten zählt einzig und allein nur, dass sie das erleben, was sie gerade erleben und das steht im Brennpunkt der vollen und ungeteilten Aufmerksamkeit ihres Bewusstseins.«

»Das waren die ausstehenden Fragen über Träume ... eine anstrengende Durchsage. Vielen Dank für die Beantwortung!«

»Keine Ursache, dafür bin ich da!«

Kapitel 5

AUSSERKÖRPERLICHE ERFAHRUNGEN

»*Ich bin glücklich darüber, als Medium dienlich sein zu können. Ich hoffe, dass ich mein Bewusstsein dafür immer offen halten kann.*«

»**Wir helfen dir dabei. Alles wird gut!
Ihr werdet eure Mission erfüllen und am Ende glücklich nach Hause in die feinstoffliche Welt zurückkehren!**«

»*Mein Gefühl sagt mir, dass wir nun mit außerkörperlichen Erfahrungen fortfahren werden, ist das richtig?*«

»**Ja, das stimmt voll und ganz!**«

»*Kann ich in Außerkörperlichkeit auch in diese Welt gelangen, in mein eigentliches Zuhause?*«

»**Ja, dies ist möglich! Doch seid ihr oft, zumeist wenn ihr in außerkörperlichen Reisen noch nicht so geübt seid, auf nicht ganz so hoch schwingenden Energiedimensionen. Ihr seid dann vielfach in Dimensionen unterwegs, die näher an eurer materiellen Welt liegen.**«

»*Wie kann ich in Außerkörperlichkeit in höher schwingende Dimensionen gelangen?*«

»**Tretet die Reise nach innen an, sobald ihr euren physischen Körper verlassen habt. Ihr könnt durch eine Art Sog in immer feinere Dimensionen hineingezogen werden. Dies geschieht aber nur durch den Akt eures Willens.
Euer Gedanke steuert eure Reisen auf diesen feinstofflichen Ebenen. Es ist, als ob ihr euch selbst Befehle gebt und diese dann sogleich umgesetzt werden. Ihr könnt zum Beispiel sagen: ‚Ich möchte mehr sehen!' oder ‚Ich möchte in eine höhere Schwingung!' und sogleich wird sich euer Blickfeld oder euer Aufenthaltsort verändern. Ihr steuert eure Reisen durch euer Bewusstsein.**«

»Viel schwieriger, als die Reise zu steuern, ist es, überhaupt den Zustand der Außerkörperlichkeit zu erreichen. Es ist für mich nämlich gar nicht so einfach, meinen Körper zu verlassen!«

»Es ist eine Sache der Übung und der Willensstärke. Ihr trainiert eure mentalen Kräfte genau so wie einen Muskel.
Der Wille, wirklich den Körper zu verlassen, muss aber auch dominant vorhanden sein. Die Ausdauer darf ebenfalls nicht fehlen, denn oft sind es auch äußere Umstände, die einen Austritt unmöglich machen. Deswegen solltet ihr es öfter versuchen. Zu einem anderen Zeitpunkt mögen die Umstände dann wieder besser sein.«

»Wenn es also dem Menschen möglich ist, seinen physischen Körper zu verlassen, was für ein Gewinn oder welcher Sinn steckt hinter dieser Möglichkeit?«

»Wer einmal eine außerkörperliche Erfahrung hatte, der wird nie wieder derselbe sein! Es dient der Erweiterung des Bewusstseins, dem Erwachen aus der Materie und dem Reifen des Geistes in dir. Euer ganzes Denken ändert sich, nachdem ihr erfahren habt, was ihr wirklich seid – ein immerwährendes Energiewesen!«

»Kannst du uns einige Techniken beschreiben, mit welchen wir außerkörperliche Erfahrungen einleiten können?«

»Ich werde euch noch so einiges über dieses Themengebiet erzählen, doch in der nächsten Sitzung. Ich fühle, dass du sehr müde bist. Begebe dich nun zur Ruhe. Alles nimmt seinen Lauf!«

»Hab' Dank, Ramta. Dies werde ich tun!«

∽

Wenn ich manchmal das Treiben auf dieser Welt beobachte und realisiere, dass viele Menschen die Wahrheit nicht kennen, dann fühle ich mich irgendwie alleine. Es gibt Zeiten, in welchen ich mich lieber in der feinstofflichen Welt aufhalten würde, dort, wo reinere Energien vorherrschen und nicht so erdrückende, die in der Materie auf mich einwirken. Doch ich vertraue darauf, dass alles gut wird, so wie Ramta es prophezeit hat...

~

»Ramta, bist du da?«

»Ja, ich bin immer bei dir. Du wirst deinen Weg nicht alleine gehen müssen. Ihr alle habt Wesen an eurer Seite, die euch führen und für euch da sind. Öffnet eure Herzen und eure Sinne! Und wenn ihr achtsam seid, dann könnt ihr sie fühlen und sie verstehen – eine wundervolle Symbiose kann entstehen!
Wenn sich der Kanal erst einmal richtig geöffnet hat, dann wird es nichts geben, das euch davon abhalten kann, diese Verbindung aufrecht zu erhalten.«

»Ich denke über außerkörperliche Reisen nach und es gibt Fragen über Fragen. Man weiß überhaupt nicht, wo man beginnen soll. Ramta, kannst du nicht einfach etwas darüber erzählen?«

»Zuerst muss den Menschen einmal bewusst gemacht werden, dass sie nicht ihr Körper sind, sondern ein lebendiger Geist, der sich des physischen Körpers als Ausdrucksmittel bedient. Ehe der Einzelne das nicht versteht oder annehmen kann, steht für ihn eine außerkörperliche Erfahrung noch nicht auf seinem Erlebnisplan.
Die meisten Menschen gehen leider davon aus, ihr Körper zu sein und sonst nichts. Aus diesem Gesichtspunkt heraus können viele die größeren Zusammenhänge auch nicht sehen und das Meiste bleibt so im Verborgenen, oder besser gesagt, bleibt vergessen!«

»Okay! Die Bewusstwerdung oder dieses Umdenken muss also vorher stattfinden. Wenn nun der eine oder andere das Wissen darüber erhalten hat, was er wirklich ist und dies annehmen kann, was folgt dann?«

»Dann können die Experimente folgen. Jeder Einzelne sucht für sich eine für ihn passende Technik, mit der es ihm gelingt, den Körper willentlich zu verlassen.
Es gibt bereits unzählige Lektüre auf eurer Welt, teilweise inspiriert durch höhere Wesen. Man wird dafür etwas Zeit und Geduld benötigen, um die ersten Erfolge zu erzielen. Doch seid gewiss: Geduld lässt reifen und die ersten Erfahrungen werden möglich. Der Mensch wandelt sich und wird nie wieder der alte sein!«

»Kannst du uns eine Technik empfehlen, mit der wir Außerkörperlichkeit herbeiführen können?«

»Nun, da gibt es diese Technik mithilfe von Affirmationen während des Einschlafens sein Bewusstsein darauf zu programmieren, den Körper zu verlassen, sobald dieser beginnt, in den Schlaf zu fallen.
Wir bitten an dieser Stelle Matthias darum, einen ausführlichen Text zu erstellen, der diese Technik genau beschreibt, damit es der Leser dieses Buches sogleich selbst ausprobieren kann.
Ich werde euch zur gegebenen Zeit einen Hinweis geben, welche Informationen für einzelne Techniken ebenfalls Verwendung finden sollen.«

»Welch umfassendes Werk und umfassende Arbeit!«

»Ja! Ihr werdet eure Mission immer weiter ausbauen und mit dem Lauf der Dinge wird es geschehen, dass ihr damit überwiegend eure irdische Zeit verbringt. Es wird etwas Großes werden, insofern ihr es wählt, auch weiterhin diese Dienste für das Göttliche auszuführen. Doch wir haben Vertrauen in euch. Es wird euch alles wundervoll gelingen!«

»Nun, dann werde ich diese Sitzung jetzt beenden und mich sogleich mit meinem Freund beraten. Ich danke dir für die Informationen!«

»Seid im Licht. Seid in der Liebe!«

∼

Kapitel 5

»Hallo Ramta!

Kommen wir zur Außerkörperlichkeit zurück! Luzide Träume, in welchen man fliegen kann, können doch als Sprungbrett für die Außerkörperlichkeit dienen, wenn diese nach einer nicht gelungenen Außerkörperlichkeitstechnik geträumt werden, oder?«

»Durch die konstante Ausübung einer solchen Technik erweitert sich das Bewusstsein. Oft schafft man es nicht, sich rechtzeitig vom Körper zu lösen, so dass man in den Schlaf fällt. Das Unterbewusstsein hat jedoch eine Erfahrungsebene vorbereitet, in der es im Traum noch einmal möglich wird, sich vom physischen Körper zu lösen und in das Wachbewusstsein zurückzukehren, obwohl hier der Begriff Wachbewusstsein nicht gänzlich passend ist, da man sich ja sodann in einer astralen Welt befindet, in der man nicht wirklich schläft und somit die einzelnen Bewusstseinszustände anders auszudrücken wären. Aber das würde hier den Rahmen des Erklärbaren sprengen.«

»Besteht diese Möglichkeit nur in luziden Träumen oder auch aus Träumen heraus, die lediglich wie ein Film ablaufen?«

»Sie entsteht aus luziden Träumen heraus. Wenn man es genau nimmt, seid ihr im luziden Traum eures physischen Körpers bereits entschlüpft, aber eben nicht auf die Weise, wie bei einer Außerkörperlichkeit. Bei luziden Träumen wurde nur ein Teil eures Selbst auf eine andere Ebene transferiert. Bei einer Außerkörperlichkeit löst ihr euch jedoch weitestgehend komplett ab. Der physische Körper wird am Leben erhalten durch die mentale und energetische Verbindung über die sogenannte Silberschnur, zusammen mit der teilweise zurückgebliebenen Masse einer feinstofflichen Substanz.
Es ist nicht immer ganz so einfach, alles in Klassen oder Rubriken zu unterteilen, so wie ihr Menschen euch dies vorstellt. Die Möglichkeit einer Variante schließt oft eine andere Möglichkeit nicht aus. Es kann in höheren Sphären sein, dass zugleich mehrere Wahrheiten parallel existieren. In eurem Egodenken gibt es immer nur das Eine oder das Andere.

Glaubt mir, es sind oftmals viele Dinge möglich und es werden oft mehrfach verschiedene Wahrheiten gelebt. Diese Tatsache macht es zuweilen sehr kompliziert, euch etwas plausibel zu erklären.
Akzeptiert, dass es mehr in diesem Universum gibt, als das, was ihr momentan fähig seid zu verstehen!«

»*So etwas habe ich schon geahnt. In esoterischen Kreisen scheint es manchmal der Fall zu sein, dass sich einige Dinge untereinander zu widersprechen scheinen. Nun, da wie du sagst, mehrere Dinge parallel existieren können – Dinge, die sich eigentlich abstoßen müssten – scheint das Ganze natürlich erklärbar zu werden.«*

»*In eurer Welt gibt es ein Entweder-Oder. In der geistigen Welt gibt es bei weitem mehr. Es ist nicht möglich, all das in menschlichen Worten zu erklären.«*

»*Können wir diese Dinge denn zum Beispiel während einer Außerkörperlichkeit verstehen?«*

»*Besser, aber nicht gänzlich. Das volle Potenzial eurer Erinnerungen steht euch erst nach eurem physischen Tod und der erfolgreichen Rückkehr in eure feinstoffliche Heimat wieder zur Verfügung. Inkarnationen sind eigentlich nicht dazu gedacht, solche Dinge erkennen zu können.*
Euch wird Wissen zuteil, weil sich die Menschheit und die Erde auf einer Reise in ein neues Dasein befinden und dies ist ein notwendiger Aspekt, um die Menschenkinder erwachen zu lassen – damit es möglich wird, dass ein Dimensionswechsel vollzogen werden kann.«

»*Es gibt sehr viel. Ich kann es fast selbst nicht mehr begreifen!«*

»*Das Verständnis kommt nach und nach, je näher ihr der Wahrheit kommt.«*

»*Viele Menschen werden uns wohl für verrückt halten, wenn sie das alles lesen!«*

»Derjenige, der euch für verrückt hält, hat selbst noch nicht erkannt und versteht diese Zusammenhänge nicht. Auch für ihn wird die Zeit des Erwachens noch kommen; wenn vielleicht auch nicht in diesem Leben.
Das Wissen und die Erfahrung um Außerkörperlichkeit lässt die Menschen erkennen, was sie wirklich sind. Dies ist ein mächtiges Instrument, das euch gereicht wurde. Bringt den Menschen dieses Wissen! Alleine dadurch wird sich vieles zum Besseren verändern.
Nun gönne dir den Rest des Abends ein wenig Ruhe zur Meditation.
Seid im Licht. Seid in der Liebe. Wir sind bei euch!«

~

Wir hatten weitere Fragen zu Träumen in Verbindung mit dem Zustand der Außerkörperlichkeit erarbeitet, die wir Ramta noch stellten, ehe wir weitere interessante Informationen erhielten...

»Die Menschen könnten sich gewiss und zurecht fragen, welchen Vorteil es ihnen einbringt, während des physischen Daseins in Erfahrung zu bringen, woher sie kommen und wohin sie nach dem leiblichen Tod gehen werden. Die sich nicht an ihre nichtphysische Natur, Herkunft, Aufgabe und Ziel erinnernden Lebewesen der Erde sind zahlreich; ihr Unwissen ist groß. Was können wir diesen Individuen an dieser Stelle zu ihrem Verständnis mitteilen? Welche Auskünfte verhelfen der schlafenden Menschenrasse zu ihrer Erinnerung und Erleuchtung in dieser anscheinend wichtigen Angelegenheit?«

»Weiset die Menschen darauf hin, dass es noch mehr gibt, als dieses physische Dasein. Wenn die Menschen erkennen, dann wird die Frage nach einem Vorteil nicht mehr gestellt werden. Eine solche Frage wird vom Ego produziert. Wo wir aber hingehen, wird das Ego nicht mehr gebraucht und so wird auch diese Frage überflüssig.
Es liegt in der Natur aller inkarnierten Geister, den Sinn des Lebens zu suchen. Der Sinn aber steckt hinter allem Au-

genscheinlichen. Wer dies erkennt, der benötigt keine Rechtfertigungen mehr. Er wandelt unaufhaltsam einem neuen Ziel entgegen; auf zu einem höheren Dasein, um irgendwann die scheinbar endlose Schleife der Reinkarnation zu durchbrechen, um das Glück und die wahre Liebe wieder erfahren zu dürfen; dort im jenseitigen Bereich.

Das ganze Buch, all eure Texte, helfen dabei, diese große Reise in ein neues Dasein bewusst anzubrechen. Ihr seid ein Segen für die Menschen und Lichtbringer bedarf es vieler, um die schlafende Menschheit zu wecken. Jeder kann ein solcher werden – genau wie ihr euch einst dazu entschieden habt!«

»Sobald jemand den Austritt aus seinem physischen Vehikel erreicht hat, könnten manche Zweifler und Realisten sich damit beruhigen, einfach einen lebhaften Traum zu haben, indem sie aus ihrem Körper aussteigen. Wie würdest du diesen Menschen klar machen, dass das Erlebte nicht einfach nur eine Art Traum oder gar ein luzider Traum ist? Im letzten Fall ist sich der Träumende, wie du sagtest, bewusst und kann den Inhalt seines Traumes steuern, sogar soweit, dass er das Ereignis, die Beteiligten und das Ergebnis verändert. Durch welche Details kann man zweifellos erkennen, dass man nicht einfach nur luzid träumt?«

»Wer es erlebt, der wird es zweifelsohne wissen! Es gibt keine Erklärung, die ich euch geben kann, die über der Erfahrung steht. Werdet selbst außerkörperlich und erlebt! Das Bewusstsein und das Erlebte in Außerkörperlichkeit haben eine solch hohe Klarheit und eine solch reine Wirklichkeit, dass ab dem Moment des Erlebens alle erdenklichen Zweifel weggewischt sind!«

»Benutzt ein höherer Aspekt unserer Selbst Flugträume als Mittel zum Zweck zur Einleitung einer spontanen Außerkörperlichkeit, um dem Individuum einen Anstoß für persönlichen Fortschritt und zur Erkenntnis seiner wahren Natur zu bieten?«

»Das Unterbewusstsein oder auch das Höhere Selbst können sich der Flugträume bedienen, um eine Erfahrungsebene zu

schaffen, über die eine Ablösung vom physischen Körper möglich wird.

Ab einem gewissen Zeitpunkt oder Entwicklungsgrad einer Seele wird ein Mechanismus freigesetzt, der dem Individuum durch bestimmte Geschehnisse die Augen für andere Wahrheiten öffnet – dazu gehört natürlich auch eine eventuell scheinbar äußerlich herbeigeführte außerkörperliche Erfahrung.«

∾

»Ramta, Matthias wurde bei seiner ersten außerkörperlichen Erfahrung vor ein paar Jahren bei einem Mittagsschläfchen von jemand Unsichtbarem aus der feinstofflichen Welt aus seinem physischen Körper gezogen. Aus welchen Gründen geschah dies? War das ein erster Schritt zur Einleitung unserer Mission, damit wir erkennen können, was wir wirklich sind und um unsere Bestimmung durch diesen Weg finden zu können?«

»**Ja! Es war der erste größere Schritt zur Einleitung eurer Mission. Das war die erste bewusst von außen herbeigeführte Erfahrung, die später dazu gedient hat, dass ihr euch mit diesem Themengebiet beschäftigt habt. Eines baute auf dem Anderen auf und so wurdet ihr euch dessen gewahr, dass ihr gekommen seid, um den Menschen ein Licht zu sein, und eben genau dies zu tun, wozu ihr euch vor dieser Inkarnation entschieden habt.«**

»Wer hat Matthias aus seinem Körper gezogen? War es das mächtige Wesen in Erscheinung des kleinen Jungen? Du erwähntest, dass wir ohne ihn nicht wüssten, wer wir seien.«

»**Ja, es war in der Tat dieses Wesen, aber es waren auch andere zugegen. Es sind oftmals mehrere Wesen um euch, die euch bei diesen wichtigen Aufgaben helfen und euch betreuen.**
Die Gestalt in Erscheinung des kleinen Jungen ist auch heute noch oft für euch tätig, denn allzu schnell würdet ihr durch euer Ego wieder vergessen, wer ihr wirklich seid und was ihr vor habt.

Diese Mission könnte vermutlich nicht vollständig zu Ende gebracht werden, wenn Todar nicht wäre!«

»Todar, ist dies sein Name?«

»Es ist eine mögliche Anrede, die ihr wählen könnt, wenn ihr denn möchtet. Aber ihr wisst ja, dass Namen bei uns keine Bedeutung haben – zumindest nicht so, wie es in eurer irdischen Welt der Fall ist. Aber für euer Denken ist es eine Erleichterung, wenn ihr einen Namen verwenden mögt. So wählt Todar.«

»Wenn diese erste Außerkörperlichkeit bei Matthias von außen herbeigeführt werden konnte, wäre dies dann auch in regelmäßigen Abständen möglich?«

»Ein solcher Eingriff in eure Welt geschieht nur in besonderen Ausnahmefällen und auch nur durch Geheiß Gottes. Eine regelmäßig von außen herbeigeführte Außerkörperlichkeit würde gegen die universalen Gesetze verstoßen und eine Erlaubnis Gottes würde es hierfür auch nicht geben. Es wäre aber sicherlich in einem Ausnahmefall einmal möglich, sofern Gott dies gut heißen würde!«

»Wäre es in dieser besonderen Ausnahme auch möglich, dass Matthias und ich zugleich aus unseren physischen Körpern gehoben werden könnten; durch Wesen, die uns diese Außerkörperlichkeit verschaffen und uns direkt zu dir eskortieren könnten? So, dass wir uns alle auf einer höheren Ebene treffen und wir dich so auch einmal optisch wahrnehmen könnten?«

»Wenn der Schöpfer es so will, dann wird es geschehen! Theoretisch wäre dies ausführbar. Doch wird es sich zeigen, ob ein solches Ereignis für euch stattfinden wird. Nichts geschieht ohne den Willen des Schöpfers!«

»Möchtest du selbst im Moment noch irgendetwas zum Thema Außerkörperlichkeit sagen, ehe wir für heute diese Kommunikation abschließen?«

»*Man könnte wahrlich noch vieles erzählen, könnte noch viele Anweisungen geben, doch sollte dies als kleiner Ausschnitt genügen. Das nächste Kapitel wird noch umfassend Erklärung zu diesem interessanten Thema liefern*[3].«

»*Also, dann nehme ich an, dass wir in der nächsten Kommunikation auf die bewusst kreierten Erfahrungsebenen zu sprechen kommen, in denen ein eigenes Umfeld und ein Erfahrungsrahmen geschaffen wird.*«

»**Das ist richtig!**«

»*Ich danke dir für deine Auskünfte! Bis bald, Ramta!*«

BEWUSST KREIERTE ZWISCHENDIMENSIONEN

»*Hallo Ramta!*

Obwohl ich heute etwas erschöpft bin, begebe ich mich in Kommunikation mit dir, damit du mir neue Informationen übermitteln kannst.«

»**Sei gegrüßt, mein Freund!**
Wir kommen nun zu den bewusst kreierten Zwischendimensionen. Das sind Welten, die bewusst erschaffen sind, nur eine bestimmte Zeit aufrecht erhalten werden und ganz bestimmten Erfahrungen oder Einsichten für gewählte Wesen dienen. Matthias' Erlebnis ist eine der möglichen Arten, wie so etwas ablaufen kann.

---

[3] Diese Aussage Ramtas bezog sich ursprünglich auf unser nicht veröffentlichtes, umfassendes Gesamtwerk, noch ehe dieses letztlich in zwei Bände geteilt wurde. Im vorliegenden Werk finden Sie im nächsten Kapitel lediglich eine Vorschau auf das zweite Buch mit dem Titel »Rie Reise ins Licht – Astral-Projektion«, in welchem schließlich umfassend auf außerkörperliche Erfahrungen eingegangen wird.

Es wird ein geschütztes Umfeld geboten, das die Angelegenheit kontrollierbar macht, damit nicht fremde Wesen negative Störfaktoren verursachen können.«

»Für welche Art von Erkenntnissen dient solch eine Prozedur?«

»Es ist vergleichbar mit einer Art Schule, jedoch wird hier auf der feinstofflichen Ebene weit mehr Information und Einsicht vermittelt, als dass dies in eurer irdischen Welt je möglich wäre.«

»Aber kann man dieses Wissen denn nicht auch außerhalb einer künstlich erzeugten Wirklichkeit erfahren?«

»Doch, das schon! Manchmal ist es jedoch von Nutzen, wenn man gewisse Erkenntnisse in ganz bestimmten Momenten oder Abläufen erhält, was im normalen reellen Geschehen eventuell sehr viel später oder zu einem sonst eher schlechten Moment zutage treten würde.
Unter gewissen Bedingungen wird einer Seele solch ein Premium-Dienst zuteil. Diese Art von Erlebnis ist keinesfalls an der Tagesordnung und wird nur in besonders ausgewählten Bereichen angewendet.«

»In welchen Bereichen könnte das geschehen?«

»Zum Beispiel, um eine Mission zu unterstützen oder um großes Unheil abzuwenden – mit einer rechtzeitig eingeleiteten Schulung sozusagen. Natürlich dient es auch noch sehr viel mehr Zwecken, doch zu groß ist der kosmische Plan, um ihn hier ausführlich schildern zu können.«

»Wie errichtet man solch eine künstliche Umgebung?«

»Viele große Geistwesen vereinen ihre mentalen Kräfte, um solch ein Konstrukt entstehen zu lassen. Gedanken erschaffen die Welt und erschaffen Wirklichkeiten!«

»*Das ist sehr interessant! Matthias hatte sein spezielles Erlebnis ja in seinem Zimmer. War letzteres dann eine Kopie oder handelte es sich dabei um die wirkliche, von uns derzeit erlebte Welt?*«

»**Es war eine Kopie. Wäre er tatsächlich in seinem Zimmer gewesen, dann hätte er seinen Körper auch im Bett liegen sehen.**«

»*Was hat Matthias aus dieser Situation gelernt?*«

»**Er hat Todar kennen gelernt. Eigentlich kennt ihr ihn schon seit tausenden von Jahren, doch verfügt ihr über dieses Wissen als inkarnierte Seele nicht. Es war nun unbedingt notwendig, dieses Wissen in euer Gedächtnis zu transferieren. Natürlich hat dieses Ereignis noch andere recht subtile Auswirkungen erzielt, doch ist es nicht unbedingt förderlich, dies hier zu schildern.**«

»*Werden wir solche Zwischendimensionen in diesem Leben noch öfter erleben?*«

»**Ja, das werdet ihr! Ihr erlebt eine Art beschleunigten Wachstumsprozess. Das ist deshalb notwendig, weil diese Mission wesentlich schneller voranzuschreiten scheint, als ursprünglich geplant. Es ist somit notwendig, gewisse Ereignisse früher einzuleiten – wenn auch auf diese Weise – doch die Erkenntnis, die daraus gewonnen wird, ist dieselbe.**«

»*Erleben andere inkarnierte Seelen diese bewusst kreierten Realitäten auch?*«

»**Je nachdem! Die Einen ja, die Anderen nein. Das hängt vom gewählten Leben und von der Entwicklungsgeschwindigkeit ab. Doch das sind Dinge, worüber sich niemand Gedanken machen muss. Wir von der geistigen Ebene regeln das.**«

»*Aber theoretisch möglich ist es bei jedem, oder?*«

»**Ja, das ist es. Es sei denn, der Schöpfer untersagt dies aus einem bestimmten Grund.**«

»*Was könnte dies für ein Grund sein?*«

»**Gottes Plan ist nicht einsehbar. Es gibt viele Gründe, warum das so sein könnte. Aber in der Regel wird es niemals verwehrt, es dient ja dem Wohle aller.**«

∼

In der folgenden Sitzung begann Frank zu Beginn mit dem Vortragen interessanter Fragen von mir, für deren Antworten ich mich in Verbindung mit kontrollierten Umwelten bzw. beabsichtigt erschaffenen Lerndimensionen interessierte, die ich kürzlich kennenlernen durfte...

»Wenn Räumlichkeiten in einer bewusst kreierten Zwischendimension kopiert werden, so wie es bei mir der Fall war, werden dann nur ein paar wenige auserwählte Gegenstände, die sich eigentlich in diesem Raum befinden, kopiert oder werden dabei alle Objekte bis aufs Detail exakt nachgebildet?«

»*Diese Wirklichkeit wird mit genau den Elementen dargestellt, die benötigt werden, um den gewünschten Eindruck zu schaffen. Zumeist werden da nur die augenfälligen Merkmale einer Umgebung mit eingebracht. Eine bis ins Detail gehende Kopie ist da nicht notwendig, da der Fokus des Erlebenden ohnehin auf einem ganz anderen Bereich liegt.*«

»Soll nun beispielsweise ein Schrank in dieser künstlichen Umgebung auftauchen, dann handelt es sich bei diesem vermutlich nur um die äußere Erscheinung, die kopiert wird; also ohne Inhalt, ist das richtig?«

»*Sofern der Schrank kein Objekt darstellt, mit dem der Erlebende interagieren können soll, so ist es dann nur die äußerliche Erscheinung. Wäre es ein maßgebendes Element für den Lernenden, so wäre der Schrank natürlich im Gesamten kopiert, so dass man ihn auch öffnen und mit dem Inhalt interagieren könnte. Es kommt eben ganz auf die Situation an und darauf, welchem Zweck diese Gegenstände in der erschaffenen Umgebung dienen sollen.«*

»Wenn in einer bewusst kreierten Zwischendimension ein Umfeld wie mein Schlafzimmer kopiert wird, muss dann ein jedes dieser Geistwesen das physische Zimmer gesehen haben oder genügt es, wenn eines von ihnen es gesehen hat und dieses den anderen übermittelt, wie das zu kopierende Umfeld aussieht?«

»Je mehr von ihnen es gesehen haben, umso einfacher gelingt die Nachbildung. Diejenigen unter ihnen, die das echte Zimmer nicht kennen, stellen den anderen ihre Energie zur Verfügung, damit jene, die es gesehen haben, den Schöpfungsprozess übernehmen können.
Die zusätzlich zur Verfügung gestellte Energie der passiven Wesen dient ähnlich einem Akku eines elektrischen Gerätes: Je mehr Energie vorhanden ist, desto länger kann das Erschaffene andauern.«

»Sollten wir noch etwas Bestimmtes über dieses Phänomen wissen oder gehen wir nun weiter zur spirituellen Welt?«

»Ihr habt nun einen kleinen Einblick in die Schöpfungsmöglichkeiten erhalten. Es sollte für den Moment einmal so stehen bleiben.
Dieses Wissen sollte unterdessen dafür dienen, um euer Bewusstsein zu erweitern und dass ihr erkennen könnt, dass es wahrlich sehr viel mehr gibt, als ihr auf den ersten Blick in eurer Wirklichkeit erfassen könnt ... oder wollt!«

»Ich habe das Gefühl, dass unsere Kommunikation heute wieder schwerfällig läuft. Woran liegt das?«

»Du verstrickst dich derzeit zu sehr in die Materie; lässt dich von ihr zu sehr in den Bann ziehen. Wenn du möchtest, dass die Kommunikationsqualität besser ist, dann solltest du mehr Abstand zu den materiellen Dingen halten und dich mehr der geistigen Welt widmen.«

»Ja, das ist mir auch schon aufgefallen. Ich habe in den letzten Tagen meine Aufmerksamkeit wirklich zu sehr auf materielle Dinge gelenkt. Das scheint meine geistige Arbeit zu blockieren.«

»Befreie deinen Geist und öffne deine Sinne den höheren Daseinsebenen. Die materiellen Güter schenken dir kein bleibendes Glück. Das hast du selbst schon unzählige Male erkannt!«

»Du hast vollkommen Recht, Ramta! Ich sollte meine Prioritäten ordnen und mich den Dingen widmen, die mir dienlicher sind – die Arbeit mit der feinstofflichen Welt und die Befreiung meiner Seele aus diesem grobstofflichen Gefängnis!

Ich würde vorschlagen, dass wir mit der spirituellen Welt erst in der nächsten Sitzung fortfahren, da ich heute nicht tief genug in unsere Verbindung eintauchen kann.«

»Das empfehlen wir auch. Tue dir etwas Gutes, meditiere in den nächsten Tagen ein wenig mehr, sinniere über die Welt und das Leben, lebe die Stille und zentriere dich. Der Rest ergibt sich wie von alleine!«

»Hab' Dank für deine Arbeit mit uns! Ich fühle tiefe Verbundenheit in mir. Du bist ein guter Freund!«

»Wir sind alle gute Freunde untereinander!
Wir von der geistigen Welt übermitteln euch ein großes Lob. Ihr habt eine große Aufgabe angenommen und wir hätten niemand besseres schicken können. Ihr übertrefft alle Erwartungen bei weitem. Wir danken euch!«

Ich verspürte großes Glück und beendete zufrieden die Kommunikation.

Kapitel 5

Die spirituelle Welt

> »Die wahre göttliche Liebe ist das Einzige, das wirklich zählt,
> denn diese ist es, die von Dauer ist.«
>
> (Ramta)

Am Abend des nächsten Tages begab ich mich wie gewohnt in Erwartung und Vorfreude für einen Informationsaustausch mit Ramta in einen erweiterten Bewusstseinszustand, in welchem gewöhnlich die materielle Welt um mich verblasst und an Aufmerksamkeit verliert. Dieses Mal ließ ich im Hintergrund eine Meditations-CD laufen, die mich oft hierbei unterstützt.

Als ich merkte, dass ich mich in dem Geisteszustand befand, in dem ich gewöhnlich in der Lage war, die Worte unseres geistigen Informationsgebers vernehmen zu können, dachte ich an ihn – als Signal für ihn über meine Bereitschaft zu lauschen und darauf zu warten, Worte wahrzunehmen und niederschreiben zu können. Fast unmittelbar begann Ramta mich anzusprechen...

»Es ist nun an der Zeit, zur spirituellen Welt überzugehen. Ich merke, du fühlst dich heute Abend gut!«

»Ja, ich fühle mich gerade wirklich beschwingt!«

»Siehst du, die Vitalität, die du für die Botschaften benötigst, wird dir zur rechten Zeit zuteil.
Es ist absolut nicht notwendig, dass du dir solch einen geistigen Druck machst wie in den letzten Tagen. Lasse es einfach fließen und wir erledigen den Rest!«

»Ich möchte mich voll und ganz auf euch verlassen. Du darfst beginnen!«

»Die spirituelle Welt ist eine Welt hinter dem dualen Universum oder besser, völlig außerhalb von ihm. Man sagt auch, die spirituelle Welt ist die Welt Gottes, der Himmel, das ewige Nir-

wana, das höchste Ziel und das höchste Sein. Es ist eine Welt in vollkommener Harmonie, unendlicher Liebe, ohne jede Begrenzung und völlig frei von negativer Energie. Es ist der Ort, an dem die Seelenanteile sein werden, wenn sie das duale Universum überwunden haben.«

»*Ist die spirituelle Welt das in der Bibel verheißene Paradies?*«

»*So wie es Jesus einst prophezeit hat, ist es genau das. Doch eine jede Glaubensgruppe benennt diesen Ort anders und das hat wieder mit eurem Schubladendenken zu tun. Das Fatale daran ist, dass eine jede Gruppierung für sich das Recht herausnehmen möchte, die einzige Wahrheit zu lehren, die existiert. Aber seid gewiss: Eine jede Seele wird irgendwann das Programm der Dualität durchlaufen haben und ein jedes Individuum wird in der Welt der Liebe wieder vereint mit dem Höchsten!*«

»*Wie kannst du die spirituelle Welt beschreiben?*«

»*Kein Wesen, das sich derzeit im dualen Universum aufhält, vermag zu beschreiben, wie es dort ist oder was dort geschieht. Der Abschluss aller Lehrerfahrungen in der Dualität führt am Ende zum Erwachen aus einem sehr langen Traum. Man erwacht hinein in die Liebe und wird wieder eins mit Gott.*
Die spirituelle Welt ist unvergänglich, unveränderbar und reine Wirklichkeit. Die Dualität ändert sich ständig, entsteht und vergeht, um wieder neu entstehen zu können. Nichts in der Dualität ist von Bestand – nichts bleibt wie es war!«

»*Dann ist die spirituelle Welt das höchste Glück und die höchste Freude, nicht wahr?*«

»*Ja, genau so ist es! Doch kein Wesen, das sich noch hier in der dualen Welt befindet, egal ob im feinstofflichen oder im grobstofflichen Bereich, vermag zu erklären, wie es dort ist. Und genau aus diesem Grunde kann ich euch auch nicht viel über diese Welt erzählen.*«

»Wenn niemand diese spirituelle Welt erfassen kann, solange er sich in der Dualität befindet, woher kannst du mir dann von deren Existenz berichten?«

»*So wie ihr, die ihr in der grobstofflichen Materie gefangen seid, die feinstoffliche Welt erfühlen und im Subtilen erahnen könnt, genau so können wir in den fortgeschrittenen hohen feinstofflichen Dimensionen die spirituelle Welt erfühlen, da wir nicht mehr weit vom Abschluss dieses Lernzyklus in der dualen Welt entfernt sind.*«

»Was kannst du uns noch über die spirituelle Welt sagen?«

»*Nichts weiter, nur, dass sie existiert! Doch wir alle sind nicht in das duale Dasein gekommen, um unsere Aufmerksamkeit auf die spirituelle Welt zu richten, sondern um hier zu sein, und um das zu tun, was wir tun; um zu erleben, wie es ist, wenn es Gegensätze gibt.*
Gottes Wege sind unergründlich. Es reicht vollkommen, zu wissen, dass es mehr gibt, als wir erfassen können – egal ob im grobstofflichen oder im feinstofflichen Bereich.«

»Nun, dann kommen wir ja jetzt zum Ende der Thematik über verschiedene Realitäten.

Matthias hat zahlreiche Fragen zur außerkörperlichen Erfahrung gesammelt. Können wir damit das nächste Mal beginnen?«

»*Ja! Ich werde dir in jeder Sitzung fünf davon beantworten.*«

»Warum wirst du mir immer gerade fünf Fragen beantworten?«

»*Das ist ein gutes Maß, nicht zu viel und nicht zu wenig. Würden wir mehr auf einmal channeln, würde es sich nachteilig auf deine Konzentration auswirken und du würdest die Botschaften vernachlässigen, die du für einige deiner Mitmenschen privat einholen sollst.*

Bedenke, viele bedürfen der Unterstützung aus der feinstofflichen Welt. Hierfür sind deine Fähigkeiten als Medium gefragt. Diese Arbeit ist mindestens genau so wichtig, wie euer Buch!«

In dankbarer Schwingung verabschiedete ich mich von Ramta und beendete die Sitzung.

Vorschau auf Buch II:

Die Reise ins Licht
Astral-Projektion

*»Jeder hat ein Geheimnis...
meines gebe ich preis:
Ich fliege ohne Flügel!«*

(Matthias Clauss)

6   DIE AUSSERKÖRPERLICHE ERFAHRUNG

Unter der Praxis der außerkörperlichen Erfahrung (kurz »AKE« oder in anderen Worten »Astralreise« oder »Astral-Projektion«) oder laut der englischen Bezeichnung »Out-Of-Body-Experience« (OBE, OOBE) oder »Astral-Projection« versteht man die Aussendung des körperunabhängigen Bewusstseins oder die Ablösung des nichtphysischen Körpers (beides Teile der Seele) vom biologischen Körper. Außerkörperliche Reisen ermöglichen es beispielsweise im nichtphysischen Zustand zu anderen Orten oder in andere Dimensionen zu reisen, dort Informationen zu sammeln und diese Erkenntnisse anschließend beim Wiedereintritt in die physische Körperlichkeit dorthin mitzunehmen.

Die Neugier und das Interesse der Menschheit an der außerkörperlichen Erfahrung wird weltweit zunehmend größer. Doch das spontane Auftreten von Erlebnissen dieser Art beunruhigt und verängstigt so manch Unerfahrenen, da der Gedanke an das Verlassen seiner physischen Hülle Unbehagen auslösen kann. Letzteres wird schnell mit dem körperlichen Tod in Verbindung gebracht. Es gibt aber auch viele Fragen, welche Dinge beim Praktizieren von willentlich herbeigeführten außerkörperlichen Erfahrungen zu beachten seien und welche Gefahren mit dieser ganz besonderen Art von Erkundung in Verbindung stünden. Doch nicht alle schriftlich veröffentlichten Aufklärungen oder mündlichen Übermittlungen sind wahrheitsgemäß.

Kann diese Erfahrungen eigentlich jeder machen? Die Antwort auf diese Frage lautet »Ja!«, denn wir alle sind Energieformen, die unabhängig von der Materie existieren. Wir sind in der Lage, uns von unserem physischen Körper zu trennen bzw. diesen mit einem nichtphysischen Körper geringerer Dichte zu verlassen. Dieses Vorhaben kann schon mit etwas Übung gelingen und ermöglicht uns, überall im Universum umherzureisen, wohin wir zu gehen wünschen, um dann schließlich freiwillig oder unfreiwillig bzw. nach einer gewissen kürzeren oder längeren Zeitspanne wieder den Dienst in unserem biologischen Vehikel aufzunehmen. Die meisten Menschen können sich leider nur sehr schwer vorstellen oder daran glauben, dass wir nicht alleine unser physischer Körper sind und einen zweiten Körper besitzen. Einen halbtransparenten Körper, den wir selbst betrachten und im außerkörperlichen Zustand anfassen können, während wir uns in ihm ausdrücken. Dies ist der Körper, den jeder von uns zunächst nach dem irdischen Ableben erfährt.

Astral-Projektion basiert also auf der Tatsache, dass wir nicht ausschließlich unser biologischer Körper sind und wir uns von letzterem mit einem feinstofflichen Ausdrucksmittel vorübergehend trennen können. Dann führen wir unser Bewusstsein in diesem zweiten, silbrig-blau leuchtenden Körper mit uns. Und: Das gestaltlose Bewusstsein sowie auch der nichtphysische Körper sind unabhängig von biochemischen Reaktionen in unserem Gehirn und ohne letzteres voll funktionsfähig.

Übrigens: Die Bezeichnung »astral«, wie sie in diesem Buch in verschiedenen Zusammenhängen gebraucht wird, zum Beispiel »Astralkörper« (die dichteste Ausdrucksform unseres nichtphysischen Körpers) oder »Astralebenen« (bestimmte Energieebenen im nicht materiellen Universum) findet ihren Ursprung größtenteils im Okkultismus, der Lehre vom Übersinnlichen. Zu diesem zählen Beschwörungen bzw. Geisteranrufungen (Séancen). Okkulte Tätigkeiten werden besonders von Menschen der westlichen Zivilisation und auch vom Christentum als Aberglaube oder Verführungen des Bösen gehalten – so auch Astralreisen.

Prähistorische Aufzeichnungen über Astralreisen finden sich zum Beispiel in Ägypten, China, Indien oder Tibet. Alte Kulturen schätzten das Verlassen des physischen Körpers sehr und maßen dieser Praktik eine hohe Bedeutung bei. In der modernen Zivilisation werden diese nichtphysischen Erfahrungen meist als Produktion des Gehirns betrachtet. Entsprechend bezeichnet man die betreffenden Menschen, die sich mit bewusst herbeigeführter Astral-Projektion oder generell mit Metaphysik beschäftigen, als Verrückte. Heute experimentiert eine kleine Schar von neugierigen Forschern mit dem außerkörperlichen Zustand im unüberschaubar großen nichtphysischen Teil des Universums. Dies geschieht entgegen den Meinungen der verhältnismäßig größeren materieorientierten Masse von Personen, welche die physische Welt als die einzig existierende Realität ansehen.

Zu diesen »Out-Of-Body«-Pionieren gehörten Sylvan J. Muldoon und Hereward Carrington. Auch der Amerikaner Robert

Allan Monroe war ein großer Bewusstseinsforscher, der leider im März 1995 verstarb. Er gründete sein eigenes parapsychologisches Institut, das sich Methoden widmete, den außerkörperlichen Zustand mittels ausgefeilter Klangtechniken (»Hemi-Sync«, stehend für Hemisphärensynchronisation) zu erzielen.

Außerkörperliche Erfahrungen ... so selten man einerseits davon hört, so oft finden sie statt – willentlich oder unwillentlich. Es gibt zahlreiche Berichte in den Archiven einiger parapsychologischer Organisationen, in welchen Personen ihre persönlichen Erlebnisse jenseits ihres physischen Körpers beschreiben: Menschen aller Nationen und Altersgruppen. In Zeiten des Internet finden sich ebenfalls zahlreiche Erlebnisberichte auf Webseiten mit parapsychologischen Inhalten. Wer gezielt nach solchen Berichten und Informationen zum Thema sucht, wird massig fündig werden.

Die Realität der außerkörperlichen Erfahrung ist ein aussagekräftiger Beweis für viele Menschen – auch für absolute Realisten, die ein solches Erlebnis schon hatten, dass der Tod nicht das Ende ist und dass wir als Geist in einem feinstofflichen Körper überleben; dass wir in höherem Sinne als Seele den physischen Tod überdauern. So manche Personen, die eine spontane AKE erlebten, wünschen sich weitere dieser Erfahrungen und wissen meist nicht, dass sich der außerkörperliche Zustand auch mit Übung herbeiführen lässt.

Über das Thema der außerkörperlichen Erfahrung habe ich mich durch immenses persönliches Interesse in größerem Umfang informiert. Hierzu formulierte ich zahlreiche Fragen, die Frank nach und nach von Ramta beantworten ließ. Dieses Kapitel ist jedoch so umfangreich und komplex ausgefallen, dass selbiges mit weit über 400 Seiten bereits ein eigenes Buch füllen würde – was daraus letztlich auch entstanden ist: »Die Reise ins Licht – Astral-Projektion«. Hierzu wurden ca. 200 themenbezogene Fragen an die geistige Welt gerichtet.

Das separate Buch zur außerkörperlichen Erfahrung stellt – ergänzend zu den Fragen und Antworten über dieses Wissensgebiet – einige gängige Techniken zum Verlassen des physischen Körpers zur Verfügung. Gleichzeitig beschreibt es auch weitere Ablösungs- und Kombinationstechniken sowie Vorbereitungsmöglichkeiten, während zusätzlich auf den Schwingungszustand bzw. den Ablöseprozess eingegangen wird. Weiterhin erfahren Sie, welche Nutzen und Freuden Sie aus dieser Art von Erleben ziehen können, inwiefern sich Ihr Denken verändert, welche Experimente Sie beispielsweise während des außerkörperlichen Zustands anstellen können und vieles mehr. Das zweite Buch soll es Ihnen durch ausgiebige Informationen und Anleitung ermöglichen, mit einem intensiven Hintergrundwissen Ihre wahre Natur zu erleben und atemberaubende Entdeckungen jenseits der materiellen Welt zu machen. Es bietet also Wissen für Menschen, die sich zunächst nur theoretisch mit dem Thema der außerkörperlichen Erfahrung vertraut machen und sich einfach nur informieren wollen. Für bereits in praktischer Weise experimentierende Personen werden viele der Fragen und Antworten enorm hilfreich und aufklärend sein und Anfängern und Fortgeschrittenen gleichermaßen die Lösungen für fragenaufwerfende Beobachtungen liefern. Nicht zuletzt werden auch wissbegierige, langjährig Erfahrene in nichtphysischen Erkundungsreisen zufrieden gestellt, indem auf kopfzerbrechende, hochtechnische Einzelheiten und komplexe Sachverhalte zum außerkörperlichen Zustand eingegangen wird.

Stellt die außerkörperliche Erfahrung hingegen ein absolutes Neuland für Sie dar? Nun, dann eröffnet Ihnen Buch II unseres Projekts mit dem Titel »Die Reise ins Licht – Astral-Projektion« den Weg zum Verständnis über den Zweck des Universums und dem tieferen Sinn Ihres persönlichen Daseins. Hier ist Ihre Einladung für das Gelingen des Zieles: Die Erlangung der Außerkörperlichkeit!

Besitzen auch Sie den Mut und die innere Entschlossenheit, die Grenzen der vertrauten physischen Dimension zu überschreiten und abseits der Begrenzungen und jenseits der Akzeptanz von Realität durch Gesellschaft und Wissenschaft zu forschen? Besitzen Sie die brennende Neugier und das Verlangen, sich auf eine Reise jenseits des physischen Horizonts zu begeben und dort den umfassenderen Teil Ihres Selbst kennenzulernen?

Wenn Sie diese Fragen mit »Ja« beantworten können, dann lassen Sie sich in die geheimnisvollen Ebenen des mehrdimensionalen Universums treiben – und in Ihr eigenes, ganz persönliches, vielschichtiges Universum. Beide warten nur darauf, von Ihnen

Die außerkörperliche Erfahrung

entdeckt zu werden. Sind Sie denn bereit für Ihre ganz persönlichen feinstofflichen Abenteuer? Ich gehe davon aus!

Die Erfahrungen müssen Sie in der Praxis alleine meistern. Doch im Erlernen der teilweise komplizierten Theorie sind Sie nicht alleine. Der umfangreiche zweite Band von »Die Reise ins Licht« kann Ihr kompetenter Begleiter sein. Dort finden Sie selbstverständlich auch Schilderungen meiner persönlichen außerkörperlichen Erlebnisse.

Eine beispielhafte Vorschau, welche Erkenntnisse in Außerkörperlichkeit erlangt werden können, will ich Ihnen im Folgekapitel aufzeigen. Sie sind nämlich bei einer außerkörperlichen Erfahrung in der Lage, auf Ihren Wunsch durch Ihr Höheres Selbst Einblick in Ihre vergangenen physischen Existenzen gewährt zu bekommen. Wie mein Erfahrungsbericht im Kapitel »Das Spiel des Lebens« aufzeigt, ist es noch nicht einmal nötig, außerkörperlich werden zu müssen, um Einblick in ein vergangenes physisches Leben zu erhalten. Doch lesen und staunen Sie selbst...

7   *Das Spiel des Lebens*

> »*Das Leben ist weit mehr als nur ein ‚Dahinvegetieren'
> auf nur einem Planeten mit nur einem Leben,
> so wie viele es annehmen.*«
>
> (Ramta)

Zum Spiel des Lebens gehört es, nicht allein das aktuelle Erdendasein als Spiel zu betrachten, sondern multiple Existenzen, die jeder von uns bereits auf unzähligen Planeten in einer Vielzahl von physischen Körpern hinter sich gebracht hat. Ihr aktuelles Erdendasein ist das Resultat aus allen Erfahrungen, die Sie in vorausgegangenen Existenzen als Seele gesammelt haben. Allerdings erinnern sich die wenigsten Menschen daran, vor ihrer derzeitigen Existenz auf der Erde schon einmal hier oder auf anderen Planeten gelebt zu haben. Diese fehlenden Teile des Puzzles Ihrer persönlichen Evolution können Sie sich wieder in Erinnerung rufen, noch ehe Sie die Erde eines Tages wieder verlassen werden – die außerkörperliche Erfahrung macht dies möglich. Aber auch abseits dieser Erlebnisse außerhalb Ihres physischen Körpers mag Ihnen ein Erlebnis der ganz besonderen Art geschenkt werden, wie Ihnen mein folgender Bericht näher bringen soll...

Ein Puzzleteil meiner Evolution

In einer gewöhnlichen Nacht – ohne angewandte Außerkörperlichkeitstechniken oder sonstiger Wünsche nach Erfahrungen der höheren Art – erwachte ich ganz plötzlich mitten in der Nacht. Zu meiner Verwunderung war ich augenblicklich bei vollem Bewusstsein und fragte mich nach einem erkennbaren Grund. Ich befand mich in Rückenlage und starrte direkt auf die Zimmerdecke des dunklen Raumes. Dann bemerkte ich, wie mein Bewusstsein auf etwas aufmerksam wurde, das sich »aus heiterem Himmel« an der Decke schräg links von mir abspielte. Neugierig wandte ich meinen Blick in diese Richtung.

Ich beobachtete gespannt, wie an der dunkelgrauen Zimmerdecke ein ätherisch-blau leuchtendes Objekt zu sehen war, das ich sofort als eine Art Markierung erkannte: Eine Art Stern, der aus drei sich überkreuzenden, gleich langen Linien bestand. Kaum hatte ich die Erscheinung für mich klassifiziert, erschienen beinahe im Sekundentakt weitere »Sterne« in unmittelbarer Umgebung des ersten ... einer nach dem anderen identisch mit dem ersten. Nach geschätzten sieben, scheinbar willkürlich an der Decke angeordneten Markierungen, folgte der nächste Schritt, den ich aufmerksam beobachtete: Eine der Markierungen wurde anhand einer gezogenen Linie (ebenfalls in ätherischem Blau leuchtend) mit einer anderen Markierung verbunden. Derselbe Vorgang setzte sich fort. Als vier oder fünf »Sterne« nacheinander folgend verbunden waren, begann es mir zu dämmern und ich identifizierte die »Zeichnung« als ein Sternenbild.

Ich verstand nicht, zu welchem Zweck das Sternenbild an die Decke gezeichnet wurde und von wem, konnte aber über diese Fragen zunächst nicht länger nachdenken. Ich wurde von etwas abgelenkt, das sich direkt über mir befand und sehr hell leuchtete. Also richtete ich meine Aufmerksamkeit wieder direkt über mich, um zu sehen, was sich da abspielte. In gespannter Erwartungshaltung riskierte ich einen interessierten Blick auf das gleißend helle »Etwas«, das sich ca. zwei Meter über mir befand, mich allerdings nicht blendete. Schnell machte ich mir ein Bild von dessen Ausmaßen und mir wurde bewusst, dass das blütenweiße und rein wirkende Licht nicht feindselig war und das Flächenmaß aufwies, das dem meines Single-Bettes entsprach.

Erstaunt über das Unfassbare, was da vor mir zu sehen war, setzte sich dieses in Bewegung und senkte sich langsam zu mir herab ... weiter und weiter. Innerhalb weniger Sekunden war es nur noch ungefähr einen halben Meter über mir und ich konnte meinen Blick nicht von dem harmlos, aber bedeutsam erscheinenden Licht abwenden. »Wenn diese helle Fläche mich gleich berühren sollte, werde ich hoffentlich nicht von ihr zerdrückt«, ging mir durch den Kopf. Ich kam mir kurz vor wie in einer Presse. Schnell wurden meine Bedenken zerschlagen durch das innere Wissen, dass dieses Licht – was auch immer es war und woher es kam – in der Lage sei, in mich einzudringen; durch mich hindurch zu gleiten. Mittlerweile war die gleißend helle Energieform, die nichtphysischer Natur sein musste und offenbar keine Temperatur im Sinne von kalt oder heiß aufwies, nur noch etwa zehn Zentimeter von meiner Stirn entfernt. Mir war klar, dass ich zulassen würde, dass diese Erscheinung mich berührte und mein Körper komplett darin eintauchte – was letztlich auch geschah. Zuletzt war mir die Lichtfläche so nahe gekommen, dass ich nicht mehr geradeaus nach oben schaute, sondern nach rechts schielte, um zu sehen, wie das Licht langsam die Oberfläche meines Gesichtes und Körpers durchdrang...

Im nächsten Augenblick befand ich mich nicht mehr in meinem Bett, sondern bei vollkommen klarem Bewusstsein in einer völlig anderen Umgebung, an einem nicht unbedingt fremden Ort, in einer längst in Vergessenheit geratenen Vergangenheit – meiner persönlichen Vergangenheit, die aber JETZT ist...

Ich stehe in einem geräumigen Zimmer auf meinen Beinen. Als ich mich rasch umsehe, realisiere ich, dass ich mich in einer Art Bibliothek befinde. Der Fußboden ist aus gräulichem Stein und einzelne bordeauxrote, gemusterte Rollteppiche sind darauf ausgelegt. Insbesondere zu meiner Rechten und auch an anderen Wänden des Raumes nehme ich etliche Meter an hohen Holzregalen war – angefüllt mit einer enormen Anzahl von Büchern. Neben mir sehe ich ein technisches Instrument, mit dem ich gewöhnlich den Nachthimmel observiere. Hinten im Raum ist ein großes Fenster mit einem langen Vorhang, der nicht ganz zugezogen ist. Die Sonne scheint grell in den geräumigen Saal [intuitiv weiß der beobachtende Teil von mir, dem dieser Einblick in ein vergangenes Leben gewährt wird, dass der Planet, auf dem ich lebe, nicht die Erde ist und eine höhere, reinere Schwingung aufweist, als ich sie als Matthias auf der Erde gewohnt bin]. Über den großen Raum, in dem ich stehe, weiß ich nun, dass es sich dabei nicht nur um eine einfache öffentliche Bibliothek handelt, sondern um meine persönlichen Arbeits- und Forschungsräumlichkeiten. Ich erinnere mich an meine Tätigkeit: Ich erforsche und kartographiere das physische Universum.

Jetzt richte ich meinen Blick auf die humanoide Persönlichkeit, die ich vor mir wahrnehme. Das Wesen beginnt, mich zu begrüßen und nennt mich beim Namen: »Doktor Podemkin«. Die Gestalt, die etwas kleiner ist als ich, besitzt einen männlichen Körper wie auch ich, spricht in einer mir vertrauten Sprache und lässt mich begeistert aber in Ernsthaftigkeit wissen, dass er seit langer Zeit ein Anhänger meiner Wissenschaften und Erkenntnisse über das Universum sei; dass er alle meine Aufzeichnungen, all meine Forschungsbücher verschlungen hat.

Beiläufig schaue ich auf seine Kleidung. Er trägt ein weißes Hemd und eine bordeauxrote, halbärmelige Weste (wie die Farbe meiner Teppiche). An den Ärmeln und am Kragen nehme ich kleine, goldene Rüschen wahr und entlang des Rumpfes goldene, runde Knöpfe (Ich weiß nicht, wie dieser altertümliche Kleidungsstil genannt wird, aber zu Ihrer Vorstellung, wie die Person vor mir gekleidet war: Stellen Sie sich das Outfit von Bilbo Beutlin in Peter Jacksons »Der Herr der Ringe«-Filmen vor). Dann blicke ich ihm in die Augen, während ich ihm für seine Worte danke.

(An dieser Stelle mache ich einen Einschub, um die äußere Beschaffenheit der Körper auf diesem Planeten zu beschreiben.

Die Körper dieser Rasse, der ich angehörte, besitzen eine Durchschnittsgröße wie die von Südeuropäern. Sie verfügen über zwei Beine und zwei Arme. Auffällig ist ihre enorm helle Hautfarbe, fast weiß. Ich frage mich, wie die Haut dieser Rasse das Sonnenlicht erträgt. Zudem hatten unsere Körper – genetisch bedingt – nirgendwo Haare – also auch nicht auf dem Kopf oder im Sinne von Bärten. Die Gesichter ähneln jenen auf der Erde. Die Nasen sind etwas stummeliger, die Augen rundlich und ähnlich groß wie auf der Erde. Sie weisen eine helle Netzhaut auf und die Iris ist dunkel. Das optisch auffälligste Merkmal ist der obere Teil der Köpfe. Sie sind nach oben hin deutlich verbreitert und die Schädeldecke ist mit etlichen hügel- oder eher kugelartigen Erhebungen übersät. Sie erinnern stark an die kugelige Beschaffenheit der Elemente des roten Kopfschmucks der Trachtenkleidung einer »Schwarzwaldfrau« nämlich des Bollenhuts.)

Plötzlich geht mein Besucher vor mir auf die Knie; um »Dr. Eclasius Podemkin«, der ich bin, und meine Wissenschaften zu ehren.

Mit diesem mir zuströmenden Gefühl verlor ich das Bewusstsein und befand mich wieder in meinem Bett – auf der Erde, im Körper von Matthias, den ich derzeit bewohne.

Fasziniert dachte ich über das Erlebnis nach: Den ersten Einblick in eine Inkarnation aus meiner Vergangenheit als sich entwickelnde Seele... Später im Bad beim Waschen meiner Haare, sinnierte ich über die Bedeutung der erschienenen, ätherischen Sterne. Sollte es das Sternbild sein, in dem ich einst als Wissenschaftler inkarniert war...?

Es ist mir bewusst, dass solch ein Schauspiel in Außerkörperlichkeit möglich ist. Auch, dass sich mehrere physische Existenzen bilderartig auffächern können, indem dem Betrachter ein Gesamtüberblick über alle seine vergangenen Inkarnationen in lebendigen Bildern dargestellt wird. Dass ein Einblick in eine vergangene Existenz auch möglich ist ohne von seinem physischen Körper getrennt zu sein, wusste ich nicht.

∞

Wir führten mit Ramta ein Channeling über die Möglichkeit, während einer außerkörperlichen Erfahrung oder auch außerhalb davon Einblicke in seine vergangenen physischen Existenzen zu erhalten...

»Es ist in Außerkörperlichkeit ja möglich, Einblick in seine vergangenen physischen Leben zu erhalten, wenn man im außerkörperlichen Zustand eine diesem Wunsch entsprechende Bitte formuliert, nicht wahr?«

»*Wenn euer Bewusstsein dazu bereit ist, wenn der Wille tatsächlich vorhanden ist und ihr dies auch verarbeiten könnt, dann ist es über Außerkörperlichkeit oder über andere Existenzebenen möglich, auf dieses Wissen zuzugreifen.*«

»Wird einem auf Wunsch das erwähnte Schauspiel eigentlich vom höheren Selbst oder der Seele präsentiert? Ist es sie, die dieses Wissen auf unsere Bitte im außerkörperlichen Zustand offenbaren kann? Ist es sie, die alle Erfahrungen in allen erdenklichen Einzelheiten sammelt, die wir in unzähligen physischen Leben durchmachen, sowie auch jene Erlebnisse festhält, die wir in nichtphysischen Bereichen des Universums erlangen? In deinen Aussagen erwähntest du bislang die Begriffe Seele und Bewusstsein und hast von den verschiedenen Energiekörpern erzählt. Wir könnten an dieser Stelle ein wenig mehr Klarheit schaffen: Du lehrtest, dass das überirdische Bewusstsein und das Höhere Selbst dasselbe sind, es nicht als Energiekörper zu verstehen ist, sondern als körperübergreifender Seelenanteil, dessen Aufgabe es ist, Wissen und Erfahrungen aus vorigen Inkarnationen zur Verfügung zu stellen. Erklärt sich somit das oben erwähnte Schauspiel?«

»Matthias erlebte in seiner geschilderten Erfahrung hier tatsächlich einen von seinem Höheren Selbst gewährten Einblick in seine Vergangenheit, das ihm diese als Nachschau aus der Seele heraus zur Verfügung stellte. Er verschmolz mit einem höheren Aspekt seines Selbst. Dieser Seelenanteil wird oftmals deswegen als so glänzendes Licht erlebt, weil dessen Schwingung unglaublich über jener liegt, die ihr gewohnt seid zu erfahren.

Und die Sterne in seinem Zimmer zeigten das Sternbild, in dem ‚Taurin' – der Planet, auf dem er lebte – sich vorfindet. Dieser befindet sich allerdings sehr weit von der Milchstraße entfernt. Mit den euch derzeit gegebenen Mitteln könnt ihr diese Welt nicht erspähen – zu weit ist diese von euch Menschen entfernt.

Die Seele nimmt nun also die Essenz aller Erfahrung in sich auf. Das Bewusstsein ist ein Teil der Seele, mithilfe dessen ihr zwischen den einzelnen Erfahrungsebenen wechseln könnt. Durch das Bewusstsein steuert ihr, auf welchen Körper oder auf welche Ebene ihr euren Fokus richten wollt. Das Bewusstsein ist maßgebender Steuerungsanteil in eurem dualen Universum und die einzelnen Körper sind Mittel, um Dinge zu erfahren und um sich auszudrücken.

Nach dem ganzen Reinkarnationszyklus bleibt alleinig die Seele übrig. Sie behält den Glanz und den Schliff, den sie erhalten hat, durch die unzähligen Erfahrungen hindurch, und alleinig der Seele ist das vollständige Wissen um ihr Dasein zugänglich.«

»Können wir auf unseren Wunsch während eines Aufenthalts im nichtphysischen Universum unsere Seele antreffen und kurzzeitig mit ihr verschmelzen?«

»Mit der Seele an sich kann man nicht verschmelzen, denn man war, man ist und man bleibt Seele und erlebt jeweils immer

nur einen Ausdruck, einen Ausschnitt des Daseins mithilfe des Bewusstseinsfokus. So ein Ereignis muss erlebt werden, damit man versteht, wie es ist.

Diese Art von Erfahrung ist von höherer Offenbarung und wird nur in seltenen Momenten gewährt. Wenn ein Mensch zu erwachen scheint und sein Bewusstsein weit öffnet, dann wird ihm solch eine Erfahrung möglicherweise geschenkt.

Lasst euch überraschen und verzaubern von den Dingen, die in Außerkörperlichkeit möglich sind. Genießt Erfahrungen jenseits der Logik und aller menschlichen Vorstellungskraft!«

»Es ist seltsam, wie sehr wir verkörperten Geister uns alle täuschen und nicht wissen, was wir wirklich sind, während wir denken, wir Menschen seien ein intelligenter Ausnahmefall im Universum. Sind wir denn alle wirklich etwas so Unglaubliches, selbst über unsere schon spektakulären Energiekörper hinaus?«

»Die irdische Existenz, die Reinkarnationsschleife, der Verlust des Wissens bei der Geburt in ein physisches Dasein, all das hat einen Sinn und geschieht nicht zufällig.

Die Seele hat in vielen irdischen Inkarnationen die Möglichkeit, sich zu erfahren, Dinge zu begreifen, die ihrer Vervollkommnung dienen.

Ihr befindet euch in einer Zeit, in der das Erwachen stattfinden kann. Die Spaltung zwischen Dunkel und Licht wird immer größer. Ihr könnt den Menschen helfen, zu erkennen, was sie wirklich sind.

Doch wer nicht erkennen will, den lasst weiterziehen; er ist möglicherweise noch nicht bereit und möchte noch einige Erfahrungen sammeln.«

∽

Es brannte mir sprichwörtlich noch die eine oder andere Frage unter den Nägeln, die über unsere wahre geistige Natur, die Schöpfung der einzelnen Daseinsebenen, die stattfindenden Beziehungen zwischen der physischen und der feinstofflichen Dimensionen sowie dem göttlichen Plan gestellt werden wollte...

»Wie könnte man die Geister anderweitig beschreiben, außer, dass sie die wohl intelligenten immateriellen Wesen der göttlichen Schöpfung sind und die unzähligen Ebenen des nichtphysischen Universums außerhalb der festen Materie bewohnen?«

»Geister sind nicht notwendigerweise immer gleich intelligent, nur weil sie nicht an die physische Materie gekettet sind. Hier bewegt sich das Spektrum von einem Extrem zum anderen.

Beschreiben könnte man die Geister als formierte Lebensenergie, die sich über einen feinstofflichen Körper Ausdruck verleiht.

Des Weiteren behält man so lange eine scheinbar körperliche Geistererscheinung bei, so lange man als Individuum an einen Reinkarnationszyklus gebunden ist. Hat man diesen erfolgreich durchlaufen und wird wieder frei von seinen Ketten der Notwendigkeit, lösen sich alle Formen auf und die Lebensenergie kann sich auf Weisen zeigen, wie es einem Geist, der an eine Reinkarnationsschleife gebunden ist, nicht möglich ist.

Geist ist also lebendiger Ausdruck von Leben, gebunden an Erscheinungsweisen, die Erlebnisse in dem dualen Universum ermöglichen.«

»Existierten die feinstofflichen Ebenen vor der physischen, oder wurden die unterschiedlichen Lebensbereiche des mehrdimensionalen Universums zugleich geschaffen? Und welche dieser grundverschiedenen Daseinsebenen kann man als die höhere in der Weltenhierarchie bezeichnen – die geistige, da sie das biologische Leben in der physischen Dimension unter der Tatsache der leiblichen Verkörperung überdauert?«

»Wann und wie die einzelnen Ebenen erschaffen wurden, ist nicht einmal den hohen Geistern gänzlich einsehbar. Die Ebenen an sich wurden erschaffen noch lange bevor sie mit lebenden und eigenständig agierenden Individuen erfüllt wurden.

Die Wertigkeit der einzelnen Dimensionen kann man nicht pauschalieren. Alles ist gleichsam wichtig. Alles hat eine gleichsam hohe Bedeutung.

Die geistige, feinstoffliche Welt überdauert wohl in einem gewissen Blickwinkel die physische Realität, doch auch feinstoff-

liche Strukturen sind vergänglich und unterliegen der Veränderung. Die gesamte duale Existenz ist davon betroffen.«

»Es ist klar, dass durch die Verkörperung der Geister bzw. während des körperlichen Lebens permanent Beziehungen zwischen der physischen und den nichtphysischen Ebenen des Universums stattfinden. Doch könnte die dichte physische Dimension, in der die Menschen und andere biologische Lebensformen leben, aufhören zu existieren oder nie gewesen sein, ohne dass dies einen Einfluss auf die feinstofflichen Ebenen und die Existenz der Geistwesen hätte?«

»Die physische Dimension hört niemals einfach so auf zu existieren. Sie ist fester Bestandteil der Spielregeln des dualen Universums. Würde es keine Physis geben, gäbe es die gegensätzlichen feinstofflichen Dimensionen ebenso wenig.
Alles ist in Verbindung mit allem. Jedwede Energien interagieren miteinander. Und ohne Schatten könnte auch kein Licht sein, denn die Reflektionen und Reaktionen beider Pole zueinander machen das Erkennen erst möglich.«

»Könnte man alle Wesen – Geister, Menschen und Außerirdische – als Werkzeuge Gottes bezeichnen, der seine Geschöpfe für die Umsetzung seiner Pläne auf allen Ebenen des Universums benötigt? Gibt es überhaupt einen göttlichen Plan, der aus der Sicht des Höchsten auch einfach nur ein Spiel mit unzähligen Figuren bzw. Geistern auf einem riesigen Spielfeld mit vielen Ebenen sein könnte?«

»Sie sind Geschöpfe Gottes, keine Werkzeuge. Und es gibt auch keinen allerhöchsten Plan, nach dem sich alles zu erfüllen hat. Zumindest nicht so, dass wir Geister das auf diese Weise erkennen würden.
Das Leben an sich ist ähnlich einem Spiel. Es bietet unzählige Erlebnisvarianten und die verschiedensten Arten von Erfahrungen. Die Seelensplitter können sich hier erfahren, können erleben, können SEIN.
All das geschieht, weil es einen Sinn hat. Im Laufe der Zeit wird es den Menschen immer bewusster werden, warum das

Spiel des Lebens stattfindet. Eure Existenz ist sehr viel umwerfender, als ihr jemals vermutet!«

∽

Dieses Spiel – jeder sieht es mit anderen Augen; jeder spielt sein eigenes und doch verbindet uns die Gleichberechtigung zur freien Wahl der universalen Möglichkeiten, dieses Spiel zu spielen – wieder und wieder.

Wir alle brauchen Liebe, jemand, der an uns denkt und wahre Freunde. Wir wünschen uns Aufmerksamkeit, Respekt und die Anerkennung unserer Person, so, wie sie ist. Wir alle brauchen ab und an helfende Hände. Wir wünschen uns jemanden, den wir halten können oder von dem wir festgehalten werden, wenn wir uns einsam fühlen oder traurig sind.

Die Einen finden Gefallen an Diamanten, Perlen und Geld. Die Anderen zeigen weniger Interesse an Materiellem und erfreuen sich stattdessen am Reichtum der Natur und ihren heilenden Kräften. Wieder Andere sind auf der Suche nach Glück und Ruhm. Während sich einige Menschen am Sonnenschein erfreuen, finden andere den Regen schön. Wir haben aber auch Gemeinsamkeiten: Wir alle atmen zum Beispiel Sauerstoff ein und füllen unsere Lungen, ganz egal welcher Nationalität wir angehören und an welchem Ort auf der Erde wir unser Leben verbringen.

Wir alle sind einerseits so verschieden und vielfältig in unseren Persönlichkeiten, wie es unzählige Sandkörner an einem Strand gibt. Und doch sind wir – aus einem anderen Blickwinkel betrachtet – alle gleich: Wir teilen uns dasselbe Spielfeld. Wir sind gemeinsam und auch jeder für sich allein die Spieler und Spielerinnen, die das große Spiel des Lebens spielen!

Das Leben ist ein Geschenk und wir sind sowohl mit ihm als auch mit Gott verbunden; verbunden auf die Weise, wie sich die Gestirne in allen Gewässern widerspiegeln.

8 DAS BÖSE

> »Das Böse ist nur eine Projektion ohne Bestand.
> Das Böse löst sich auf, sobald die Liebe den Raum betritt.«
>
> (RAMTA)

Das Böse, für die Einen lediglich eine theoretische Vorstellung von etwas Schlechtem, das sich in ihrem eigenen Leben aber eher nur flüchtig manifestiert und für die Anderen das tagtägliche Schicksal. Das Böse reicht somit von reiner Mythologie über Glauben bis hin zu tatsächlichen existenziellen Ängsten, die dann das Tagesgeschehen, ja sogar oft das ganze Dasein von Individuen stark beeinflussen.

In diesem Kapitel sollen einige themenbezogene Channelings mit Ramta, dem spirituellen Führer und feinstofflichen Informationsgeber für dieses Projekt, veröffentlicht werden. Sie als Leser sollen dadurch etwas mehr Aufklärung über das Böse erhalten. Angst ist oft ein Gefühl, das aus mangelhaftem Wissen über ein bestimmtes Wissensgebiet entsteht. Diese Angst kann Ihnen im Folgenden genommen werden – auch die Angst vor außerkörperlichen Erfahrungen, die seitens vieler Religionen als dunkle Machenschaften und Verführungen des Bösen dargestellt werden.

Frank und ich dachten darüber nach, dass es sinnvoll sei, an dieser Stelle eine Aufklärung über das Böse zu liefern. Schließlich seien die Erde und ihre menschlichen Bewohner sich überhaupt nicht einig und im Klaren, was man denn unter dem Bösen eigentlich verstehen solle und ob das Böse von einem Heerführer angetrieben würde, wie zahlreiche religiöse Gruppierungen annehmen. Zu viele Ansichten existieren unter den Menschen und den Religionen dieses Planeten. Es ist an der Zeit für eine eindeutige Aufklärung über das Böse ohne jeglichen Symbolcharakter, der weitere Interpretationen zulässt.

Nachfolgende Channelings wurden von Frank in unserem Interesse mit Ramta geführt. Die Fragen in kursiver Schreibweise sind wie gewohnt Franks Fragen, wobei die Fragen, die von mir stammen, von Frank an passender Stelle gestellt wurden. Die weisen

Antworten warten darauf, an uns übermittelt zu werden – durch unseren erhabenen Lehrmeister aus dem Licht, dessen Heimat und Wirkungsbereich die aus irdischer Sicht unsichtbaren Tiefen des nichtphysischen Universums sind, für unseren gegenwärtigen technologischen Stand auf der Erde sowie durch unsere in ihrer Wahrnehmung eingeschränkten physischen Augen nicht zu erfassen...

∽

»Ramta, ich rufe dich!

Meine erste Frage zum Bösen soll sein, ob der Teufel oder ein Wesen existiert, das die Finsternis anleitet und regiert?«

»So etwas wie den Teufel gibt es nicht – zumindest nicht so, wie ihr Menschen ihn euch für gewöhnlich vorstellt. Es existieren schon abgrundtief böse Gestalten, die ihren Gefallen an der Zerstörung und allem Dunkel dieser Welt finden. Aber es sind letztlich nur Seelen, wie wir alle.
Es gibt also kein so mächtiges böses Wesen, Gott gleichgestellt, so wie ihr es euch vorstellt. Nichts und niemand in der ganzen Schöpfung ist oder wird jemals Gott gleichgestellt sein! Wie soll das auch funktionieren, wenn doch alles, was Ist, von Gott erschaffen wurde?«

»Inkarnieren diese bösen Geister auch?«

»Ja natürlich! Sie verkörpern all diese finsteren Gedanken, die sie mit sich führen, auf der physischen Ebene. Ihr glaubt nicht, welch böse Menschen es in eurer Realität gibt. Wer sollten diese sein, wenn nicht böse Geister? Aber verurteilt diese nicht, denn auch sie sind auf dem Wege, etwas Höheres zu werden.
Wir sind alle auf einer großen Reise und gehen dem Licht entgegen – die einen schneller, die anderen langsamer. Und manch eine Seele ist wahrlich noch sehr weit von der Glückseligkeit entfernt.«

»Waren wir denn alle einmal auf einem solch bösen Entwicklungsstand?«

»Nicht unbedingt! Eine Seele wird erschaffen und startet an einem Punkt absoluter Neutralität. Nun will sie sich erfahren und je nach Erfahrung, die sie macht, steuert sie in eine bestimmte Richtung. Es gibt unzählige Wege, die eine Seele begehen kann. Keiner dieser Wege ist absolut. Alles wandelt und dreht sich in sich selbst.

Man kann in böse, destruktive Strukturen geraten, genau wie in gute. Eine jede Seele kann sich selbst wieder aus dem Sumpf der Verdammnis herausziehen, wenn wir es hier bildlich ausdrücken wollen.«

~

Im Folgenden habe ich einige Fragestellungen für Frank vorbereitet, ehe er Ramta weitere eigene Fragen vortrug...

»Bedeutet deine vorherige Aussage, dass es keine Geister gibt, die gut oder böse erschaffen wurden und alle Wesen bei ihrer Schöpfung gleich und unwissend sind? Und wie können Geister nach ihrer Schöpfung in einem Zustand absoluter Unwissenheit mit freiem Willen eine Wahl zwischen dem guten und dem bösen Weg treffen? Ruht in den Geistern etwas, dass sie nach ihrer Schöpfung eher auf den einen als auf den anderen Weg führt? Warum gehen also einige Wesen den Weg des Guten, während sich andere für den des Bösen entscheiden?«

»Ja, so ist es. Eine neu erschaffene Seele startet an einem absolut neutralen Punkt. Und all dies neue Leben hat identisch gleiche Möglichkeiten. Dieses noch unerfahrene Bewusstsein kollidiert und interagiert mit äußeren Faktoren und entscheidet sich dann, gewisse Umstände zu erleben. So steuert es mal zu mehr Positivem oder mal zu mehr Belastendem.

Ein Individuum ist nicht von Grund auf böse und auch nicht gut. Eine neu erschaffene Seele ist neutral. Und ohne Interaktion im Außen gibt es keine Anker, gemäß denen sich ein Wesen für eine bestimmte Aktion entscheiden kann.

Sobald eine Seele also in das duale System hineingeboren wird, ist es zwangsläufig, dass irgendeine Art von Begegnung oder Ereignis stattfindet und demgemäß reagiert dann das Bewusstsein.«

»Sind wir Geister alle mit denselben Möglichkeiten zur Entwicklung und der Entdeckung unserer Talente ausgestattet worden, ohne dass bestimmte Geister zum Beispiel von der Basis bzw. aufgrund ihrer Schöpfung gesehen, bestimmte Dinge niemals erlernen können werden?«

»Jeder Geist hat die Möglichkeit, jedwede Wege zu erwählen. Kein Geist ist dem anderen gegenüber bevorzugt. Alle sind gleichsam die Kinder des Herrn. So hat jeder die gleichen Voraussetzungen und die gleichen Möglichkeiten.
Was für eine göttliche Gerechtigkeit wäre es, wenn die Seelen unterschiedlich behandelt werden würden?«

»Entwickelt sich der freie Wille bei einem Wesen in der Weise, wie es sich Selbstbewusstsein erwirbt?«

»Der freie Wille ist immer vorhanden und ist unabhängig von allem. Der Herr schenkt seinen Kindern einen freien Willen. Dieser ist immer gewesen und wird immer sein. Ein wachsendes Selbstbewusstsein hat damit nichts zu tun.
Was du in deiner Frage eventuell meinst, ist, ob sich die Entscheidungskraft und das Unterscheidungsvermögen entwickeln in dem Maße, wie es das Selbstbewusstsein tut. Hier lautet die Antwort ‚Ja'. Umso größer und stärker das individuelle Bewusstsein wird, je zahlreicher werden die möglichen Aktionen und Entscheidungen bezüglich des agierenden Bewusstseins.«

»Können die Geister ihre Vollkommenheit nur allein auf dem guten Weg erreichen oder gibt es auch die Möglichkeit dazu auf dem ausschließlich bösen Weg in den von dir erwähnten Dunkelwelten? Zum Beispiel, wenn sich ein Wesen einmal für negative Machenschaften begeistern konnte und dauerhaft auf diesem Weg bleiben will? Wie du sagtest, kann man die Evolution in zweierlei Richtungen beschreiben.« (Anm. des Autors: Thematisiert in Buch II mit dem Titel »Die Reise ins Licht – Astral-Projektion«)

»Vollkommenheit erreicht man nur, wenn man beide Seiten ausgiebig erfahren hat. Es gibt kein Gut ohne Böse, es gibt kein Schlecht ohne Gut. Ohne diese Gegensätzlichkeiten ist es nicht möglich, das duale System gänzlich zu erleben und zu begreifen. Und Erfahrung erwächst nur aus dem Betrachten dieser gegensätzlichen Pole und den daraus entstehenden Reibungspunkten.«

»Können sich die Geister durch Bestehen von Prüfungen aller Art bessern und Erfahrungen sammeln, um so Schritt für Schritt auf ihrer persönlichen Evolutionsleiter aufzusteigen?«

»Jedes Erleben bringt Erfahrung. Jede durchschrittene Situation bringt Fortschritt in irgendeiner Weise. So findet Entwicklung statt.
Durch große und scheinbar harte Prüfungen wird im Verhältnis natürlich mehr Erfahrung gewonnen als durch diverse Kleinigkeiten. Doch jedweder Schritt, der in diesem dualen System gegangen wird, ist wichtig und ist gleichsam erstrebenswert.«

»Sind alle Geister ab ihrer Erschaffung durch Gott automatisch dazu berufen, Erkenntnisse zu sammeln und durch das Bestehen von Prüfungen ihrer Vollendung entgegen zu streben? Ist den Geistern also nach ihrer Schöpfung instinktiv bewusst, dass ihr höchstes Ziel das ihrer Vervollkommnung ist? Wenn nicht, wie erfahren die Wesen dann irgendwann von diesem höchsten Streben?«

»Sie sind weder dazu ausdrücklich berufen noch ist es das höchste Ziel. Gott erschuf alles Leben, damit er sich erfahren kann und damit die Seelensplitter sich erfahren können.
Es ist wie ein Spiel, in dem man unzählige Arten von Dingen und Ereignissen erleben und begreifen kann. Es ist einfach ein Sein, das keinem Zwang unterliegt und keinen äußeren Faktoren.
Es ist vielmehr so, dass umso länger sich ein Individuum in dem dualen System aufhält, immer mehr das innere Gefühl erwächst, wieder nach Hause zu Gott zu wollen, um wieder vereint mit der ewig glückseligen Liebe zu sein. Sodann wird es aus

dem Wunsch heraus geboren, sich dies als höchstes Ziel zu setzen; nicht aber deswegen, weil Gott es so will, sondern weil die Geister es so wollen.«

∽

»Gibt es Dämonen in der Weise, wie manche Menschen sie bezeichnen? Handelt es sich dabei nur um böse Geister?«

»Der Begriff ‚Dämon' ist ein Etikett. Wenn ihr aber Bezug nehmt auf die Gestalten, die euch Menschen manchmal begegnen, die Dämonen, die euch scheinbar verfolgen, dann sind diese mehr als nur einmal eine Manifestation eurer negativen Energien. Es sind Elementale, die euch oft verfolgen; geboren aus den finsteren Anteilen eurer Existenz.
Es gibt diese Gestalten aber auch als eigenständige Wesen. Das sind böse Seelen, oder besser gesagt, Seelen, die sich der dunklen Seite dieses dualen Universums verschrieben haben. Es sind insoweit Diener des Bösen, wie sie bösartige Handlungen begehen. Sie sind aber nicht einem Teufel unterstellt, auch sind sie nicht immerwährend böse.
Durchaus durchlaufen diese Seelen viele Phasen in ihrem langen Dasein und können sich schneller als ihr denkt zu wundervollen Engeln wandeln und dem Licht entgegen streben. Nichts bleibt ewig unverändert!«

»Wie viel Macht haben die finsteren Wesen über uns Menschen?«

»So viel wie ihr ihnen einräumt. Es ist recht einfach, sich von niederen Gedanken mitreißen zu lassen, weswegen diese finsteren Seelen oft viel Gewalt über ein inkarniertes Individuum haben. Wenn man sich dieser Beeinflussung entgegenstellen möchte, bedarf dies schon mehr Kraft oder Bewusstsein.
Durch bewusstes Sein könnt ihr euch der Negativität entgegenstellen. Wer beginnt, bewusst zu leben, dem wird es bald sehr einfach sein, Glück und Zufriedenheit in sein Leben zu ziehen – so, dass das Reich Gottes auf dieser Welt Einzug halten kann, denn dieses ist das Licht!«

Kapitel 8

Weil es die Kirche und meine Religion sagt

> *»Entscheide dich, was du glauben willst.
> Doch was ist mehr wert: Persönliche Erfahrung
> oder etwas, das dir irgendjemand erzählt?«*
>
> (Ramta)

»Ramta, was kannst du mir darüber sagen, dass Menschen den Teufel, den es ja laut deinen Übermittlungen nicht gibt, als abgefallenen Engel bezeichnen?«

»Ja, dass es den Teufel so nicht gibt wie ihr ihn euch vorstellt, das hatten wir ja bereits. Im weitesten Sinne könnte man die vielen bösartigen Seelen als Teufel bezeichnen, aber auch dies ist nur im Übertragenen zu deuten.

Dass die Menschen das Böse gerne in Einzahl, also als den Teufel sehen, ist einfach eine Strukturfrage, denn dann habt ihr einen Sündenbock, dem ihr alles Üble anhaften könnt – aber das ist, wie schon erwähnt, so nicht ganz richtig.

Wenn man von diesem einen Teufel ausgehen mag, dann seht ihr Menschen ihn deshalb als abgefallenen Engel, weil der Teufel – oder richtig gesagt, die vielen bösen Seelen – auch sehr mächtig in die Geschehnisse der physischen Realität eingreifen können. Somit setzt ihr diese Fähigkeiten Engeln gleich. Aber diese Angelegenheit ist letzten Endes nur eine Sache für euer Schubladendenken.

Umso größer euer Blickwinkel für das Ganze wird, je weniger Bedürfnis verspürt ihr, Dinge in Kategorien sortieren zu müssen.«

»Haben dann die Religionen den Teufel und die Geschichte mit dem abgefallenen Engel, auch bekannt als ‚Satan‘, ‚Luzifer‘ oder ‚Herr der Finsternis‘ erfunden?«

»Zahlreiche Aspekte vieler Religionen sind darauf ausgelegt, Menschen an sich zu binden und wie wäre das eher möglich, als dadurch, Angst zu erzeugen?

Wenn man tausende von Jahren in eurer Zeitrechnung zurück geht, dann gab es damals auch schon religiöse Gruppierungen, und auch diese bedienten sich solcher oder ähnlicher Geschichten.

Eine Religion ohne Anhängerschaft ist nicht denkbar. Ohne auf irgendeine Art Druck zu machen, hat man es nie geschafft, dass Menschen sich an ein entsprechendes System gebunden haben. Denn hätte man den Menschen von jeher die Wahrheit gesagt, wäre die Erkenntnis erwachsen, dass jede Seele frei ist, zu tun und zu lassen, was sie möchte. Aber die Wahrheit, so wie sie euch in diesem Moment zuteil wird, kannten die Menschen vor einer so langen Zeit in der Form noch nicht.

Wie gesagt, ihr steht kurz vor dem Aufstieg der Erde und es ist notwendig, die Menschheit zu informieren – über die Wahrheit!«

»Gibt es dann auch keine Hölle oder besteht diese auf irgendeine Art und Weise?«

»Die Hölle wird durch euch selbst produziert! Ihr könnt euch den Himmel auf Erden sowie auch im jenseitigen Bereich erschaffen. Ihr könnt euch aber auch die Hölle erschaffen.

Die Hölle als Ort immerwährender Qualen und Pein gibt es ebenso wenig wie den Teufel. Es gibt auch keinen Ort, an dem ihr für alle Ewigkeiten gefangen seid.

Die Seelen befinden sich in Entwicklung, gehen vom Niederen zum Höheren, gehen von einem Ort zu einem anderen – immer wieder, um zu lernen, um zu wachsen, um zu erwachen und noch so Manches darüber hinaus.

Wenn ihr eure Welt in der jetzigen Zeit anschaut, dann werdet ihr feststellen, dass die Hölle manchmal direkt vor eurer Haustüre liegt. Inmitten dieser von euch selbst produzierten Hölle könnt ihr aber auch das wunderschönste Paradies entstehen lassen.

Lasst die Blume der Liebe erblühen. Sendet euren Sonnenschein zu anderen Herzen und ihr werdet den süßen Geschmack der Glückseligkeit schmecken lernen!«

»Wieso dulden die Religionen oder die Kirchen nicht, dass sich die Menschen in Außerkörperlichkeit erfahren? Sie warnen davor, dass dies Verführungen des Bösen seien!«

»*Wir hatten uns ja bereits darüber unterhalten, dass jedwede Glaubenssysteme ihre Mitglieder möglichst über die ganze Lebenszeit an sich binden wollen. Was könnte dem eher zuwider laufen, als dass die Menschen erkennen, was sie wirklich sind?*
Durch Außerkörperlichkeit kann sich das Individuum besser erfahren und die Wahrheit schauen als mit sonst irgendwelchen Mitteln. Der Mensch erkennt hierdurch zwangsläufig, dass er ein ewig währendes Wesen ist.
Ebenfalls erwächst daraus die Erfahrung, wahrhaft frei zu sein, seine eigene Realität selbst erschaffen zu können. Die Menschen erkennen dabei, dass sie sich an nichts binden müssen und sie ihr eigener Erlöser sind.
Dies und noch mehr ist den kirchlichen Organisationen natürlich ein überaus großer Dorn im Auge. Aus diesem Grunde möchten sie unterbinden, dass die Menschheit jene Erfahrungen macht, denn dann gäbe es niemanden mehr, der sich an irgendwelche Systeme bindet und das würde diese auf weite Sicht abschaffen.«

»Was hat es mit den Sünden auf sich, die von verschiedenen Religionen in der westlichen Welt als solche eingeteilt wurden?«

»*Manche Dinge sind wahrlich von höchster Qualität, und viele Gebote der Bibel dienen euch zum Besten, sofern ihr sie auch umsetzt.*
Manche Fehltritte, die von heiligen Schriften verboten werden, müssen aber getan werden, da sie für gewisse Seelen in bestimmten Zeitabschnitten notwendig sind, um weiteren Fortschritt zu erzielen – auch, um zu erkennen, dass und warum gewisse Dinge nicht gut oder sogar destruktiv sind.
Der kosmische Plan ist so groß, dass ihn der Mensch mit seinem weltlichen Bewusstsein niemals überschauen kann – nicht einmal uns hohen Wesen ist das in vollkommenem Maße gege-

ben. So urteilt niemals selbst, was gut und böse ist. *Erkennet in der Erfahrung, in der ihr euer Wachstum erlebt!*«

~

»Ramta, hat die ganze Bösartigkeit, die derzeit auf diesem Planeten besteht, irgendetwas mit der gegenwärtigen Zeitqualität zu tun?«

»Viele Seelen kommen mit den ständig voranschreitenden Schwingungserhöhungen nicht zurecht und projizieren ihre Ängste, ihren Hass, ihre dunklen Gefühle nach außen. Das ist genau das, was ich auch zu Beginn erwähnt habe. Das sind Dinge, die als Nebeneffekt auftreten, wenn ein Aufstieg in eine neue Dimension bevorsteht.

Und ja, wenn ihr es wieder einmal in eine Schublade einteilen wollt, dann ist es momentan diese Zeitqualität.

Die meisten von euch haben vor der jetzigen Inkarnation gewusst, was in dieser Epoche auf sie zukommt. Doch alle sind gekommen, um dieses wundervolle Spektakel miterleben zu dürfen: Von der Hölle ins Paradies, so könnt ihr euch dies vorstellen.

Ihr habt eine Hölle produziert, doch diese wird nicht ewig währen. Nein, ihr werdet in ein Paradies eintauchen, das es auf diesem Planeten bisher in dieser Form noch nicht gegeben hat. Zumindest werden viele von euch diesen Weg beschreiten können. Viele werden auch eure Erde verlassen, bevor dies geschieht – Seelen, die noch nicht reif dafür sind. Sie werden dann an einem anderen Ort ihren Fortschritt erlangen.«

»Was passiert mit den niederen Geistern, den bösen Seelen, beim Aufstieg?«

»Dies kann man so nicht pauschalieren, aber man kann wohl sagen, dass die meisten von ihnen in die nächst höhere Dimension nicht voranschreiten können.

Man kann auch nicht wirklich unterscheiden in Gut und Böse. Es gibt so viele verschiedene Reifegrade, dass man nicht wirklich von nur gut oder nur böse sprechen kann. Ihr seid in

Entwicklung. Und was für die einen schon böse ist, ist für die anderen noch ein Prozess des Lernens.

Man kann sagen, dass Seelen immer ihrem Seelenfortschritt entsprechend bis zu einer bestimmten Dimension voranschreiten können. Aber seid versichert: Eine solch niedere Schwingungsfrequenz, wie ihr sie derzeit erlebt, wird es in der nächsten Dimension, die ihr erreichen werdet, nicht mehr geben. Die Schwingung wird angehoben sein, und das um ein großes Stück.

Angst, Verzweiflung, Hass und Krankheiten werden in dem Maße, wie ihr sie jetzt erlebt, nicht mehr sein. Alles verändert sich und wird sehr viel besser werden, sehr viel göttlicher, wundervoller!«

»Ich danke dir für die Durchsagen und dafür, dass du so viel Geduld mit mir hast. In letzter Zeit bin ich nicht oft fähig, mich der Kommunikation mit dir zu öffnen. Mein neuer Job macht mir zu schaffen und ich muss mich erst daran gewöhnen!«

»Sei gewiss, wir sind bei dir! Alles wird dir zur rechten Zeit zuteil. Teile diese Botschaften mit deinen Mitmenschen, dass auch sie an diesem wundervollen Wissen teilhaben können.«

»Das werde ich tun!«

BÖSARTIGE ANGRIFFE

Frank und mir fiel auf, dass sich in den letzten Tagen häufig äußerst böse Gedanken in unseren Köpfen breit machten, die sich gegen Ramta und das Licht bzw. das Gute stellten. Wir erkannten, dass diese schlechten Gedanken nicht unsere eigenen sein konnten, da wir uns gegen sie wehrten. Scheinbar hielt das Böse Einzug und animierte seine Opfer zu bösartigen Handlungen. Die Situation erschien uns äußerst seltsam, da uns beiden dasselbe Problem widerfuhr.

Wir kamen zu dem Entschluss, dass wir möglicherweise durch andere Wesen beeinflusst werden könnten, die Spaß am Verbreiten des Bösen haben und uns wohl von unserem Weg abzuhalten versuchten, dieses Buch zu veröffentlichen...

∽

Wir hatten vor, weitere Fragen über das Böse zu stellen. Zuvor sollte aber noch eine ganz interessante Frage beantwortet werden, die sich nicht nur durch die Aussagen in den vorigen Kommunikationen ergeben hatte. Ramta erwähnte mehrfach, dass die Menschen gerne Dinge in Kategorien einteilen, unsere sogenannten Schubladen, bildlich gesprochen...

»*Ramta, warum gibt es das Schubladendenken bei den Menschen?*«

»*Das ist ein Teil der Arbeitsweise eures Gehirns. Auch ist es ein Teil eurer geistigen Konditionierung. Alles und jeder in eurem Dasein muss ein Etikett tragen, das ihr selbst vergeben habt. Auf diesem geistigen Etikett stehen Urteile, Werte, usw., ausgerichtet an euren gesellschaftlichen Normen und eurer Weltvorstellung.*
Der Verstand wurde von Kind auf trainiert, Werte zu erteilen, alles in Schubladen abzulegen. Durch dieses Verhalten eurer Gedächtnisdatenbank kommen aber auch Vorurteile zustande, die euch Menschen in der Gemeinschaft manchmal mehr schaden als nützen.«

»*Ist es richtig, dass die Zahl 6 für das Böse steht, und hat diese Zahl an sich einen negativen Einfluss bei gewissen Begebenheiten in unserer physischen Realität?*«

»*Es ist nicht die Zahl, die einen negativen Einfluss in eurer physischen Realität ausübt, sondern es ist das dazugehörige kollektive Bewusstsein hierüber, das dieser Zahl diese negativen Eigenschaften anhaftet.*
Ein Symbol an sich – und die Zahl 6 wird hier wie ein Symbol gebraucht – hat im Grunde keine Auswirkung. Es sind die Gedanken und Überzeugungen der Menschen, die diese Zahl zu dem machen, was sie ist: Eine Unglückszahl; eine Zahl für

Falschheit, Hinterlist und Täuschung. Ein jedes Symbol kann durch die Kraft der Gedanken zu einem Symbol für negative Schwingung gemacht werden.«

»Haben Amulette oder sonstige Symbole, die mit dem Bösen in Verbindung gebracht werden, Einfluss auf unsere Realität oder kann man dadurch gewisse Geister für sich gewinnen bzw. beschwören?«

»Jedwede Symbole haben nur die Auswirkungen, die ihr ihnen mithilfe eurer Gedankenkraft verleiht. Es ist wie mit der Zahl 6, die auch nur das erschaffen kann, was euer kollektives Bewusstsein erschafft.
Symbole jeglicher Art haben keinerlei Einfluss auf uns Geister. Man kann uns weder damit herbei beschwören noch uns verjagen!
Gedanken haben Kraft, Dinge zu tun und eben diese Gedanken können meist von uns gelesen werden. Wir entscheiden dann, ob wir uns diversen Wünschen euerseits widmen können.
Wenn ein Individuum wünscht, dass feinstoffliche Wesen sein Umfeld verlassen sollen, dann geschieht das allein durch die Kraft dieses Gedankens. Dafür bedarf es keines Symbols.
Symbole unterstützen oft eine Vorstellung, die sich in eurem Geiste bildet. Durch solche Dinge wird eure Phantasie unterstützt und die Kraft, die sich in eurem Bewusstsein bildet, kann so maximiert werden.«

»Die Kommunikation ist heute irgendwie müßig, habe ich das Gefühl. Ich fühle zwischendurch immer wieder einen Kommunikationsabbruch. Ich kann mich nicht richtig konzentrieren.«

»Mache dir selbst keinen Druck. Alles kommt zur richtigen Zeit und alles kommt rechtzeitig. Du hast derzeit viele anstrengende Tage. Erlaube es dir selbst, dich auszuruhen und Kraft zu tanken – für eine neue Zeit.
Sei getrost: Diese Last, die du derzeit verspürst, wird nicht ewig auf dir lasten. Es wird vorüber gehen und eine neue Zeit wird geboren werden. Ab dann wirst du frei sein!«

Es gibt keine Zufälle

Es geschahen Dinge, durch die Frank und ich spürten, dass uns höhere Wesen helfend zu Seite standen. Wir hatten das schöne Gefühl, begleitet und geführt zu werden. Dinge formierten sich in einer Art und Weise, dass sie uns zu einem wundervollen Segen geworden sind. Wir sind äußerst dankbar dafür und spüren, wie selbst in anstrengendsten Zeiten Wunder geschehen und bildlich wirklich ein Stück des Paradieses inmitten der Hölle entstehen kann.

Frank und ich stellten zudem fest, dass wir seit einigen Tagen nicht mehr dem bösartigen Einfluss niederer Geister unterstehen. Hatten wir uns erfolgreich zur Wehr gesetzt? Wir kamen nicht umhin, uns ernsthaft die Frage zu stellen, ob wir die negativen Einflüsse auf unsere Gedanken und unser Handeln dem Zufall unterstellen konnten, oder ob das Erlebte einen höheren Plan in Verbindung mit unseren Fragen über das Böse verfolgte. Wir beabsichtigten, bei der nächsten Gelegenheit um Aufklärung zu bitten. Sollten die bösartigen Angriffe, mit denen wir uns konfrontiert sahen, genau zu dieser Zeit einen gewollten Einfluss mit Lernfaktor auf uns haben? Und so – wie oft zu später Stunde – öffnete sich Frank wieder einmal der feinstofflichen Ebene, damit uns durch Ramta die Antwort auf die soeben erwähnten Umstände zukommen konnte...

»Hallo Ramta!

Waren die Angriffe, denen Matthias und ich die letzten Tage ausgesetzt waren, Zufall oder verfolgten diese einen höheren Plan?«

»Es gibt keine Zufälle! Alles hat einen Sinn. Alles ist so richtig, wie es eben ist.

Alles, was in Verbindung mit diesem Buch steht, verfolgt einen höheren Plan. Gewisse Dinge werden von uns exakt so herbeigeführt, wie es diesem Projekt zum höchstmöglichen Nutzen dient.

Bereits vor eurer Inkarnation wurde vieles besprochen und festgelegt. Wir von der geistigen Ebene haben hierbei die Führung übernommen. Wir sind dafür verantwortlich, dass euch

Dinge zum perfekten Zeitpunkt gegeben werden. Wir sorgen uns um euer Wohl und darum, dass ihr niemals alleine durch das Dunkel dieser Welt gehen müsst. Alles wird gut, vertraut!«

»Wir denken, dass wir von bösen Geistern belästigt wurden, die uns böse Gedanken eingaben, um uns am Voranschreiten zu hindern. Liegen wir mit unserer Vermutung richtig oder handelt es sich da um ein Hirngespinst?«

»In der Tat versuchen niedere Geister oft, euren Plan zu vereiteln. Habt keine Angst, sie haben keine Macht über euch. Sie wollen euch am Fortschritt hindern. Sie beabsichtigen, auch das Voranschreiten anderer Seelen zu verhindern. Bei euch sehen sie, wie gewaltig das Licht wirkt und wie die Liebe diese Welt verändert. Auch diese niederen Geister werden ihren Weg ins Licht finden, denn irgendwann erreichen wir alle das gleiche Ziel: Die Quelle, die unendliche Liebe, das absolute Sein!«

∽

Wir können in unseren Leben lernen, böse Geschehnisse als etwas zu betrachten, woraus wir lernen können; als Mittel für Wachstum. Sehen wir das Böse also einfach als die Kehrseite des Guten an. Wir unterliegen niemals unabänderlichem Schicksal oder bösen Flüchen; noch viel weniger werden wir vom Teufel beherrscht. Und weder ist etwas nur das Eine noch ausschließlich das Andere. Das Böse versteckt sich an vielen Orten – in moralisch unvollkommenen Geistern und somit auch in den Herzen der Menschen. So sind letztendlich wir selbst das Gute oder das Böse, je nachdem, welchen Aspekt unseres Seins wir zulassen möchten.

9 — STEHT DIE ZUKUNFT FEST?

»*Die Realität ist, wie sie ist,
doch ist sie nicht immer gleich
und vor allem ist sie stets in Veränderung.*«

(RAMTA)

Im Kapitel »Unterschiedliche Realitäten« wurde die Veränderlichkeit der Zukunft im Dialog mit Ramta behandelt. Diese Thematik soll hier eine interessante Vertiefung finden. Doch zunächst noch einmal die betreffenden Passagen, damit Sie wieder mit dem bereits Gelesenen vertraut werden...

»*Ist es denn in Träumen möglich, die Zukunft zu sehen? Ich habe schon oft Dinge geträumt, die dann Jahre später genau so eingetroffen sind!*«

»*Ja, doch könnt ihr nicht nur die Zukunft sehen, sondern ihr seid dann in der Zukunft! Die Zeit, so wie ihr Menschen sie kennt, verläuft nicht linear. Die meisten von euch nehmen an, dass die Zeit etwas Ablaufendes ist, also Vergangenes vergangen bleibt und Zukünftiges noch nicht existiert. Ich sage euch, alles existiert zur gleichen Zeit!*
Die Zeit ist nur eine Illusion, um einen gewissen Erfahrungsrahmen zu ermöglichen. Zeit ist relativ und es gibt weder eine Vergangenheit noch eine Zukunft. Wir leben in Wirklichkeit im ewigen Jetzt. Das ist für euch Menschen schwer zu begreifen, denn ihr lebt ständig in dieser Zeit-Raum-Illusion.«

»*Das hört sich recht kompliziert an. Du sagst also, ich wäre manchmal in meinen Träumen bereits in der Zukunft. Dann steht ja die Zukunft schon fest, oder?*«

»*Die Zukunft steht fest, aber immer nur für den Augenblick. Sobald ihr im Jetzt etwas tut, das Einfluss auf künftige Ereignisse hat, dann verändert sich sogleich auch die Zukunft.*

Die Zukunft ist also wandelbar und verändert sich immer gemäß dem, was ihr jetzt im Begriff seid, zu tun. Alles hat Einfluss aufeinander...«

∿

Nach der vorigen Kommunikation mit Ramta war Frank und mir eine scheinbare Ungereimtheit in einer Aussage Ramtas aufgefallen, über die wir uns unterhielten. Wir zerbrachen uns die Köpfe über die Veränderlichkeit der Zukunft durch bewusste oder unbewusste Handlungen in der Gegenwart bzw. der Erschaffung einer möglichen Zukunft. Dies geschah im Bewusstsein, vor einer Inkarnation sehr vieles wählen zu können, was man im nächsten physischen Dasein unausweichlich erfahren wird. Der nächste Austausch mit Ramta verschaffte uns Aufklärung darüber, als zu Beginn der Channeling-Sitzung sofort auf unsere Verwirrung eingegangen wurde...

»Ich habe eure Verwirrung über die Beeinflussbarkeit der Zukunft bereits wahrgenommen. Mögen wir diese nun aufklären.«

»Gut! Du sagtest, Zukunft sei veränderbar und dass eine vorgeschriebene Zukunft nur für den Augenblick existiert – eben gerade so lange, bis bewusste Handlungen im Jetzt eine Zukunftsvariante verändern. Du sagtest aber auch, dass wir uns vor den Inkarnationen Aufgaben für das kommende physische Leben auswählen, die wir dann zu bewältigen haben; Prüfungen, welchen wir nicht entkommen können, bis wir sie gemeistert haben. Dann ist dies ja ein Teil der Zukunft, die unveränderlich ist, oder?«

»Es ist veränderbar, doch wollt ihr in Wirklichkeit diese Erfahrung machen. Und dieser Wunsch eurer Seele ist immens stärker als euer Egodenken, weswegen es euch zumeist verwehrt bleibt, Dinge, die auf euch zukommen, abzuwenden.
Es ist veränderbar, doch ihr verändert es nicht, weil ihr gewählt habt, es so zu erfahren. Deswegen sagte ich auch, ihr könnt eurem Plan nicht entkommen.

Euer stärkster Gedanke manifestiert sich. Und es ist zu unterscheiden zwischen dem Willen der Seele und dem Willen des Ego. Wenn die Seele eine Entscheidung trifft, dann kann das Ego diese Entscheidung nicht mehr umkehren.«

∽

Da sich anhand der bisherigen Informationen immer noch nicht eindeutig herausgestellt hat, inwiefern die Zukunft feststeht oder nicht, wurden weitere Channelings zu diesem Thema durchgeführt, in die Sie nachfolgend Einblick nehmen können...

»In deinen bisherigen Schilderungen existiert einerseits die Aussage, nichts geschehe zufällig und alles verfolge einen höheren Plan. Andererseits aber heißt es, die Zukunft könne beeinflusst werden und die Gedanken der Menschen erschüfen ihre Realität. Wenn also die Gedanken Realitäten erzeugen, wie kann dann alles nach einem höheren Plan laufen? Auf den ersten Blick erscheinen diese beiden Dinge widersprüchlich zu sein. Kannst du uns dazu etwas sagen?«

»Nichts geschieht aus Zufall, und doch geschieht alles durch gesteuerte Gedanken. Jeder Gedanke, jedes Wort und jede Handlung hat Einfluss auf unzählige Lebenssituationen, Geschehnisse, Umstände und Manifestationen.

Der Zufall setzt voraus, dass es weder einen steuernden Gedanken noch Wort oder Tat gibt, die gewisse Umstände oder Geschehnisse hervorrufen. Zufall gemäß diesem Blickwinkel gibt es somit nicht.

Alles, aber auch restlos alles, was war, was ist und was noch sein wird, sind Resultate von Gedanken, Worten und Taten. Worte manifestieren sich aus Gedanken heraus und Taten sind die Früchte, die auf Worte folgen.

Alles hat einen Ursprung. Und wenn es nicht eure Gedanken sind, die sich manifestieren, so realisieren sich womöglich die Gedanken anderer oder gar jene des kollektiven Bewusstseins. Auch Gottes Wille ist Energie, die sich in eurem Dasein manifestiert.

Nichts geschieht zufällig, alles verfolgt einen Plan, doch alles wurde und wird durch Energie geschaffen. Es ist kein Wider-

spruch, den ihr glaubt, erkannt zu haben; nein, es ist die Symbiose der einzelnen Gesetze des Daseins.«

∽

»Ramta, ich lasse mir ab und an gewisse Geschehnisse von dir voraussagen, oder zumindest die Tendenzen, die sie annehmen werden. Viele treffen dann genau zu, aber einige treten nicht ein. Warum ist das so?«

»Man kann die Zukunft voraussagen, immer, vollkommen, exakt. Doch immer ist es nur der gegenwärtig gegebene Ausschnitt. Das heißt, aus dem von euch bis jetzt erwählten Handlungsweg und den gewählten Entscheidungen begeht ihr einen exakten Weg in die Zukunft zu genau erwählten Ereignissen. Und von diesem Standpunkt aus sind die Vorhersagen, die wir euch liefern können, im Augenblick völlig korrekt.

Wenn nun aber ein Mensch eine Voraussage liest und aufgrund einer darin erhaltenen Erkenntnis sich plötzlich entscheidet, etwas anderes zu tun, etwas anderes zu wählen oder etwas anderes zu sein, dann wird in diesem Augenblick der Weg in die Zukunft verändert. Ihr verändert damit euer ‚Schicksal'. Ihr begeht ab diesem Moment einen anderen Pfad zu möglicherweise etwas anderen Ereignissen. Und aus dieser Sicht heraus wird dann die Vorhersage nichtig. Später sieht es für euch Menschen oft so aus, als sei die Vorhersage falsch gewesen. Aber in dem Moment, als sie vorhergesagt wurde, war sie eben genau das nicht.

Vorhersagen für die Zukunft werden euch nicht nur zur Verfügung gestellt, um eine Neugierde zu stillen, sondern sie dienen vielmehr dazu, seinen eigenen Standpunkt noch einmal überdenken zu können. Bei einer nicht so positiven Vorhersage hat man so immer rechtzeitig die Möglichkeit, die Zukunft zu verändern, denn alles ist wandelbar.«

∽

»Ramta, da wäre noch einmal etwas zu der Beeinflussbarkeit der Zukunft. Es ist bei Matthias eine weitere Frage entstanden, welche

die ‚Steht die Zukunft fest?-Diskussion' nochmals um eine Runde fortsetzt. Ich trage dir seine Frage vor.«

»Du erwähntest, dass ihr auf eurer Seite im ewigen Jetzt lebt bzw., dass sich die Vergangenheit, die Gegenwart und die Zukunft bei euch in der geistigen Welt zur gleichen Zeit ereignen. Somit konntest du wohl einst auch zu uns sagen, dass wir alle erfolgreich von unserer irdischen Mission zurückkehren werden, da ihr die Zukunft in der ewigen Gegenwart ja schon gesehen habt. Wir in der physischen Dimension verfügen laut dir nur über ein Zeitmodell, damit für die verkörperten Geister ein künstlicher Zeitrahmen für das Sammeln von Erfahrungen besteht.

Durch dich wissen wir, dass bewusste Veränderungen in der physischen Gegenwart die Zukunft entsprechend verändern werden. Wenn ihr also bei euch auf einer höheren feinstofflichen Ebene im ewigen Jetzt lebt, so dass Vergangenheit, Gegenwart und Zukunft gleichzeitig stattfinden, kann man dann davon ausgehen, dass ihr auf eurer Seite permanent Einblick in unzählige alternierende Realitäten habt? Ihr könnt also zugleich die verschiedensten Varianten der Zukunft sehen, in welchen gewisse unvorhergesehene Handlungen einzelner Individuen bereits berücksichtigt sind?«

»Wir sehen eine einzige Zukunft; immer genau die, die aus allen scheinbar vergangenen und gegenwärtigen Handlungen und Gegebenheiten resultiert. Mit jedem Gedanken und jeder Handlung vermag sich diese Zukunftsvariante zu verändern.

Wir haben die Möglichkeit, Tendenzen und Eventualitäten vorauszusehen. Jedoch könnte man dies keinesfalls als alternative Realität bezeichnen, da diese ja zu diesem Zeitpunkt noch nicht wirklich in dem Erfahrungsstrang allen Seins auf dieser gegebenen Linie existiert.

Genauso gibt es ja auch keine verschiedenen Vergangenheiten, also gibt es somit auch nur eine im Endeffekt reell zu erlebende und erwählte Zukunft. Aber eben genau diese Zukunft ist nicht statisch, sondern befindet sich stets in Wandlung.

Es ist für ein menschliches Bewusstsein fast nicht möglich, diese Zusammenhänge gänzlich zu begreifen. Euer menschliches

Denken ist vom ersten Tag darauf programmiert, die Dinge in einem Ablauf zueinander zu sehen und zu erleben. Aus diesem Grunde wurdet ihr in ein Zeitschema hineingeboren.
Wir auf der geistigen Seite sind an diese Zeit nicht gebunden und können die Dinge zueinander auch anders sehen; genauso wie es einen Ablauf innerhalb eines Zeitrahmens bei uns in der feinstofflichen Welt nicht gibt.«

DIE ÂKÂSHA-CHRONIK

»Ramta, wir nehmen an, ihr lest die Zukunft aus der in der Esoterik namentlich als ‚Âkâsha-Chronik' bezeichneten, feinstofflichen Bibliothek, die allen Wesen frei zugänglich sein und die auch die Möglichkeit bieten soll, sich alle vergangenen Ereignisse im ganzen Universum anzusehen.«

»Es gab einige Individuen, die der universalen Wissensdatenbank einst den Namen ‚Âkâsha-Chronik' verliehen. Man darf sich das aber auf keinen Fall so vorstellen, als ob man da irgendwo dafür hingehen müsse, um an irgendeinem Bildnis irgendwelche Informationen nachschlagen zu können, oder um, bildlich gesprochen, Daten abrufen zu können.
Diese sogenannte Âkâsha-Chronik ist sozusagen das Wissen selbst über alles Existierende. Sie ist nicht ein äußerer Bestandteil, der alles Wissen beinhaltet, nein, sie ist die Information selbst; sie ist alle Information. Man könnte auch sagen, sie ist wie ein energetisches Feld, an das man sich anknüpfen kann, um Gegebenheiten zu erfahren, um zu lernen, um schauen zu können oder sogar, um sich zu erinnern.
Es gibt aber keinen festen Platz für diese Wissensdatenbank im Universum oder im sogenannten Seinsfeld. Nein, es ist mehr eine mentale Reise, auf der man sich auf eine gewisse Frequenzbahn begibt, um schließlich an diesen unendlich großen Datenstrom anzudocken.
Wesen, die diese Möglichkeit nutzen oder schon genutzt haben, insbesondere jene unter euch, die derzeit inkarniert sind, bekommen durchaus bildhafte Vorstellungen gezeigt, wie sie

Die Âkâsha-Chronik

sich selbst auf die Reise begeben, möglicherweise in Außerkörperlichkeit, um auf diese Âkâsha-Chronik zu treffen.

Euer Bewusstsein liefert euch bildhafte Erfahrungen, die eure Vorstellungskraft hinterlegen. Das heißt aber nicht zwangsweise, dass jeder diese Erfahrung gleich erlebt, erkennt oder interpretiert. Manche mögen die Âkâsha-Chronik schon als eine große weiße Lichtsäule erkannt haben, sind mit ihr verschmolzen und haben Wissen abgerufen.

Das visuelle Erlebnis selbst ist nur eine von vielen möglichen äußeren Formen, die euch helfen, das Erlebnis als solches als Erinnerung abzuspeichern. Andere wiederum erleben genau den gleichen Prozess auf eine ganz andere Weise.

Letzten Endes kann man also sagen: Ja, es gibt diese Art von Wissensdatenbank. Wie diese bezeichnet wird, ist unterschiedlich und wie diese visuell erlebt wird, ist ebenso variabel. Und: Es ist allen lebenden Wesenheiten inmitten des gesamten dualen Energiesystems möglich, dieses Energiefeld für sich zu nutzen.«

10 — Das Problem mit dem Ego

»Wenn ihr euch selbst nicht wertschätzt,
wie sollen dann andere euch wertschätzen?«

(Ramta)

Dieses Kapitel und seine Unterkapitel betrachte ich in zweierlei Hinsicht, was ich gerne erläutern möchte. Einerseits klingt das Gelesene zu privat und auch peinlich. Das könnte Sie als Leser irritieren. Andererseits gewährt es einen offenen Einblick in meine Entwicklung: Den Kampf mit meinem Ego, die Darlegung meiner Schwächen und die entsprechende Sichtweise und Unterstützung der geistigen Welt.

Rückblickend belächle ich die hier beginnenden 55 etwas sonderbar und weniger fröhlich klingenden Seiten. Es sei Ihnen freigestellt, diese zu lesen oder einfach zu überspringen und gleich mit dem nächsten Kapitel oder sinnvollerweise frühestens innerhalb dieses Kapitels bei »Weitere Fragen, die nach einer Antwort verlangten« fortzufahren. Doch die teils erschreckend und zugleich amüsant zu lesende Auseinandersetzung zwischen mir und meinem Ego sowie jene zwischen diesem und der geistigen Welt empfinde ich als so interessant, dass ich dieses Schauspiel unbedingt mit Ihnen teilen möchte. Und möglicherweise entdecken Sie auf diesen Seiten mit Schmunzeln auch Parallelen zu sich selbst...

Es begegnen mir immer wieder Personen, die mich belächeln, wenn ich ihnen begeistert von meinen nichtphysischen Erlebnissen erzähle. Oft fragt man mich auch, ob ich Drogen konsumiere, was ich vehement verneine. Hin und wieder stelle ich mir selbst die Frage, warum ich mir das antue; frage mich, warum ich nicht damit aufhöre, den Menschen überirdisches Wissen zu präsentieren.

Ich stelle aber wieder und wieder fest, dass ich das Bedürfnis habe, mich mit anderen Menschen über spirituelles Wissen auszutauschen. Ich wünschte mir ein besseres Gespür dafür, welchen Personen ich meine paranormalen Erfahrungsberichte unterbreiten konnte und welchen nicht. Zudem litt und leide ich noch immer darunter, zu wenig Aufmerksamkeit von meinen Mitmenschen zu erhalten. Ich habe oft das Gefühl, nicht gesehen zu werden, das Gefühl, nicht existent zu sein. Wirke ich nach außen irgendwie anders? Strahle ich etwas anderes, für andere Menschen Ungewöhnliches und Unbekanntes aus, so, dass man mich lieber meidet oder ganz allgemein kein Interesse daran besteht, in Kontakt mit mir zu treten?

Ich kenne die Antwort nicht, aber ich vermute, dass meine Einsamkeit und der Grund, warum sich andere Menschen, auch Frauen, nicht für mich interessieren, in meiner spirituellen Entwicklung liegt. Es ist nicht so, dass ich nicht selbst auf andere Personen zu gehe; nein, ganz im Gegenteil. Ich verhalte mich sehr offen. Zu offen für viele Menschen? Durchschaue ich mit meinem scharfen Verstand andere Personen zu schnell? Werde ich unangenehm, wenn sich mein Gegenüber analysiert fühlt? Ich weiß es nicht, aber ich gebe die Schuld für meine Einsamkeit (besonders auf partnerschaftlicher Ebene) an meine feinstofflichen Erlebnisse und die damit verbundene spirituelle Entwicklung ab. Dies, weil übersinnliche Erfahrungen sowohl meine physischen als auch nichtphysischen Sinne sowie meine Intelligenz in verschiedener Hinsicht geschärft haben – zum Vorteil und Nachteil zugleich.

Meine Begeisterung, die Wahrheit durch außerkörperliche Erfahrungen zu erkennen und ganz persönlich zu erleben ist so erstaunlich und beflügelnd, dass es mir schwer fällt, einfach meinen Mund in der Öffentlichkeit zu halten und keinem mehr von meinen speziellen Erfahrungen oder überirdischem Wissen zu erzählen. Das führte schon oft dazu, dass für mich interessante Menschen – auch Frauen – Abstand von mir nahmen. Das muss aufhören, dachte ich mir von Zeit zu Zeit.

Warum kann ich nicht einfach so sein wie die breite Masse? Scheinbar haben jene es leichter, interessant auf andere Menschen zu wirken, die auf einer ähnlichen Welle der oberflächlichen Weltlichkeit schwimmen. Einer von ihnen zu sein, war mein Ziel. Ich musste meiner Einsamkeit und dem Belächeltwerden ein Ende setzen.

Ich kam und komme mir häufig wie ein Einzelgänger unter einigen wenigen anderen vor, die sich ebenfalls mit spirituellen Themen beschäftigen und wohl dasselbe Problem haben wie ich.

Jedenfalls beschloss ich, alle spirituellen Erkenntnisse in mir zu begraben und mich darin zu versuchen, mich der einfachen, weltlichen Form der breiten Masse anzupassen. Doch dies fiel mir nicht leicht, weil ich fühlte, dass ich durchaus weder einfältig noch oberflächlich bin. Ich weiß in meinem Innersten, dass ich als nichtphysisches Wesen, das sich derzeit im Körper des Matthias ausdrückt, eine recht fortgeschrittene Entwicklung mit auf die Erde bringe. Aber was bringt mir das? Spirituell zu sein bedeutet leider auch, sich oft alleine zu fühlen mit seinen Erkenntnissen. Überall muss man aufpassen, was man sagen kann und was lieber nicht.

Wäre ich für diesen Planeten doch nur nicht so überdurchschnittlich entwickelt, dann würde es mir sicherlich leichter fallen, hier auf der Erde zu verweilen und mich hier zurechtzufinden. Und hätte man vor ein paar Jahren lieber nicht während des Einschlafens meinen Arm umfasst und mich aus meinem Körper gezogen. Hätte man mir nicht gezeigt, was ich wirklich bin, so hätte ich nie einen Grund gehabt, mich mit dem Zustand der willentlich herbeigeführten Außerkörperlichkeit zu beschäftigen. Dann hätte ich nie das Bedürfnis verspürt, anderen Menschen von meinen wunderbaren Erlebnissen jenseits der Materie erzählen zu müssen und häufig als total abgedreht und verrückt bezeichnet zu werden.

Jetzt sollte damit Schluss sein! Ich wollte mich der Masse anpassen und mich von spirituellen Dingen und der geistigen Welt möglichst dauerhaft abwenden. Aber wie konnte ich es schaffen, meine überirdischen Erkenntnisse auf Dauer zu vergessen? Ich erinnerte mich daran, dass Affirmationen ein mächtiges Instrument seien, seine persönliche Gedankenwelt zu manipulieren. Und so arbeitete ich im Juli 2007 einige Negativ-Affirmationen aus, die ich mir täglich vornehmen wollte, damit deren Aussagen sich möglichst bald in meinem Bewusstsein und Unterbewusstsein festsetzten. Einige Beispiele, in welchen sich so manch Spiritueller selbst wiedererkennen mag, finden Sie nachfolgend:

»Viele Leute belächeln mich wegen meiner andersartigen Entwicklung und meiner nichtphysischen Erlebnisse und Erfahrungen. Spott kann ich vermeiden, indem ich endlich lerne, einfach meinen Mund über diese Dinge zu halten!«

»Durch spirituelles Gerede wenden sich für mich interessante Menschen von mir ab. Spirituelle Weisheiten interessieren doch keinen. Suche nicht nach Ausnahmen, welchen du dein höheres Wissen anvertrauen könntest!«

»Botschaften, welche die geistige Welt im Wachbewusstsein und auf anderen Bewusstseinsebenen an mich übermittelt, ignoriere ich gänzlich. Ich bleibe dauerhaft an der geistigen Welt und am Spiritismus desinteressiert!«

»Ein Esoterik-Buch zu schreiben, ist völlig sinnlos, da es sowieso nicht genügend Leser finden wird, die sich dafür interessieren werden! Wozu also der große Aufwand?«

»Spirituelle Transformation macht mich für viele meiner Mitmenschen zu einer Person, die es zu meiden gilt. Man merkt, dass ich irgendwie anders bin und interessiert sich aus Unwissen und teils aus Angst nicht für mich. Dadurch leide ich an Aufmerksamkeitsmangel, der mich zerstört und mir mein Selbstbewusstsein nimmt!«

»Spiritualität hat mein Leben einsamer gemacht und mich von der Mehrheit der Menschen getrennt. Ich will nicht einsam sein, daher vergesse ich überirdische Erkenntnisse!«

Ich war erstaunt darüber, wie gut ich diese Affirmationen unter der Herrschaft meines Egos ausformulierte. (Erst später bemerkte ich lächelnd den Fehler, dass das Wort »nicht« vom Unterbewusstsein ignoriert bzw. nicht verstanden wird, betreffende Sätze somit zu positiven Aussagen werden und eine solche Affirmation folglich nicht effektiv war.) Doch schon nach kurzer Zeit konnte ich meine Affirmationen nicht mehr anwenden. Irgendein harmloser, unschuldiger und auch erhabener Teil in mir wehrte sich dagegen und wollte nicht gepeinigt werden durch die wohl von meinem verletzten Ego geschaffenen, negativen Worte. Dadurch kam es, dass diese Negativ-Affirmationen schnell an Beachtung verloren und keine weitere Anwendung fanden. Dennoch wandte ich mich von der Spiritualität und dem Spiritismus (der Geisterlehre) ab und bat Ramta und Co. darum, sich von mir fernzuhalten. Frank machte sich Sorgen um mich, fiel selbst in eine missmutige Stimmung gegenüber der Arbeit am Buch und führte mit Ramta nach einer Weile ein Channeling zur Situation durch...

»Ich finde dieser Tage keinen festen inneren Gedanken und kann mich nicht recht besinnen, wie es nun weiter geht. Sind wir am Ende unserer Mission angelangt? Wird das Buch nicht weiter entstehen?«

»Den größten und maßgeblichsten Einfluss auf euer Leben habt immer ihr selbst. Wählet ihr das Ende, so ist es besiegelt. Wählet ihr das Licht, so wird euch die Sonne scheinen.
Was nützt ein Plan, wenn er bei der Ausführung über Bord geworfen wird? Euer Leben wird weiter gehen – auf diese oder auf jene Weise. Wählet bewusst, welchen Pfad ihr beschreiten möget!
Tausend Wesen setzen ihre Hoffnung auf euch, die euch von unserer Seite aus beobachten. Sie alle sind in Gedanken an eurer Seite.«

»Matthias ist enttäuscht von seinem Dasein. Er macht euch den Vorwurf, ihr hättet nicht genug für ihn getan. Er sieht sein Dasein sehr schwierig an.«

»Er muss entscheiden, er muss tun, er muss bitten und annehmen können, dann erst können wir ihm helfen. Und unsere Hilfe ist in erster Linie nicht die Erschaffung von optimalen Lebensumständen, sondern unsere Hilfe besteht in der Übermittlung von Ratschlägen.
Wir können euch helfen zu erkennen, welches die besten Lebensoptionen sind. Wir werden niemals den Willen anderer Menschen beeinflussen, denn dies wäre das Werk der bösen Mächte. Die Dualität ist nicht einfach. Allzu schnell lässt man sich blenden.
Er wählte den Abstand zu uns, so soll ihm dieser Abstand gewährt werden. Doch möge er alsbald den Weg seines Herzens wieder erkennen können.
Als ihr in diese Welt getreten seid, in eure Inkarnation, da habt ihr auch eine gewisse Verantwortung übernommen, nämlich diese, euer Dasein mit allen erdenklichen Mitteln selbst so positiv wie möglich zu gestalten. Wir erklären euch hierfür, wie die Werkzeuge funktionieren, doch die Materie müsst ihr

hauptsächlich selbst beeinflussen, denn ihr seid es, die in der Materie verweilen, nicht wir.
Wir können euch energetisch zur Seite stehen, doch immer auch seid ihr es, die ihr leben wollen müsst. Erschaffet euer Leben und euren Sinn gemäß den Strömen der Liebe in euch.«

»Mit was schlägt sich Matthias momentan herum?«

»Das kann ich nicht sagen, zu persönlich sind die Dinge. Wenn er selbst entscheidet, Dinge im Verborgenen zu halten, so ist es uns untersagt, diese preiszugeben. Er hält gewisse Dinge sogar so tief verborgen, dass nicht einmal mehr sein Tagesbewusstsein darauf zugreifen kann. Der Schmerz ist groß und das Leid zermürbt seine Welt von innen heraus.«

»Seine Art, damit umzugehen, kann man daran überhaupt etwas ändern? Wenn ja, kann ich hier etwas tun?«

»Verdrängung erwirkt den Verlust bewusster Kontrolle vieler feinfühliger Lebensbereiche. Die Entscheidung der bewussten Annahme seines vollen Erlebnisspektrums muss er selbst treffen. Du kannst dies nicht für ihn übernehmen – auch wir nicht!«

Zum Ende des Channelings wurden Frank noch ein paar Worte übermittelt, die direkt an mich gerichtet waren:

»Lieber Matthias,
möchtest du wirklich Fortschritte machen, heraus aus dem Gefängnis des Grobstofflichen? Möchtest du es wirklich? Und möchtest du es jetzt, mit voller Hingabe?
Nun dann, alsbald werden wir euch besuchen, einen jeden auf seine Weise.
Seid gesegnet, euer Ramta«

∼

Die nächsten Wochen und Monate ergab mein Leben wenig Sinn. Warum leide ich nur so? Warum bin ich des Lebens so müde?

Warum fällt es mir schwer, mich für gewisse weltliche Dinge zu begeistern und der Materie anzupassen? Warum bin ich so einsam? Warum will keine ehrliche und treue Frau in mein Leben finden? Bin ich denn wirklich so anders? Ich verhalte mich doch alles andere als passiv, bin völlig offen und rede ungeniert mit anderen Menschen … Ich konnte nur die Zukunft abwarten, und darauf hoffen, dass meine Einsamkeit einen tieferen Sinn verfolgt, der sich noch meinem Verständnis entzieht.

DER JUNGE AUS ATLANTA, GEORGIA

Von spirituellen Dingen konnte ich auf meinen Wunsch weitestgehend Abstand gewinnen. Frank hatte zeitweise ebenfalls Schwierigkeiten mit seinem Ego, wurde beeinflusst durch meine Gemütslage und wollte seine Tätigkeit als spirituelles Medium einstellen.

Was mir persönlich auffiel, ist, dass einem in Abstinenz zu Spirituellem immer wieder Menschen begegneten, sonderbare Fügungen, die mich auf den persönlichen inneren Weg und auf mein höheres Ziel zurückführten, indem ich mich mit diesen Menschen über Spirituelles unterhielt, ohne mir dessen in allen Fällen bewusst zu sein. Bemerkte ich dann, dass ich Freude bei der Verbreitung der höheren Wahrheiten verspürte, fragte ich mich, warum ich mich nicht doch wieder auf den spirituellen Pfad begebe. Dennoch schlug ich mich im offensichtlichen Zwiespalt und Kampf zwischen meinem Ego und meinem höheren Ich erfolgreich. Denn ich erzählte nicht mehr alles über meine speziellen übernatürlichen Erlebnisse. Jetzt gelang es mir besser als zuvor, meinen Mund zu halten. Trotzdem interessieren sich nur wenige Menschen für mich, insbesondere leide ich unter Desinteresse von Frauen, was mir am meisten zu schaffen macht – bis heute.

Meine Lebensfreude war für einige Zeit sehr mager. Die geistige Welt bzw. meine spirituellen Führer würden das sicher sehen und mit mir leiden. Auch, wie ich damit zu kämpfen habe, keine zu mir passende Frau zu finden. Und so kam es, dass sich die geistige Welt ein Erlebnis für mich ausdachte, das eine Wirkung auf mich haben sollte…

Eines Nachts kam ich plötzlich zu wachem Bewusstsein, als ich Vibrationen in meinem Körper verspürte. Diese waren mir vertraut, und als mir klar wurde, dass diese den Auftakt für eine außerkörperliche Erfahrung darstellten, trennte ich mich ohne mein Zutun von meinem physischen Körper. Mein blauer Energiekörper nahm selbstständig eine vertikale, dem Stehen entsprechende Position ein, während ich etwa zwei Meter vor mir einen kleinen blauen Körper wahrnahm, auf den ich mich ein wenig zu bewegte. Ich erkannte das Wesen sofort wieder: Es war Todar – erneut in der äußeren Form des kleinen Jungen.

Augenblicklich veränderte sich meine Umgebung. Die blaue Gestalt vor mir verschwand – ebenso die gewohnte Umgebung des Zimmers, in dem mein physischer Körper gerade schlief – und auf einmal stand ich in einem mir unbekannten Wohnzimmer, das mich vom ersten optischen Eindruck und Stil her irgendwie an die Südstaaten von Nord-Amerika erinnerte. Vor mir sah ich einen dunklen, hölzernen und antik wirkenden Stuhl mit rotem Polster in etwas außergewöhnlicher Bauart. Er erinnerte mich ein klein wenig an einen Sessel, obwohl es keiner war.

Auf dem Stuhl saß ein farbiger kleiner Junge mit einem fröhlichen Lächeln im Gesicht. Ich entdeckte, dass das Kind vor mir nicht in der Lage war zu gehen, während plötzlich das wortlose Wissen in mein Bewusstsein floss, dass es sich bei dem Jungen vor mir um Todar in einem früheren Leben auf der Erde handelte.

Während die Szene unglaublich real vor mir ablief, vernahm ich Stimmen, die mir zu verstehen gaben, dass Todar damals in Atlanta, Georgia gelebt hatte. Der körperlich behinderte Junge vor mir war ein Afro-Amerikaner, dem seine Gehbehinderung offenbar keinesfalls in seiner Gemütsverfassung zu schaffen machte. Dann vergrößerte sich ein bestimmter Ausschnitt der Szenerie und ich sah eine Nahaufnahme des Gesichts des Jungen. Die strahlend weißen Zähne fielen durch die dunkle Haut besonders auf. Was ich erblickte, war ein ungetrübtes Lächeln voller Lebensfreude, obgleich dieses Kind sein Leben auf diesem Stuhl verbringen musste, wie es mir in mein Bewusstsein übertragen wurde.

Dann bemerkte ich die Anwesenheit eines weiteren Wesens links von mir. Ich drehte mich in meinem Energiekörper nach links und sah eine Sitzgruppe mit Tisch. Eine dunkelhäutige, leicht übergewichtige Frau mit gelockten, dunklen Haaren saß dort auf einer Bank und schaute in meine Richtung. Es schien ein sonniger Tag zu sein, denn hinter dem mir unbekannten Geist blickte ich durch das Fenster, da die Sonnenstrahlen, die an der Fensterscheibe reflektierten, meine Aufmerksamkeit auf sich zogen. Die Realität dieser nichtphysischen Umgebung war umwerfend.

Nun konzentrierte ich meinen Blick wieder auf die farbige Frau vor mir, bei der ich intuitiv wusste, dass es sich um die Mutter des Jungen handelte. Ich näherte mich der als freundlich wahrgenommenen weiblichen Erscheinung und setzte mich zu ihr. Ich begann spontan, ihr zu erzählen, dass der Junge da drüben auf dem Stuhl Todar sei und er mich in meiner Entwicklung als Energiewesen schon seit Tausenden von Jahren begleitet und mich führt. Die Frau vor mir begann mich mit einem weisen Gesichtsausdruck anzulächeln und entgegnete mir, dass sie das wisse. Während ich mich wunderte, warum ich ihr das überhaupt erzählte, verlor ich mein außerkörperliches Bewusstsein und erwachte schließlich in meinem physischen Körper, der sonderbar kribbelte, wie so oft als Empfindung nach einer außerkörperlichen Erfahrung.

Beeindruckt dachte ich über das Erlebnis nach und ich verstand sofort, welchem Zweck es diente. Todar wollte mir klar machen, dass ich keinen Grund hatte, ein scheinbar so unglückliches Dasein zu führen und so sehr des Lebens müde zu sein. Ich erkannte, dass viele Menschen ein sehr hartes Schicksal trifft, während ich körperlich völlig gesund bin und mich mit keinen Krankheiten herumschlagen muss. Jetzt war mir klar, dass es in Wirklichkeit keinen echten Anlass dazu gab, so extrem Trübsal zu blasen. Und meist tat ich das deshalb, weil ich mich gerne bemitleidete, keine zu mir passende Partnerin zu finden. Ich wähnte, dass ich, solange ich an Matthias' Körper gebunden wäre und in ihm leiden würde, wohl immer allein sein müsse.

Jetzt war das offensichtlich, was ich zuvor nicht bemerkt hatte. Mein Leben war nicht wirklich schlecht. Zwar sieht man immer wieder Menschen, die an schweren Krankheiten leiden, aber man macht sich wenig Gedanken. Warum? Weil man es verdrängt oder nicht sehen will? Jedenfalls hatte ich nun ein einschneidendes, mich wach rüttelndes feinstoffliches Geschenk erhalten. Eine Erfahrung, die mir die Augen öffnete und mir zu einem anderen Standpunkt gegenüber mir selbst und meinem Leben verhalf.

Doch ein Detail meines Erlebnisses konnte ich erst einige Stunden später lösen. Ich fragte mich, warum ich dieser Frau erzählen musste, wer ihr Sohn wirklich war und warum ich ihr so enthusiastisch und positiv von Todars Persönlichkeit erzählen konnte. Ich schmunzelte, als ich die dahinter liegende Absicht erkannte. Es sollte mir zeigen, dass ich meinem biologischen Körper und somit dem Ego entrückt, Todar und Ramta gegenüber alles bester Freundschaft war und ich nur mit meinem körperlich-physischen Ego-Bewusstsein manchmal schnell und viel zu leicht in der Lage war, meine geistigen Begleiter aus meinem Umfeld zu verdrängen und gelegentlich als feindlich zu betrachten, wenn ich einmal wieder den Versuch wagte, mich von allen spirituellen Dingen abzuwenden...

Welch eine wertvolle Erfahrung es doch ist, beide Seiten in enormer Gegensätzlichkeit im Vergleich zueinander betrachten zu können...

Misserfolge, Unzufriedenheit und Einsamkeit

Zum Jahresende 2006 vertrat ich eine sehr unzufriedene Haltung gegenüber den geistigen Freunden – wieder einmal. Ich äußerte nachts in Gedanken an Ramta und Todar zweifelhafte und unverständliche Dinge, die mich beschäftigten und mich enttäuscht stimmten. Schon seit Tagen trug ich diese Gedanken des Zweifels mit mir herum. Die Unklarheiten, die mir durch den Kopf schwirrten, waren massiv.

Seit eineinhalb Monaten fühlte ich mich von unseren Freunden aus der geistigen Welt in gewisser Weise im Stich gelassen. Nachdem ich mich abends ins Bett legte, dachte ich an Ramta und Todar, um sie anzurufen – so, wie ich das Monate zuvor an manchen Tagen tat, um die beiden darum zu bitten, mir ein übernatürliches Erlebnis zu bescheren, das mich wieder klarer erkennen ließe, dass ich nicht mein Körper bin, sondern ein nichtphysisches Wesen. Wochenlang hatte ich es nicht geschafft, mich durch Außerkörperlichkeitstechniken aus eigener Kraft aus meinem physischen Träger zu befreien. Ich wollte ab und an meine feinstoffliche Natur leben, um dadurch von den leistungsorientierten irdischen

Vorgängen kurzzeitig einen Abstecher in eine andere Dimension vorzunehmen und ein Stück feinstoffliches Erleben zu tanken. Vormals hatte ich zwar einige außerkörperliche Erlebnisse, doch diese konnte ich entweder selbst herbeiführen oder ich erhielt Unterstützung von Todar, der sich mir in der Erscheinung eines kleinen Jungen vorstellte.

Außerkörperliche Erlebnisse holten mich gewöhnlich erfolgreich zurück von materiellem Denken, wenn ich hin und wieder zu weit in die Welt der Materie eingesunken war. Nichtphysische Erkundungen unter Verwendung meines Geistkörpers zeigten mir in wirksamer Weise, dass ich den biologischen Körper, dem bei dessen Geburt einst der Name Matthias verliehen wurde, nur während meines Erdendaseins bewohne und ich unabhängig von ihm existiere.

Mir wurde klar, dass, wenn die Tür zur Feinstofflichkeit und dem faszinierenden Erleben dieses subtilen Ausdrucksmittels einmal geöffnet wurde, sich diese nur schwer oder überhaupt nicht mehr schließen ließ. Ich ersehnte mir den Zustand der Außerkörperlichkeit regelmäßig herbei, indem ich Techniken zur Erlangung dieses Zieles anwendete. Ich hatte zeitweise nur mäßigen Erfolg, doch es freute mich, wenn mein Unterbewusstsein in irgendeiner Weise auf die ausgeführten Außerkörperlichkeitstechniken reagierte und ich die Signale des Schwingungszustands vernehmen konnte. Meistens blieb es bei diesem Prozess, auf den ich in vielen Fällen zu unruhig reagierte und diesen somit neutralisierte. Erreichte ich aber zumindest eine Teilablösung, indem es mir gelang, lediglich ein feinstoffliches Bein zu befreien, das dann selbstständig wie ein Heliumballon herum baumelte, ohne der Anziehungskraft der Erde ausgeliefert zu sein, so genügten mir solche Erlebnisse. Damit konnte ich mich für einen gewissen Zeitraum von der physischen Dimension und allem, was mit ihr in Verbindung stand, entfernen bzw. mich von ihren Konditionierungen auf das Bewusstsein lösen.

Seit Wochen schaffte ich es nun nicht, einen Schwingungszustand herbeizuführen. Das Erreichen von Außerkörperlichkeit schien aus irgendwelchen Gründen zu dieser Zeit nicht möglich zu sein. Fehlte es mir an Engagement oder waren es äußere Umstände, die mir den Austritt aus meinem biologischen Körper unmöglich machten?

Meine wochenlangen Misserfolge führten schließlich dazu, dass ich stärker in die materielle Welt einsank und mit jedem verstrichenen Tag meine feinstofflichen Erfahrungen mehr und mehr verblassten. Allmählich schien mir die feinstoffliche Realität nicht mehr greifbar zu sein. Ich verlor zunehmend das Interesse, Außerkörperlichkeitstechniken anzuwenden, weil ich erkannte, dass meine Bemühungen keine Wirkung mehr zeigten und am Ende der Schwingungszustand und seine Signale nicht mehr auftraten. Es gab eine Zeit, zu der ich dessen Phänomene fast täglich wahr nahm, mehr aber auch nicht. Beeinflusste eventuell auch meine unzufriedene Haltung gegenüber dieser Art von Erfahrung deren Erfolgsquote? Wie dem auch sei, es war letztlich zu lange nichts mehr von dem wahrzunehmen, was den Auftakt zu einer außerkörperlichen Erfahrung ankündigte und das einst Erlebte verlor an Glanz und Realität. Ich konzentrierte mich folglich wieder mehr auf die physische Welt. Sie war das, was ich täglich greifen und sehen konnte. Aber das Ausbleiben nichtphysischer Erfahrungen führte zu einer persönlichen Unzufriedenheit und allgemeinen Enttäuschung.

Die einzigen Erlebnisse, die mir die Existenz der feinstofflichen Realität stets vor Augen halten konnten, waren die gelegentlichen Besuche Todars. Oft war er auf meine Bitte zu mir ans Bett gekommen, nachdem mein Körper schon etwas dahin döste. Ich schreckte beim Eintreffen des geistigen Besuchs kurz zusammen und erlebte meist kurzzeitige Panik, bis mir die Tatsache wieder ins Bewusstsein trat, dass ich ja nach Todar gerufen hatte. Dieser fing dann damit an, als prickelnd zu empfindende Schwingungsanpassungen an mir vorzunehmen. Gelegentlich fühlte es sich so an, als läge ich im Whirlpool und mein Körper würde mit unzähligen Düsen einer angenehmen Massage unterzogen.

Todar besuchte mich auch manchmal, um kleinere Energieanpassungen an meinem Körper vorzunehmen, ohne dass ich ihn vorher gerufen hatte. Darüber freute ich mich. Doch seit Wochen bat ich Todar – wie vormals gewohnt – vermehrt zu mir, wenn ich mich zeitweise alleine fühlte und mir den Besuch des nichtphysischen Freundes herbeisehnte. Doch ohne einen spontan erkennbaren Grund blieben seine Besuche und die Energiearbeiten aus – auch bei Frank geschah nichts derartiges mehr. Warum blieb Todar fern von uns?

Besonders in der Weihnachtszeit wünschte ich mir die Gesellschaft meines spirituellen Führers Todar herbei, wenn ich mich – wie viele Menschen in dieser Zeit des Jahres – irgendwie alleine fühlte. Es gab da auch eine besondere Art und Weise, in der die geistigen Begleiter schon zweimal mit mir in Verbindung traten. Es handelte sich dabei um unbeschreiblich intensive Gefühle der Liebe, die mich nachts durchströmten und hauptsächlich im Kopf mit enormer Energiespitze spürbar waren. Es kam mir so vor, als handle es sich dabei um emotionale Geschenke, die mir und auch Frank von unseren Geisterfreunden nachts während des Schlafens übertragen wurden. Ich stellte mir diese Art, wie man mit mir in besonderer Weise in emotionale Verbindung trat, so vor, als sprächen die spirituellen Freunde einen Zauber der Liebe auf uns und berührten uns damit auf unvergleichlich liebevolle Weise, wie es in dieser Intensität in der physischen Dimension vermutlich nichts Ähnliches zu fühlen gibt.

Zu Weihnachten und auch Wochen vorher wünschte ich mir ein derartiges Erlebnis, herbeigeführt durch Ramta, Todar oder andere uns liebende Wesen, die uns begleiten. Leider können wir uns an deren Existenz nicht erinnern, da uns die physische Geburt für die Zeit davor gleichsam in einen Mantel des Vergessens hüllt. Doch ein solches Geschenk oder eine einfache kleine Schwingungsanpassung als Zeichen, dass man mich hörte, mich verstand und mir zeigte, dass ich nicht alleine gelassen wurde, wenn ich um Gesellschaft bat, blieb aus. Dies sorgte zunächst für noch mehr Traurigkeit und schließlich für Zorn und gleichgültige Gefühle gegenüber den feinstofflichen Begleitern. Ich verstand nicht, warum die Dinge für mich so wenig erfolgreich liefen.

Eine Ausschreitung durch das Ego

Durch meinen schlechten mentalen und emotionalen Zustand in dieser Zeit ereignete es sich letztlich in der Nacht vom 26. auf den 27. Dezember 2006, dass ich, nachdem ich mich erst sehr spät ins Bett begab, einen emotionalen Tiefpunkt durchlebte. Über einen ausgedehnten Zeitraum hinweg schickte ich Gedanken der Enttäuschung sowie fragenaufwerfende Unstimmigkeiten Ramta und Todar entgegen. Ich hoffte, man würde mich hören. Häufig schon hatte ich den Eindruck, ich könne getrost meine mehrmalig wiederholten Versuche zur Kommunikation mit Ramta und Todar einstellen mit der simplen Erklärung mir selbst gegenüber, man würde mich vermutlich jenseits der dichten materiellen Dimension sowieso nicht hören. Mein Rufen erschien mir zunehmend überflüssig zu sein.

Jedenfalls informierte ich Ramta und Todar darüber, dass ich enttäuscht sei, dass in den Momenten, in denen ich sie brauchte und rief, sie sich verweigerten und mir seit Wochen keine Aufmerksamkeit zukommen ließen. Wo waren die Freunde, die man schon so lange von außerhalb der Materie kennt? Wo waren sie, wenn man ihre Zuneigung anhand eines kleinen Zeichens im Schlafe durch eine emotionale oder hörbare Botschaft erbat? Warum ließen sie mich so lange unbeachtet und stärkten dadurch meine Überzeugung, das wiederholte Rufen nach ihnen sein lassen zu können, da man mich womöglich sowieso nicht hörte? Warum konnte Todar nicht einfach mal so zu Besuch kommen, damit ich merkte, dass mein Rufen nicht sinnlos war?

Ich war in dieser Nacht emotional so aufgerieben, dass ich laut zum Ausdruck brachte, dass ich für immer auf die geistigen Freunde, die mir nun nicht mehr als solche vorkamen, verzichten konnte. Sie waren nicht gekommen, als ich sie brauchte oder rief. Es konnte für einen Geist, der sich schneller als Licht fortbewegen konnte, kein Problem sein, seinen verkörperten Freunden auf der Erde einen kurzen Besuch abzustatten, um ihnen zu zeigen, dass sie sich keine besorgten Gedanken zu machen brauchen. Da ich aber über Wochen ignoriert wurde, dachte ich mir: Wieso gibst du nicht einfach auf, Ramta oder Todar zu rufen, wenn man dich sowieso nicht beachtet? Also suchte ich nach einer Lösung, um Aufmerksamkeit zu erregen.

Es kam mir der Gedanke, einfach andere Geister herbeizurufen, was ich folglich unmittelbar tat. Ich rief alle Geister zu mir, die sich vorstellen konnten, irgendwie in Kontakt mit mir zu treten. Es konnten Individuen sein, die sich nichts aus kosmischen Regeln machen würden und mich entgegen der universalen Gesetze auf meinen Wunsch aus meinem physischen Körper befreiten. Ich wollte gemeinsam mit ihnen Abenteuer in anderen Dimensionen des Universums erleben, wobei es mir völlig egal war, ob ich bei meinem Rufen in die Welt der Geister auch unehrwürdige und böse Wesen anzog. In diesem Moment war mir – unter nun längerem Entzug jeglicher feinstofflicher Kontakte – jede nichtphysische Gesellschaft willkommen.

Zu meinem Bedauern gesellten sich auf mein Rufen ins Universum keinerlei Wesen zu mir – jedenfalls konnte ich keines wahrnehmen. Waren es Ramta und Todar, die dies verhinderten und doch noch irgendwie über mich wachten, indem sie den Einfluss schlechter Geister auf mich unterbanden? Ich wusste es nicht, aber ich setzte mein Klagen fort. In diesem Moment zweifelte ich an unserer Mission und hegte die Absicht, keine Zeit mehr dafür aufzubringen. Als Realist stellte ich mir ernsthaft die Frage, ob tatsächlich ein ausgearbeiteter, höherer feinstofflicher Plan existierte.

Mein Hadern mit Ramta und Todar, sowie meine Zweifel an einem höheren Plan wurden auch genährt von der Tatsache, dass eines Tages im Dezember, als meine Gedanken sich einmal mit der unklaren Situation gegenüber Ramta und Todar beschäftigten, mir eine Mitteilung in mein Bewusstsein überspielt wurde: »**Wir sind enttäuscht von dir!**«

Irgendwie stieg mir die Gesamtsituation über den Kopf und ich war auf dem direkten Weg zu kapitulieren. Meine aufgewühlten Gedanken fanden in dieser Nacht einfach keine Ruhe. Als ich mich für einen kurzen Moment beruhigt hatte, erblicke ich plötzlich ungefähr 30 Zentimeter vor meinem Gesicht ein weißes, auffälliges Glitzern, wie Funkenflug. Die völlig unerwartet aufgetretene Erscheinung erschrak mich kurzzeitig, erweckte aber meine Aufmerksamkeit und mein Interesse, nach deren Ursprung zu suchen. Augenblicke später fühlte ich deutlich, wie sich mir ein unsichtbares Wesen näherte, das frontal auf mich zukam. Ich verspürte das mir schon bekannte, etwas unbehagliche Gefühl, das sich in mir ausbreitete, wenn ich feinstofflichen Besuch erhielt. Mein innerer Indikator hatte Recht behalten. Ich nahm eine starke Präsenz wahr, etwa einen halben Meter vor mir auf Höhe meines Bettes. Ich blieb ruhig und wartete darauf, was nun geschehen würde. Wenige Augenblicke später begann der geistige Besuch, sich mir mitzuteilen: »**Ich bin Todar! Was du tust, ist schlimm! Du hast uns sehr weh getan!**«

Als diese Worte verklungen waren, dachte ich über das Gehörte nach. Es verblüffte mich, dass die geistige Welt meine unzufriedene Haltung und die entsprechenden Äußerungen tatsächlich vernommen hatte. Besonders der Satz »**Du hast uns sehr weh getan!**« gab mir zu denken. Irgendwie fühlte ich mich nun schuldig und kam ins Grübeln, ob das richtig war, was ich da exzessiv ausführte bzw. Beleidigendes und Zweifelhaftes von mir gab.

Da Todar nichts weiteres zu sagen hatte und ich seine Präsenz kurz darauf auch nicht mehr wahrnehmen konnte, wurde ich nach etwa zwei Stunden intensiven Nachdenkens immer schläfriger. Mein Bewusstsein war nun wieder ruhig und bereit, in den Schlaf hinüberzugleiten. Doch zu letzterem sollte es noch nicht wirklich kommen...

Wertvolle Erkenntnisse zu einem hohen Preis

...Sobald ich das Wachbewusstsein verloren hatte, bewegte sich ein Arm ohne Aufbringung von Muskelkraft plötzlich sprunghaft seitwärts und rüttelte mich wach. Dieses Symptom kam mir bekannt vor, denn es geschah manchmal während des Einschlafens, wenn ich Außerkörperlichkeitstechniken anwendete. Die ruckartig auftretenden Positionsänderungen der Gliedmaßen waren mir einst ein Rätsel, doch inzwischen weiß ich von Ramta, weshalb dieses Phänomen beobachtet werden kann, wenn Techniken zur Herbeiführung des außerkörperlichen Zustands ausgeübt werden.

Warum sich nun mein Arm bewegte, obwohl ich keine Außerkörperlichkeitstechnik anwendete, wusste ich nicht. Ich dachte nicht weiter darüber nach und glitt erneut in den Schlaf, bis ich nur wenige Minuten später wieder an einem Sprung der Gliedmaßen meines Körpers aufwachte. Dies wiederholte sich mehrere Male, bis mir klar wurde, dass mein Energiekörper offenbar ohne mein Dazutun selbstständig versuchte, sich von seinem menschlichen Wirt zu trennen. Warum geschah dies ohne die bewusste Absicht und jedwede Techniken zum Verlassen des physischen Körpers? Hatte Todar etwas damit zu tun? Wollte er mir eine von außen herbeigeführte außerkörperliche Erfahrung bescheren? Würde ich das denn verdienen?

Nachdem meine Gliedmaßen weitere Male selbstständige sprunghafte Seitwärtsbewegungen tätigten, sich auch die Beine diesen Ausführungen anschlossen und ich wieder zu schlafen versuchte, geschah dann kurze Zeit später das, was ich vermutet hatte. Als ich erneut zu Bewusstsein kam, schwebte ich plötzlich schwerelos im Zimmer. Durch diese Feststellung war mir bewusst, dass ich mich außerhalb meines physischen Körpers aufhielt. Es war dunkel und ich konnte nicht sehen, wie weit ich mich über dem Boden befand. Aus unerklärlichen Gründen war mir jedoch ohne die visuelle Wahrnehmung meines Umfelds intuitiv klar, dass ich mich in der räumlichen Mitte des Zimmers befand. Im nächsten Moment breitete ich meine Arme aus und sprach in innerer Selbstbetrachtung erkennend und mit absoluter Überzeugung die Worte »Ich bin ein mächtiges Wesen!« Als mir direkt im Anschluss nochmals mein augenblicklicher Seinszustand bewusst wurde, den ich nicht selbst herbeigeführt hatte, rief ich freudig und unbeschwert wie ein kleines, begeistertes Kind »Ramta, Ramta! Todar, schnell, kommt vorbei und seht, ich bin außerkörperlich! Kommt zu mir!«

Niemand besuchte mich auf mein Rufen oder aber ich konnte die eventuelle Ankunft eines Wesens nicht wahrnehmen. Doch ohne, dass ich es merkte, muss ich mit meinem feinstofflichen Körper weiter nach oben Richtung Zimmerdecke geschwebt sein. Ich experimentierte damit, meine feinstoffliche Hand durch die Decke zu pressen. Nach zwei missglückten Versuchen – da mein Energiekörper eine zu hohe Dichte aufwies und ich schließlich meine Frequenz erhöhte – war es interessant zu ertasten, was sich aus physischer Sicht unsichtbar in und jenseits der Zimmerdecke befand. Ich freute mich über meinen Erfolg, während meine Geisterhand stets in der Zimmerdecke steckte. Augenblicke später befand ich mich aus heiterem Himmel wieder in meinem an die Materie gebundenen, physischen Körper und öffnete noch ganz berauscht von dem, was sich da noch Momente zuvor zugetragen hatte, die Augen.

Ich musste unwillentlich an meinen biologischen Körper gedacht haben, was mich sofort in diesen zurückbefördert haben musste. Mir ging nochmals der Umstand der absoluten Dunkelheit durch den Kopf und wieso ich dennoch wusste, dass ich mich in der Zimmermitte befand. Beim Nachdenken über die Lichtverhältnisse im Raum fiel mir ein, dass der Energiekörper normalerweise selbstleuchtende Eigenschaften aufweist und meine unmittelbare Umgebung in ein fahles, silberblaues Licht hätte hüllen müssen. Warum war es so dunkel? Ich hatte keine Antwort auf diese Frage.

Wie auch immer, das Erlebnis war vorbei, als ich plötzlich eine weitere bemerkenswerte Auffälligkeit feststellte, die mir auch während des Aufenthaltes außerhalb meines irdischen Fortbewegungsmittels schon aufgefallen war. Als ich Ramta und Todar zu mir rief, warum konnte ich die beiden in Außerkörperlichkeit so unbeschwert, friedlich und freundlich rufen, während ich innerhalb meiner irdischen Hülle vor dem geschilderten Erlebnis noch Enttäuschung, Gleichgültigkeit und eine Art von Hass für sie empfand? Wohin hatten sich diese Gedanken und Gefühle verzogen, während ich mich in meinem feinstofflichen Körper befand? Es gab für mich nur eine erklärliche Lösung: Ich als Wesen – von meinem Erdenkörper getrennt – verspürte keine negativen Gefühle gegenüber den geistigen Begleitern, so, als sei alles in bester Ordnung und Harmonie. Warum das allerdings innerhalb meines dichten Bewusstseinsträgers genau umgekehrt war, konnte ich nur auf das ihm anhaftende Ego übertragen, welches ich nicht im Griff hatte.

Nun wusste ich, dass ich tatsächlich von meinem Ego aufgehalten wurde. Es beeinflusste mein Vorankommen und mein Bewusstsein mit hoher Intensität. Nun kannte ich den Unterschied, wie man als Geistwesen agiert, nämlich nicht von einem Ego in seinem Denken und Handeln beeinflusst zu werden! Jetzt war ich um diese wertvolle Erfahrung reicher. Mich störte nur, zu welchem Preis diese Erkenntnis ein Teil von mir wurde. Denn zuerst musste ich die geistigen Freunde beleidigen und unseren Plan anzweifeln, bevor meine Augen geöffnet und mir beeindruckend gezeigt werden konnte, zu welchen Gedanken und Handlungen das Ego fähig ist. Oder sollte ich besser sagen, dass ich meinem Ego in letzter Zeit enorm die Oberhand gab und es über mich, mein wirkliches inneres und erhabeneres Ich regieren ließ?

Ich erinnerte mich an die Inhalte einer Botschaft von Ramta, die auf mein Ego Bezug nahm...

»Matthias, du durchlebst eine Ablehnungshaltung. Du nährst dein Ego aufgrund dessen, dass du den Mangel an Aufmerksamkeit verspürst. Lasse los, lasse alles los, damit das Neue und Lebendige zu dir zurückkehren kann.
Und nun fragen wir dich: Möchtest du weiterhin Anleitung, Lob und Kritik von unserer Seite aus empfangen oder möchtest du dich vollständig distanzieren?
Wähle nun mit Bedacht und wähle weise aus dem Impuls deines Inneren. Wählst du den Fortschritt, dann werden wir dir alle Zeit geben, die du möchtest, bis du bereit bist, das nächste Plateau zu erklimmen.«

Dies waren meine letzten Gedanken, ehe ich schließlich einschlief...

Die kommenden Tage hatte ich zwiespältige Gefühle. Einerseits erkannte ich, dass ich zu Unrecht über Ramta und Todar hergezogen war und mich eigentlich bei ihnen entschuldigen müsste. Andererseits war mir eine Entschuldigung nicht möglich, weil mein Ego weiterhin Hass und Abneigung gegenüber den nichtphysischen Begleitern aussandte.

Schließlich gelang es mir in der Nacht vom 29. auf den 30. Dezember, mein Ego einigermaßen zu überwinden und mich ausgiebig bei Ramta und Todar zu entschuldigen. Ich wusste, dass letztere ohne physisches Vehikel keinem Ego unterlagen und mir auf meine harte Entgleisung hin sicherlich verzeihen könnten. Doch fühlte ich, dass es mir schwer fallen würde, mir meine Tat jemals selbst zu verzeihen. Ich wusste, ich hatte es mit meinen Anschuldigungen so weit getrieben, dass ich zukünftig unmöglich in der Lage sein würde, Wünsche zu äußern oder Geschenke der geistigen Freunde anzunehmen. Dies konnte ich mir nun nicht mehr vorstellen. Vor allem, indem ich einfach so tat, als hätte ich niemals etwas Beleidigendes und Abweisendes geäußert.

Wie lange ich mit diesem Problem zu kämpfen haben würde – mit der Kehrseite zu meinem Verhalten – das wusste ich nicht. Aber wenn sich Todar fortan nicht mehr dazu entschließen sollte, den einst von Ramta erwähnten dreijährigen Prozess weiterzuführen, dann wird dies meine gerechte Strafe für mein Verhalten sein: Keine Feinabstimmungen an meinem Energiesystem mehr, die mich sicherlich zu ungekannten neuen Fähigkeiten führen sollten! Ich wollte abweisende Handlungen seitens der geistigen Welt gegenüber meiner Person akzeptieren oder sogar herbeiwünschen. Es war mir durch mein falsches Handeln und aus Selbsterkenntnis über meine Tat nicht möglich, Todar wie einst herbeizurufen oder um Schwingungsanpassungen zu bitten. Auch Ramta konnte ich nicht mehr um einen Gefallen oder Unterstützung in gewissen Situationen meines Lebens bitten, ohne daran denken zu müssen, dass ich da jemanden um etwas bitte, den ich zuvor beleidigte. Und auch, wenn der Wunsch nach einer Strafe möglicherweise ebenfalls meinem Ego entspränge, so dachte ich, wäre ich bereit, jede Konsequenz zu tragen, sollte diese je auf mich warten. Ich zeigte mich bereit für Begegnungen, die meiner Handlungsweise entsprechend angemessen sein würden.

Ein beschäftigtes Bewusstsein stellt Fragen

Mitte Januar 2007 trug Frank Ramta in mehreren Channeling-Sitzungen einige von mir erstellte Fragen zur Beantwortung vor. Diese handelten von meiner Ego-Ausschreitung und von meinen persönlichen Annahmen in der jüngsten Vergangenheit, die erst zu diesem nächtlichen Zwischenfall führten.

In meine Fragenstellungen, deren Formulierungen Sie hier und da in Schmunzeln versetzen könnten – wie im Nachhinein auch mich selbst – erhalten Sie nachfolgend Einblick...

»Hallo Ramta, es gibt da eine Problematik zwischen euch und mir. Ich schaffe es nicht, mir meine schlechte Tat euch gegenüber selbst zu verzeihen. Ein Teil in mir wehrt sich dagegen. Vielleicht ist es das Ego, das dafür verantwortlich ist. Es gibt aber auch etwas in mir, das einerseits zwar wünscht, dass ihr mir verzeiht, aber andererseits eine gerechte Strafe für das Fehlverhalten verlangt und bereit ist, eine angemessene Bestrafung zu ertragen. Diese könnte zum Beispiel sein, dass eure Energiearbeiten, die im Moment sowieso nicht erfolgen, für mich eine gewisse Zeit völlig ausgesetzt werden. Durch das Ausbleiben der Anpassungen, die mir neue Fähigkeiten verleihen sollen, bliebe ich einfach eine ganze Weile auf dem jetzigen Stand stehen. Wäre das ein gerechter Vorschlag für eine Strafe?«

»Es wird keine Strafe geben! Du selbst bist dir der härteste Richter! Und wenn du nicht fähig bist, dir selbst zu verzeihen, dann kann es möglich sein, dass du mehr als nötig darunter leiden wirst.
Du musst dir eingestehen, dass niemand immer perfekt handeln kann. Wie sollte das auch möglich sein, wenn ihr doch oftmals die Folgen gar nicht abschätzen könnt?
Sei wieder positiv zu dir selbst und verzeihe dem inneren Kind in dir, das sich nach Zuneigung, Aufmerksamkeit und Liebe sehnt. Das Kind in dir wurde verletzt durch dich selbst. Nun heile es!«

»Des Weiteren bin ich nicht mehr in der Lage, Todar wie noch vor Monaten zu rufen, wenn ich mich ins Bett gelegt habe und ihm anbiete, mich zu besuchen und Schwingungsanpassungen an mir vorzunehmen. Auch kann ich dich nicht mehr rufen, ohne immer an meine Tat denken zu müssen. Ich glaube, diese Angelegenheit wird mich noch lange beschäftigen und verhindern, dass ich mir etwas wünsche oder um eure Unterstützung bitte. Ich denke, dass ich keine Geschenke eurerseits mehr verdient habe. Auch könnte ich dergleichen vor dem soeben erwähnten Hintergrund nicht mehr freudig annehmen. Im Moment kann ich mir nichts vorstellen, was ich tun könnte, um mir meine Tat zu verzeihen. Es ist für mich unbegreiflich, dass ihr meine verletzenden Gedanken und Worte einfach so wegstecken könnt. Ihr werdet vielleicht auch noch eine Zeit lang darunter leiden. Wenn ihr gegenüber mir weiterhin Ignoranz bekundet, wäre dies in euren Augen entschädigend und auch für mich eine Möglichkeit, das Gesagte irgendwann vergessen zu können.«

»Würden wir Ignoranz walten lassen wollen, dann würden wir deine Anliegen hier auch nicht beantworten.
Sei nicht zu streng mit dir selbst. Lerne zu verstehen, wie die Welt, das Ego und das Bewusstsein funktionieren, und du wirst fähig sein, mehr als noch derzeit, verzeihen zu können.

Aus dem Licht kommt keine Bestrafung, niemals! Erkenne dies!«

»Ich weiß ja seit kurzem, dass ich diese Probleme nur in meinem irdischen Wirt habe und außerhalb dessen eine freundliche Gesinnung gegenüber euch herrscht. Aber ich stecke in diesem Körper fest und bin derzeit nicht in der Lage, mir selbst zu verzeihen. Die negativen Gefühle kann ich noch nicht loslassen, weil ich darauf fixiert bin, durch euch irgendwie bestraft zu werden. Überlegt euch etwas! Vielleicht kann ich mir danach verzeihen und auch annehmen, dass ihr mir dann womöglich nicht mehr böse seid.«

»Wir werden uns etwas überlegen, aber nicht für eine Bestrafung, sondern für eine Segnung, damit du bereit wirst, zu erkennen und zu verstehen, wer du bist und wohin du auf dem Weg bist.«

»An dieser Stelle möchte ich euch dafür danken – auch wenn es mir in der derzeitigen Situation schwer fällt – dass ihr euch um mein Wohl kümmert in Bezug auf die Tatsache, dass ich den Weg als Mediengestalter weiter beschreiten kann. Ich hoffe, dass die von mir gehegte Vorstellung, bei der kleinen Karlsruher Firma zu arbeiten, die vor kurzem gegründet wurde, demnächst umgesetzt werden kann. Ich bitte euch, mich auf meinem zukünftigen Weg in beruflicher Hinsicht weiterhin zu unterstützen, so, wie ihr das bisher auch spürbar gut für mich getan habt. Wenn ihr mich für meine Beleidigungen je bestrafen möchtet, so macht dies bitte anderweitig. Aber ihr könnt mich – wie schon von mir vorgeschlagen – auch einfach eine ganze Weile ignorieren und meine Fortschritte ausbremsen, indem energetische Arbeiten an meinem Energiesystem ausbleiben und mir so eine vielleicht gerechte Strafe zukommen lassen. Schließlich soll es euch auch ermöglicht sein, meine Äußerungen nicht einfach wegzustecken, sondern euch an einem Gegenschlag zu erfreuen – auch, wenn man bekanntlich Gleiches nicht mit Gleichem vergelten soll. Ihr könntet als erhabene Geister aus eurer Gesinnung heraus sicher auch nichts Böses ausführen. Jedenfalls möchte ich nicht, dass ihr nur so tut, als ob ihr mir verzeiht, nur, dass ich zufrieden bin.«

»Irgendwann werdet ihr erkennen, dass man Hass mit Liebe vergelten soll. Im Licht gibt es keinen Hass, nur in der Dunkelheit!

Was deinen Job betrifft, so schaue auf Frank, was sich da alles ereignet hat und glaube ja nicht, dass er perfekt gehandelt hat. Auch er hat Fehler gemacht, und wir haben ihm doch geholfen. Dinge haben sich aus dem Nichts heraus manifestiert. Das ist doch das beste Beispiel. Oder hast du das noch nicht erkannt, was da alles geschehen ist und schon wieder geschieht, gerade jetzt im Moment?

Wir werden dir immer gute Wege zeigen und du wirst oftmals große Wahlmöglichkeiten in deinem Leben haben. Alles entwickelt sich auch bei dir zum Guten. Es werden sich Möglichkeiten in deinem Leben eröffnen, die du jetzt noch nicht einmal erahnen kannst.

Wir begleiten euch, damit euch euer Dasein leichter wird. Natürlich braucht ihr unabdingbar die eigene geistige Fokussierung auf einen bestimmten Wunsch und ein bestimmtes Ziel, damit das alles funktionieren kann. Doch vertraue und lasse los, denn das Glück kommt nur, wenn man es nicht einmauern will!«

»Ich weiß, dass meine selbst erzeugten Probleme vielleicht mit Liebe bekämpft werden könnten, aber ich weiß nicht, ob ich das will. Im Moment ist es mir eher danach, unter meinem Fehler zu leiden, was ich auch als eine Art Bestrafung sehe. Für die Zukunft warte ich nun einfach ab, was sie bringen wird und wann es wohl soweit sein wird, dass ich mir selbst verzeihen kann, was euch angeht. Die Arbeit am Buch kann auf jeden Fall weitergehen und ich bin gespannt, welches Wissen du uns noch übermitteln wirst!«

»Das Wissen wird groß sein und die Erde bereichern. Wir wünschen uns innigst, dass ihr uns alle erhalten bleibt als ausführende Organe in der Materie. Sei gespannt auf die kommenden Wochen, denn sie werden Großes bewirken. Vieles wird sich zu etwas Gewaltigem entwickeln und voranschreiten.«

»Warum ist Todar über Wochen von mir und auch von Frank fern geblieben und weshalb hat er über eine längere Zeitspanne keine Energieanpassungen mehr an uns durchgeführt? Sollte durch Todars Fernbleiben laut einer einstigen Durchsage von dir unser Glaube geprüft werden? Wenn wir uns doch außerhalb der materiellen Dimension schon über mehrere Jahrtausende kennen und gute Freunde sind, warum ist es dann nach unserer Verkörperung notwendig, die Loyalität der inkarnierten Freunde zu prüfen, mit denen man gemeinsam einen Plan für diese Mission ausgearbeitet hat? Wieso kann nicht einfach das durchgeführt werden, für was wir gekommen sind, anstelle hier und da Hürden in unseren Plan einzubauen, der uns in unseren Durchführungen ausbremst? Manche schlechten Dinge sind im Nachhinein betrachtet sogar gut, da so manches Böse im späteren Erkennen letztlich Gutes mit sich bringt.«

»Ihr seid nicht von uns geprüft worden, sondern von der Welt der Materie. Ihr habt euch in materielle Verstrickungen begeben, aus denen ihr bis heute noch nicht wieder vollständig heraus gefunden habt.

Wir, als eure Freunde, haben euch nicht geprüft. Wir waren da, wie immer, nur wolltet ihr unsere Hilfe und Fürsorge nicht annehmen und auch nicht erkennen. Wir waren oftmals bei euch, nur konntet ihr dies nicht fühlen. Ihr konntet nicht erkennen, dass wir euch begleiten. Zu sehr wart ihr in eurer Welt gefangen und seid es teilweise noch immer.

Richtet euch aus auf die Dinge, die euch die Ewigkeit vor Augen führen und euch zeigen, dass ihr ewig währende Wesen seid, die eigentlich die Liebe anstatt den Hass spüren und verbreiten sollen.

Nicht alles, was geschieht, wurde von uns aus der feinstofflichen Ebene eingeleitet. Ihr müsst erkennen, dass vieles, was geschieht, durch euch selbst produziert wird. Ihr könnt nicht alle Verantwortung an uns abgeben. Alles, was ihr tut, hat Einfluss auf euch, auf eure Welt und auch auf die Mission. Seid vorsichtig mit euren Gedanken, euren Worten und eurem Handeln!

Es gibt einiges scheinbar schwierig Überwindbares, doch dient es eurem Wachstum und eurem Voranschreiten. Vieles muss sich anders formieren und Prozesse der Transformation sind nicht immer angenehm, zumal man sich meist selbst ins Auge schauen muss, um zu erkennen, was man eigentlich falsch macht.«

»Kannst du mir mitteilen, warum mich niemand besucht hat, als ich euch brauchte? Ich bat an manchen Tagen um eure Gesellschaft und über einen längeren Zeitraum hinweg um ein Zeichen euerseits, um mir zu zeigen, dass ihr für mich da seid. Ich erwünschte mir in Momenten der Einsamkeit einfach einmal wieder ein plötzlich über mich kommendes, nächtliches Gefühl der Liebe mit hoher Intensität. Das habe ich bisher zweimal erhalten und es hat für mich den Eindruck erweckt, als würde dabei jemand von euch in besonderer Weise mit mir in Verbindung treten. Dieses Gefühl konntet oder wolltet ihr mir nicht mehr zukommen lassen. Warum?«

»Wir konnten nicht nur, sondern wir wollten dir durchaus Beistand leisten. Doch es ist so: Du hast deinem Ego für einen langen Zeitraum die vollständige Herrschaft über dein Leben und über dein Tun gegeben. Nicht nur du, sondern auch Frank hat das an sehr vielen Tagen, gar über ganze Wochen getan.
Sobald das Ego an der Macht ist, ist es euch nicht möglich, feinstoffliche Geschehnisse zu erkennen oder gar zu begreifen. Ihr denkt dann, wir wären fern geblieben. Das ist aber nicht der Fall. Wir sind da, von Ewigkeit zu Ewigkeit!«

»Ich denke oft, dass ihr mein Rufen überhaupt nicht hört. Wenn ich Todar rufe, dann stelle ich mir vor, wie ich, genau wie in meinem einstigen Erlebnis mit ihm als kleinem Jungen, das ihr für mich arrangiert habt, vor ihm stehe. Ich prüfe dann innerhalb dieser Gedankenbilder mit meiner Hand an seinem Bauch die Festigkeit seines Energiekörpers. Diese Visualisierung hilft mir dabei, mehr Sicherheit zu empfinden, Todar erfolgreich anzurufen. Ist diese Art von visueller Anrufung erfolgreich bzw. bemerkt Todar auf diese Weise, wenn ich ihm etwas mitteilen will?«

»Wir merken auf vielerlei erdenkliche Art und Weise, dass ihr uns anruft. Die Art an sich ist nicht ausschlaggebend für

unseren Empfang. Sie dient vielmehr als Ritual für euren eigenen Geist und für eure eigene Überzeugung, dass es tatsächlich funktioniert.

Ihr selbst könnt oft nicht glauben, dass wir euch hören, wenn ihr nicht bestimmte Techniken vollzieht. Tut, was immer ihr benötigt, um überzeugt zu sein, dass wir euch hören. Oft ist dieser Aufwand uns gegenüber aber nicht nötig.«

»Wenn ich dagegen dich, Ramta, versuche anzurufen, habe ich wesentlich mehr Probleme. Ich habe keinen visuellen Bezug. Anstelle dessen stelle ich mir vor, wie Frank mit dir kommuniziert. So versuche ich, mir einzubilden, dass du mich und mein Rufen wahrnehmen könntest und dies ein Impuls wäre, dass du auf mich aufmerksam wirst. Häufig merke ich aber, wie ich zweifle, dass mich weder du noch Todar hören bzw. ihr meine Anliegen nicht wahrnehmen könnt, wenn ich euch etwas mitteilen will. Um mehr Sicherheit darin zu erhalten, dass meine Kontaktaufnahme auch erfolgreich sein könnte, kommt es manchmal vor, dass ich meine Worte an euch laut ausspreche. Irgendwie weiß ich zwar, dass dies nicht nötig ist, damit ihr mich hören könnt, weil ja laut deiner Aussage der Gedanke an einen bestimmten Geist ausreicht, um diesen anzurufen, aber Zweifel habe ich deshalb trotzdem. Wirst du dich mir eines Tages zeigen, so dass ich von dir eine visuelle Vorstellung habe und es mir leichter fällt, dir Dinge mitzuteilen bzw. das Gefühl in mir bestehen kann, dass mein Rufen nicht ins Leere geht?«

»Ich habe mich dir bereits offenbart. Ich habe dir meine Gestalt gezeigt. Du kannst dich anscheinend nicht mehr daran erinnern. Es kommt die Zeit, in der wir uns wiedersehen und dann wirst du dich erinnern.

Erzwinge nichts! Alles geschieht zu seiner Zeit. Seid geduldig, dann wird euch Großes zuteil!«

»Mit der Zeit habe ich jedenfalls mehr und mehr das Gefühl in mir, dass ich mir mein Rufen, das ich meist begann, nachdem ich mich ins Bett gelegt hatte, ersparen kann. Das betrifft auch die mehrfach an einem Abend wiederholten Äußerungen meiner Anliegen. Mehr und mehr hatte ich den Verdacht, dass ihr mich sowieso nicht hört. Dieser wurde noch verstärkt, indem ich mir über Wochen eine nächtliche Aufmerksamkeit in Form dieses besonderen Gefühls wünschte, das mir mal wieder für einen gewissen Zeitraum zeigen würde, dass ihr für mich da seid. Dies wäre natürlich auch eine gute Möglichkeit gewesen, mir zu zeigen, dass mein Ruf auch tatsächlich bei euch ankommt. Gibt es denn eine Möglichkeit, wie ihr mir und meinem zweifelnden Ego zum Beispiel anhand einer physisch wahrnehmbaren Berührung klar macht, dass ihr mich hört? Gibt es da eine Möglichkeit, mir ein Signal zu übermitteln, das ich empfangen kann?«

»Dieser Frage wurde schon durch die vorigen Antworten Genüge getan.

Du selbst und nicht wir, bist dafür verantwortlich, deinem Ego eine nicht allzu große Macht über dich einzuräumen. Wenn du es doch tust, dann wirst du nichts mehr sehen, nichts mehr fühlen und nichts mehr erkennen können, was die feinstoffliche Welt betrifft – zumindest so lange nicht, bis du wieder einen anderen Weg einschlägst!«

»Falls ihr mein ständiges Rufen je in allen Fällen bemerkt habt, muss es euch doch belustigen, wenn ich mich mehrfach in Folge wiederhole, nur, um mir sicherer sein zu können, dass ihr mich auch wirklich hört, oder? Gehen euch diese ständigen Wiederholungen denn nicht auf die imaginären Nerven, wenn ein Teil von mir häufig am Zweifeln ist und glaubt, nicht gehört zu werden?«

»Wir wissen sehr gut, wie es ist, in einem menschlichen Körper inkarniert zu sein. Wir wissen auch sehr gut, wie es sich anfühlt, von einem Ego beherrscht zu werden.

Glaubst du denn wirklich, dass wir uns über diese Dinge belustigen würden? Glaubst du wirklich, wir würden das nicht verstehen? Wir haben weit vor euch unsere Reinkarnationsschleife hinter uns gebracht. Denkst du wirklich, wir sind immer noch unwissend?«

»Wie ihr durch mein kürzliches nächtliches Zweifeln an unserem Plan wisst, denke ich darüber nach, wie es möglich war, dass Frank und ich uns vor vielen Jahren unter besonderen Umständen kennenlernen und aufeinander aufmerksam werden konnten. Dann – Jahre später – durften wir davon erfahren, dass wir hier auf der Erde einen gemeinsamen, vor unserer Verkörperung detailliert ausgearbeiteten Plan ausführen sollen. Viele Menschen würden hier ernsthaft von einer zufälligen Begegnung ausgehen, auch wenn wir nun wissen, dass es den Faktor Zufall nicht gibt. Wie habt ihr es also geschafft, dass der Kontakt zwischen Frank und mir damals in unserer Schulzeit entstehen konnte?«

»Seelen finden sich auf der dichten Ebene. Es gibt eine Verbindung, die das Materielle übersteigt. Seelen kommunizieren und vereinbaren, wie sie sich finden. Ihr begegnet euch in Träumen oder auf anderen Ebenen, wie in einer Art Schule. Dort seid ihr ständig in Kontakt – auch außerhalb eurer Inkarnation.

Manche Dinge, die dazu führten, dass ihr euch findet, haben wir eingeleitet durch innere Impulse an euch. Andere Dinge wiederum habt ihr selbst erschaffen.

Glaubt mir, das Dasein übersteigt euer Wissen um das Tausendfache. Eine Vorstellung darüber zu vermitteln, wie die gesamte Existenz allen Lebens funktioniert, ist unerklärbar. Glaubt einfach, dass es so ist, dass es einen Plan verfolgt. Denn wäre es nicht so, dann wäret ihr unvorbereitet in diese Welt gekommen und dann hättet ihr euch verloren, noch bevor ihr euch gefunden hattet!«

»Welche Haltung besitzt ihr inzwischen, also du und Todar, was meine Beleidigungen betrifft, wenn man meine Äußerungen so nennen kann? Unberührt gelassen haben euch meine Formulierungen sicher nicht, denn sonst hätte Todar nichts Dementsprechendes in Erwähnung gebracht, als er mich besuchte. Vielleicht habt ihr mitbekommen, dass ich mich einige Tage nach meinen üblen Äußerungen einmal nachts bei euch entschuldigt und euch um Verzeihung für meine Tat gebeten hatte. Wie denkt ihr jetzt über mich und was möchtet ihr mir bezüglich meines Fehlverhaltens mitteilen?«

»Natürlich sind auch wir Wesen, die Gefühle haben, nur auf eine etwas andere Art und Weise, als man sie in der Materie besitzt. Wir sorgen uns um euch. Und eine ablehnende Haltung gibt uns natürlich zu denken. Wir verzeihen dir, nur liegt es auch ein wenig an dir, unsere Beziehung zueinander aufzubauen und zu verbessern.«

»Als Todar in der besagten Nacht zu mir kam, und mir wörtlich mitteilte **‚Was du tust, ist schlimm!'** und **‚Du hast uns sehr weh getan!'**, rief ich im Vorfeld in die Welt der Geister hinein und bat unheilvolle und böse Wesen darum, die an einer Freundschaft mit mir interessiert seien, mir Gesellschaft zu leisten und irgendwie mit mir in Kontakt zu treten. Wenn ihr das mitbekommen habt, dann frage ich mich, warum kein Wesen meinem Ruf nachgekommen ist – selbst böse Geister nicht, die sich vermutlich gerne in meinen Radius eingeschlichen hätten. Ich konnte niemanden wahrnehmen. Entweder hat man mich im Universum nicht gehört oder ihr habt dafür gesorgt, dass sich mir keine Wesen mit schlechtem Einfluss nähern und mir dadurch schaden könnten. Habt ihr dies denn unterbunden oder warum sind auf mein Rufen keine anderen Geistwesen zu mir gekommen?«

»Zum einen: Du hättest kaum mitbekommen, wenn sich irgendwelche bösen Kreaturen genähert hätten, weil du zu sehr in deinem Ego verstrickt warst, wie wir bereits erklärt haben.

Zum anderen haben wir dich beschützt. Du hast dich der dunklen Seite geöffnet aus Unwissenheit und Ignoranz. Glaube ja nicht, dass dies glimpflich ausgegangen wäre, wenn wir das alles zugelassen hätten!

Wenn es der Finsternis vollständig gelingt, von dir Besitz zu ergreifen und dein Interesse daraufhin zu wecken, du kannst gar nicht erahnen, wohin du gekommen wärst, und wo du heute stehen würdest.

Du glaubst, die Verstrickungen deines Egos wären schwer zu überwinden. Aber ich sage, wenn dein Bewusstsein Gefallen an der Dunkelheit gewinnt, so ist es dort um ein Hundertfaches schwieriger, wieder herauszukommen, zumal der interessierte Teil deines Verstandes dort bleiben möchte, obwohl deine Seele

tiefen Schmerz empfindet. Du wärst in eine dunkle Abwärtsspirale geraten, wo wir dich nicht hätten retten können. Die Dunkelwelt hätte dich umschlungen.
Das ist jetzt alles ziemlich hochgespielt geschildert, aber das wäre quasi das Endresultat von dem, wenn einer sich entschließt, dem dunklen Pfad zu folgen.«

»Was hatte Todar mit meinem Energiekörper gemacht, dass letzterer sich ohne angewandte Außerkörperlichkeitstechniken in der besagten Nacht von alleine vom physischen Körper abgelöst hat und ich plötzlich im Zimmer geschwebt bin?«

»Das würdest du nicht gänzlich verstehen. Um es einfach auszudrücken: Er hat die Meridianpunkte gelockert und gelöst, somit den Energiekörper desynchronisiert und in seiner Schwingung angehoben, so dass du dich schließlich von deinem physischen Körper erfolgreich lösen konntest.«

»Handelte es sich bei diesem Erlebnis um ein reales oder ein von euch erzeugtes, künstlich erschaffenes Lernumfeld, also um eine Kopie meines Zimmers, wie dies schon einmal kreiert wurde? Dies wäre eine Erklärung für mich, weshalb es im Raum so dunkel war. Denn da der Energiekörper selbstleuchtende Eigenschaften besitzt, frage ich mich jetzt, weshalb dieser das Zimmer nicht ein wenig erhellt hat. Was kannst mir dazu sagen?«

»Es war die energetische Kopie deines Zimmers. Das Zimmer war dunkel, weil du Finsternis ausgestrahlt hast. Das war der gegenwärtige Gemütszustand, den dein inkarniertes Bewusstsein projiziert hat. Ansonsten war es ein reales Erlebnis.«

»Bei diesem außerkörperlichen Erlebnis erkannte ich nebst der Tatsache, dass ich ein mächtiges Wesen bin, dass ich euch in diesem Seinszustand unbeschwert zu mir rufen konnte. Dies ließ mich erkennen, dass meine feindlichen Gedanken gegenüber euch offenbar nur bestehen, wenn ich mich innerhalb meines biologischen Vehikels befinde. In Außerkörperlichkeit jedoch scheint euch gegenüber alles in Ordnung zu sein. Diente die offenbar von

Todar eingeleitete Trennung von meinem festen Körper dazu, dass ich genau dies erkennen sollte, bzw. dass meine schlechten Gedanken alleine meinem Ego zuzuschreiben sind?«

»Ja, du solltest durch dieses genehmigte Erlebnis Gottes erkennen, welch erhabenen Weg du eigentlich beschreitest. Es sollte ein Augenöffner sein, um aus deiner gegenwärtigen Situation besser heraus zu kommen. Was natürlich fatal war, ist, dass du nach der Rückkehr in deinen physischen Körper sogleich wieder die Macht an dein Ego abgegeben hast. Eigentlich wäre es mit einer gewissen Aufmerksamkeit leicht möglich gewesen, die augenblickliche Gemütshaltung bleibend zu verbessern.«

»Anfang Dezember empfing ich deutlich die Worte ‚**Wir sind enttäuscht von dir!**' Habe ich das richtig empfangen oder war diese Wahrnehmung eine Schöpfung von mir selbst?«

»Es war eine Kreation deiner eigenen Phantasie. Du wolltest Selbstbestrafung und das willst du immer noch. Dein Ego verhilft dir dabei, die Dinge zu hören, die du hören willst. Leider vermagst du nicht zu unterscheiden, ob dies von uns kommt oder von einem höheren Teil deines eigenen Egos.«

»Ich werde mich weiterhin für die Entstehung des Buches einsetzen. Ich denke nicht, dass mich die weitere Arbeit daran dadurch einschränkt, dass ich mir derzeit nicht verzeihen kann, was ich euch angetan habe. Es bin ja nicht ich, der die Kommunikationen für das Buch mit dir führt und für den Informationsaustausch ein reines Gemüt haben muss, sondern Frank. Ich werde also den eingeschlagenen Weg weiter gehen, um die von dir übermittelten, wertvollen Informationen auf der Erde zu verbreiten. Zudem werde ich versuchen, eure Ratschläge annehmen zu können.«

»Das erfreut unser imaginäres Herz!
(Frank verspürte ein heiteres Lächeln seitens Ramta)
Ihr werdet Geschenke erhalten, die euch die Liebe zeigen werden, die ihr sehen müsst, um euer Ziel zu erreichen. Trotz mancher Umwege sind wir sehr stolz auf euch!«

FEHLENDE LEBENDIGKEIT

Die erhaltenen Botschaften von Ramta veranlassten mich dazu, weitere Zeilen an die geistige Welt zu schreiben. Die Fragen wurden Ramta wie gewöhnlich durch Frank vorgetragen. Hier die Fragestellungen und Antworten:

»Hallo Ramta, hier habe ich weitere persönliche Zeilen, die Stellung zu den Aussagen in der vorigen, mich betreffenden Kommunikation nehmen. Ich würde mich freuen, wenn du zu jedem Absatz nochmals etwas sagen könntest. Danke!

Gut, dass ihr in der besagten Nacht keine unehrwürdigen Geister an mich herangelassen habt, die ich – wie du sagtest – aus Unwissenheit und Ignoranz versucht habe zu rufen. Wenn ich mir deine Erklärung anhöre, was mit mir geschehen wäre, wenn ihr auf diese gefährliche Aktion von mir nicht schützend gehandelt hättet, ich hätte wirklich übel dran sein können. Der Gedanke, durch böse Einflüsse im schlimmsten Fall enorme Rückschritte einzuleiten, ist eine unangenehme Mitteilung. Ich bin froh, dass ihr trotz meiner Anfeindungen gegenüber euch und meiner damaligen Bitte, mich nicht vor der Annäherung übel gesonnener Wesen zu schützen, dies zu meinem Wohl dennoch getan habt. Gut, dass euch klar gewesen ist, dass sich mein Verstand im Ausnahmezustand befand und ihr lieber alles daran gesetzt habt, um eine nachteilige Gefährdung meinerseits zu verhindern. Dies zeigt eure Güte sowie eure verzeihende Treue gegenüber euren verkörperten Freunden. Wie ihr wisst, unterliegen wir einem Ego, das zu Ausführungen fähig ist, die der verkörperte Geist außerhalb seines festen Trägers bereuen kann. Das Erlebnis, in dem ich erkannt habe, dass mein Problem nur innerhalb meines irdischen Vehikels besteht, war eine sehr wichtige Erkenntnis, die aber unter Bezahlung eines hohen Preises erlangt wurde. Es war gut, dass Gott einer solchen Aktion zugestimmt hat und Todar dieses außerkörperliche Erlebnis mit dem Erkennen einer Tatsache von besonderer Aussagekraft ermöglichen konnte. Ehre sei dem Mächtigsten!«

»Wir helfen dir gerne, doch wurdest du vor geraumer Zeit aufgerufen, dein Ego so gut es geht zu überwinden. Mache dir doch hierüber ein paar Gedanken.

Wenn du wirklich daran interessiert bist, dein Dasein zu verbessern, dann werden wir dir gerne nach und nach die Anleitung dafür liefern. Dein eigener Wille dazu ist jedoch unabdingbar. Und wenn wir von einem Ego sprechen, so meinen wir die zwanghaften negativen Verhaltensmuster deines physischen Daseins. Du könntest ohne diese sehr viel angenehmer leben. Möchtest du das?«

»Ich denke, dass ich von meinem Fehlschlag – entgegen meiner ersten Annahme – nicht allzu lange aufgehalten werde. Andernfalls hätte ich ein Problem, denn mit einem beschädigten Instrument klingt die Melodie schlecht und unsere irdische Mission muss erfolgreich werden. Es sieht so aus, als ob ich auf dem Weg bin, mir ganz langsam selbst verzeihen zu können. Es wird täglich besser und ich glaube, es sind die Aussagen in deinen Antworten zu meinem Erlebnis, die diesen Prozess enorm zu fördern scheinen, ohne dass ich selbst etwas aktiv tun muss. Hoffentlich könnt ihr mir meinen Ausrutscher auch wirklich gänzlich verzeihen – wenn gewiss auch nicht vergessen, denn dieses Geschehen bleibt in eurem Gedächtnis. Doch am Ende sind wir alle lernende Wesen und machen Fehler, um daraus zu wachsen. Ein Laubbaum verliert schließlich auch einmal im Jahr sein Kleid und wächst dennoch stark und mächtig weiter.«

»Urteile und spekuliere nicht über uns oder unsere Gedanken. Sie sind für euer derzeitiges Dasein nicht erreichbar. Erfahren werdet ihr von uns immer nur auserwählte Dinge. Seid dankbar für das, was euch zuteil wird, aber fordert nicht und stellt euer Ego auch niemals über die Wahrheit, denn wenn der Baum sich weigert, nährendes und erfrischendes Wasser in seine Poren fließen zu lassen, dann wird auch sein letztes Kleid fallen und er wird schal und nackt sein vor dem Angesicht des Herrn!«

»Die letzten Tage hat sich meine Stimmung enorm zum Positiven verändert was die Motivation betrifft, an der Mission bzw. am Vorankommen unseres Buches zu arbeiten. Auch hilft es mir, zu erkennen, dass es nicht ihr gewesen seid, die – wie zuerst angenommen – von mir fern geblieben sind, sondern ich euch einfach aus den von dir genannten Gründen nicht wahrnehmen konnte. Ich hätte nicht gedacht, dass selbst eine Energiearbeit nicht körperlich gefühlt werden kann, wenn dem eigenen Ego zu viel Macht überlassen wird. Auch finde ich es befreiend, dass nicht ihr es gewesen seid, die uns wie vormals angenommen auf unseren Glauben geprüft habt, sondern die träge und dichte Materie.«

»Wir werden euch weiterhin unterstützend dienlich sein, in mehrfacher Geschwindigkeit euer nächstes Entwicklungsplateau zu erreichen. Bedenkt: Ohne diese Anleitung würdet ihr in mehrfacher Weise länger brauchen!«

»Was deine Aussage angeht, Hass mit Liebe zu bekämpfen, so habe ich anhand persönlicher Erfahrungen, die ich einer in Kürze folgenden Frage zur Ansprache bringen will, ein Beispiel dafür, bei dem etwas Böses durch eine liebevolle Geste weichen muss. Dass ihr mir anstatt einer Strafe eine Segnung geben wollt, ist ein Gedanke, an den ich mich zuerst gewöhnen muss, da es hier in der physischen Dimension häufig so läuft, dass Böses mit Bösem vergolten wird. Ich bin schon gespannt, was für ein Geschenk oder eine Segnung das sein wird. Vielleicht schenkt ihr mir ja eine Erfahrung, die ich außerhalb meines dichten Körpers erleben kann? In diesem Zustand eine Verschmelzung meines Energiekörpers mit dir oder Todar durchführen zu können, würde mich auch mal interessieren. Angeblich sollen die dabei wahrgenommenen Empfindungen sehr speziell sein. Bestimmt können wir durch solch eine Verschmelzung alles in dieser einen Nacht Vorgefallene beiderseits begraben und mit Positivem bekämpfen. Für mich wäre so etwas sicher förderlich, weil ich dadurch noch intensiver fühlen kann, was außerhalb der Materie unser eigentliches wahres Verhältnis zueinander ist.«

»Was wir dir schenken werden, ist der erste Schritt heraus aus den eisernen Wänden deines niederen Instinktes. Im Zuge dessen, wie du zur Freiheit und Unabhängigkeit gelangst, werden sich deine Augen zum ersten Mal wirklich öffnen und du wirst beginnen, wahrhaft farbig zu sehen!«

∾

Kapitel 10

Drei Tage später hatte ich für Frank wieder etwas zum Channeln parat. Nämlich eine Stellungnahme zu Ramtas zuletzt an mich gerichtete Frage...

»Ich möchte versuchen, mir von euch helfen zu lassen und euren Rat zur Bekämpfung meines Egos annehmen. Aber es wird gewiss nicht leicht werden. Ihr wisst sicher schon durch die Analyse meiner Gedanken, dass sich mein Ego gegen die von euch angebotene Maßnahme wehrt. Es weiß wohl, dass ihm dadurch droht, die Herrschaft über mich zu verlieren und seinerseits in Gefangenschaft zu geraten, so wie es meine bessere Hälfte gerade durch das mir anhaftende Ego ist. Ich vermute auch, dass es das Ego ist, das sich durch deine Aussage über meine niederen Instinkte beleidigt und angegriffen fühlt. Diese Worte lesen sich für mich negativ und rauben mir einen Teil meines Selbstbewusstseins. Bin ich entgegen meiner eigenen Selbstbeurteilung denn wirklich so primitiv?«

»Nein, du bist ganz und gar nicht primitiv; ganz im Gegenteil: Du bist sehr viel mehr, als du denkst – sehr viel mehr, als dass du derzeit noch erahnen kannst.
Dein Ego jedoch möchte dich fühlen lassen, dass du primitiv bist und dass du nur dann eine Chance auf Ansehen und Ruhm hast, wenn du dich ihm ganz und gar unterwirfst. Tue dies nicht, sondern höre auf die innere Stimme deines Herzens, die zu dir spricht, wenn alles stille geworden ist und die Gedanken deines überaus beschäftigten Bewusstseins sich etwas zurückgenommen haben; zum Beispiel, wenn du dich bereit machst, in das Land der Träume über zu gehen.
Das Ego ist der größte Feind der geistig-spirituellen Entwicklung. Der innere Wille muss schon dominant hervorstechen, um das Ego gänzlich hinten an zu stellen.
Atme auf, denn wenn dein Ego in seine Bahnen zurückgelenkt wird, bist du fähig, frei zu sein, kreativ zu sein und deine Ziele mit spielender Leichtigkeit zu erreichen.
Vertraue und lasse los, denn in dir lebt Gott und möchte sich preisgeben für die Augen und Ohren Vieler, die da bei euch leben.«

»Na ja, ich könnte diese nicht schmeichelhafte instinktbezogene Äußerung deinerseits einfach als die Bestrafung betrachten, die ich suchte. Ich merke, dass mein momentan noch herrschendes Ego offenbar nach Möglichkeiten sucht, sich mit euch anzufeinden. Aber ich verabscheue inzwischen unser zerrüttetes Verhältnis untereinander, das im Dezember entstanden ist. Es bringt nichts Gutes hervor. Ich hoffe, dass wir bald wieder für mehr Harmonie untereinander sorgen können. Ramta, warum musste all das nur geschehen?«

»Es musste geschehen, damit du eine Möglichkeit erhältst, frei zu werden und das zu erfüllen, wofür du gekommen bist.
Im Moment möchte dein Ego dir noch sagen, dass du das alles nur mit ihm kannst und dass du alleine nichts wert bist. Aber glaube mir, dein Ego kämpft nur um sein Überleben und darum, seine Macht zu behalten.
All die Erfolge, die du bisher erzielt hast, sind nicht das Werk deines Egos, sondern das Werk deiner Seele. Du bist einzigartig und du brauchst kein Schablonendenken, um dies zu erreichen, was du erreichen wirst.
Im Moment musst du uns einfach noch vertrauen. Später wirst du erkennen, dass es richtig war, diesen Weg zu gehen und dass jedes Opfer sich mehrfach gelohnt hat. Tue es dir selbst zuliebe. Das Glück wartet auf dich; noch viel mehr, als du es dir in deinen Träumen vorstellen kannst!«

»Die von euch unterstützte beschleunigte Entwicklung unsererseits stellt uns vor entsprechend harte Prüfungen, die uns in unserem alltäglichen Dasein und auch in Bezug auf die Entstehung dieses Buches ins Trudeln brachten und vielleicht weiterhin bringen werden. Aber wenn wir so die Leiter der Vervollkommnung als geistige Wesen schneller erklimmen können, dann soll es mir persönlich recht sein. Auch mit der Hoffnung, Matthias' Körper, der jetzt noch meinen Befehlen gehorchen muss, zu meinem letzten biologischen Träger machen zu können. Ich hoffe, diese Inkarnation dient nebst der Verbreitung des für die Erde wertvollen Wissens auch diesem Zweck. Also, liefert mir für den nächsten Schritt zum weiteren Schliff und Ablegen meiner Unvollkommenheiten die nötige Anleitung, mein Ego gefangen zu nehmen und mein inneres liebendes Kind von seinen Zwängen zu befreien! Ich bin gespannt, wie die neuen Farben meines irdischen Lebens aussehen werden.«

»Nein, nicht das Ego gefangen nehmen, sondern es loszulassen ist deine Aufgabe.
Dein nächster Schritt wird sein, über das Wort ‚Lebendigkeit' zu meditieren. Du kannst dieses Wort als Affirmation vor dich hin sagen oder denken, du kannst es dir aber auch aufschreiben und an deinen Monitor hängen.
Lebendigkeit und das, was sie bewirkt, soll dir gänzlich bewusst werden und in dein Innerstes dringen. Tue dies genau zwei Wochen, dann folgt dein nächster Schritt.
Vertraue und lasse los und alles wird gut!
In Liebe, Ramta«

...Ich befolgte Ramtas Ratschlag und schrieb mir das Wort »Lebendigkeit« in Großbuchstaben auf einen kleinen gelben Zettel, den ich mir an meinen Computermonitor heftete. Eine solche Übung war etwas ganz Neues für mich und ich wusste nicht, ob ich das nötige Engagement aufbringen können würde, um oft genug über den Begriff »Lebendigkeit« nachzudenken. Ich war gespannt, ob mir das Meditieren über dieses Wort und dessen Bedeutung weiterhelfen würde...

∾

Für Ramta hatte ich noch eine weitere Stellungnahme auf Lager, die auf die vorige Durchsage Bezug nehmen sollte. Frank konnte schon zwei Tage später vor Ramta eine weitere Vorlesung für mich abhalten, in dem er ihm meine verfassten Zeilen übermittelte...

»Gut zu wissen, dass ich nicht primitiv bin und nur mein Ego diese Aussage verwenden will, um mich aufzuhalten und die Kontrolle über mich zu behalten. Es kommt aktuell vor, dass ich gewisse Dinge wahrnehme, die mir das Ego glaubwürdig machen will. Ich erkenne diese und führe dann – gedanklich oder verbal

Fehlende Lebendigkeit

– unter Einsatz meines besseren Teils Diskussionen mit meinem Ego. Ich habe mir auch weitere Gedanken über das gemacht, was du über meine niederen Instinkte gesagt hast. Nun habe ich eine Erklärung für diese Worte gefunden, die dadurch keine beleidigende Wirkung mehr entfalten. Handelt es sich bei den von dir erwähnten niederen Instinkten um jene, welchen alle verkörperten Wesen unterliegen und so jeder Mensch mit diesen niederen Aspekten zu tun hat, solange er auf der Erde verweilt?«

»Ja, das ist genau so! Die niederen oder auch animalischen Instinkte haften dem menschlichen Organismus, oder besser gesagt, dem physischen Dasein an. Diese Instinkte können mehr oder weniger überwunden werden; so, dass sie nicht mehr einen all zu großen Einfluss auf unser Dasein ausüben.

Voll bewusst zu leben heißt, mehr Lebensqualität in das Leben fließen zu lassen. Dazu gehört auch, die niederen Instinkte zu beherrschen und selbst entscheiden zu können, wie viel Macht man diesen Trieben einräumen möchte.

Diese Triebe sind aber nicht nur schlecht, so wie ihr vielleicht annehmt; nein, sie helfen oft durch unwegsame Situationen, in denen der langsam arbeitende Verstand eine Lösung nicht in der erforderten Geschwindigkeit bereitstellen kann. Dies kann zum Beispiel in Situationen sein, wo es um das Überleben geht, um Kampf oder Flucht und ähnliche Dinge.«

»Was mein überaus beschäftigtes Bewusstsein angeht, so hast du recht. Du weißt ganz bestimmt, warum ich mental so beschäftigt bin, wenn du meine Gedanken anzapfst. Ich setze mich mit unserem Buch und über seine professionelle Ausführung auseinander und denke über die hohe Qualität nach, die ich persönlich mit unserem gemeinsamen Werk anstrebe. Es gehört zu meiner Lebensaufgabe, die ich so gut wie möglich ausführen will. Gut, dass ich auch ohne Ego auf hohem Level motiviert arbeiten und das erreichen kann und werde, was ich mir wünsche!

Wenn sich meine Gedanken zu sehr überschlagen, dann kann ich nun durch die von dir erhaltene Anweisung spontan eine Erleichterung und ein unkomplizierteres Denken in meinem Kopf herbeiführen. Deine Idee, das Wort ‚Lebendigkeit' an meinen

Monitor zu heften, war eine gute, auf die ich wohl selbst nicht gekommen wäre. Interessant, dass dir aufgefallen ist, dass ich mir manchmal Zettel an den Monitor klebe. Auf dem gelben Zettel am Monitor unter dem in Großbuchstaben geschriebenen Wort ‚Lebendigkeit' steht noch etwas anderes, das ich mir als weitere Affirmation ergänzend ausgedacht habe. Ist dieser Satz eine gute Formulierung?«

»Affirmiere lediglich dieses eine Wort, das wir dir gegeben haben. Es hat einen ganz bestimmten Sinn. Es verfolgt einen ganz gezielten Zweck. Erweitere es nicht. Weitere Anweisungen können wir dir in absehbarer Zeit zur Verfügung stellen.
Wenn du positive Dinge affirmieren möchtest, so ist das keinesfalls ein Fehler. Doch verbinde es nicht mit dem von uns erhaltenen Begriff – die Wirkung wird sonst verfälscht und zu sehr verstreut.
Schreibe deinen zusätzlichen Satz am besten auf einen weiteren Notizzettel und affirmiere ihn separiert. Das wird dir helfen, deinen Fokus besser auf einen gewissen Punkt zu fixieren. Das Wichtigste aber ist das Wort ‚Lebendigkeit'. Dieses eine Wort ist der Grundstein für weitere Schritte in eine von dir gewählte Richtung.«

»Nachdem die zwei Wochen vergangen sind, warte ich auf neue Anweisungen deinerseits!«

»Ja, dies tue! Wir werden von unserer Seite dann wieder auf dich zukommen und dir den nächsten Schritt übermitteln lassen.
Viel Erfolg bei deiner Übung!«

...Zweieinhalb Wochen waren vergangen, als Ramta mir empfohlen hatte, über das Wort »Lebendigkeit« zu meditieren, das sich auf einem Zettel befand, den ich an meinem Monitor angebracht hatte. Wenn ich also vor meinem Computer saß, war es kaum zu umgehen, dass mein Blick häufig über den selbstklebenden Notizzettel schweifte. Doch der Begriff »Lebendigkeit« und was er bewirken und in meinem Bewusstsein verändern sollte, konnte seine Wirkung nicht entfalten. Ich nahm meine Aufgabe nicht ernst genug und wendete folglich unzureichend mentale Energie dafür auf. Irgendwie fehlte mir wohl das unumstößliche Interesse, mein Ego in den Griff zu bekommen. Somit folgte der zweite Schritt der Übung nicht, den Ramta angekündigt hatte, um mir das Loslassen von meinem Ego zu ermöglichen. Meinen mangelnden Willen hatten die geistigen Begleiter sicherlich bemerkt. Aber was konnten sie tun, wenn ich nicht willens war, mir den erteilten Rat richtig zu Herzen zu nehmen? War es mein Ego, das sich gegen diese Übung wehrte, um damit seine Geißelung zu verhindern? Ich denke, ja!

Ein Licht geht auf

Es war Ende August des Jahres 2007. Ich hielt mich im Bad auf, um mich zu rasieren. Nebenbei überlege ich mir wieder einmal – wie so oft – warum ich in meinem Leben eine so unzufriedene Haltung an den Tag zu legen pflegte. Was fehlte mir denn, außer endlich einer Frau zu begegnen, einer loyalen Partnerin, die zu mir stehen und auch meinen spirituellen Weg akzeptieren würde?

Es beschäftigten mich auch wieder Gedanken, weshalb ich zu diesem Zeitpunkt aus dem Verlag ausscheiden musste, in dem ich gerne arbeitete. Jetzt musste ich mir schon wieder einen neuen Arbeitgeber suchen. Warum kann es diesbezüglich nicht endlich mal gut für mich verlaufen? Es muss doch möglich sein, einen Arbeitsplatz zu finden, an dem vieles reibungsloser vor sich geht und ich dauerhafter arbeiten können würde. Mir erschien das so irreal. Aber ich erkannte auch, dass ich überall, wo ich angestellt war, ganz bestimmte Erfahrungen sammeln konnte, die mich in meiner gesamten Entwicklung in den unterschiedlichsten Facetten voranbrachten. Und womöglich sollte ich – von einem überirdischen Standpunkt betrachtet – nicht in die Gefahr geraten, dem Materialismus zu verfallen, um dadurch mein höheres, spirituelles Ziel zu verfehlen: Jenes, das mein Höheres Selbst oder meine Seele anstrebt.

Während ich mich auf meine Rasur konzentrierte, suchte ich nach einem lohnenswerten Grund, warum ich mehr von meinem aktuellen Dasein auf der Erde halten sollte. Diese innere Haltung, schon in jungen Jahren bereits des Lebens müde und mit Unzufriedenheit geprägt zu sein, ödete mich an. Konnte ich mich denn für nichts begeistern, das ich mir zur Lebensaufgabe erwählen konnte? Etwas, das mich geistig fordern würde und über Jahre ausreichend Freude mit sich brächte? Etwas, das meinem Leben einen richtigen Sinn geben konnte, außerhalb von gewöhnlichen Hobbys, welchen ich nachging? Es fehlte mir einfach eine ganz besondere Bestimmung und das Gefühl, dass mein Leben wichtig ist und ich gebraucht werde. Dazu kommt, dass es mir sehr fehlt, von einer Frau richtig gesehen und aufrichtig geliebt zu werden. Warum blieb auch dieser Aspekt bisher in meinem Leben unerfüllt?

Worin liegt letztlich also das Geheimnis, das meinem Dasein einen echten Sinn und mehr Leichtigkeit geben konnte? Geht es dabei im Grunde nur um Liebe? Vielleicht sogar um mangelnde Selbstliebe und die dadurch erzeugten Selbstzweifel?

Dann geschah es! Meinen Blick auf den Spiegel gerichtet und noch immer mit der Rasur meines Bartes beschäftigt, hielt ich plötzlich inne und schaute mir in die Augen. Etwas, das eigentlich völlig offensichtlich war, kam mir plötzlich ins Bewusstsein. Ich hatte die Erkenntnis, bereits meine Lebensaufgabe gefunden zu haben: Die Entstehung dieses Buches sowie möglicher weiterer Bücher und das damit verbundene Ziel, das höhere Wissen um unsere nichtphysische Natur hier auf der Erde unter den Menschen zu verbreiten.

Während mir das bewusst wurde, ging mir zeitgleich im wahrsten Sinne des Wortes ein Licht auf, das sichtbar über meinem Kopf strahlte und mich in Staunen versetzte. In diesem Moment verstand ich die keinesfalls symbolhafte Bedeutung dieser bekannten Redewendung sowie auch die Durchschlagskraft dieser tiefgreifenden Erkenntnis – dem höchsten Sinn meines jetzigen Lebens!

Das Besondere hatte ich bereits gefunden! Warum konnte ich es nicht sehen? Warum war es aus meinem Blickfeld gewichen? Beschäftigte ich mich zu sehr mit materiellen Sorgen und mit den erdrückenden Gedanken, ob meine Zukunft gut werden würde? War es mein Ego, das es glaubwürdig schaffte, mir das Offensichtliche vor Augen so gut verschleiern zu können, dass ich mir nutzlos vorkam? Das musste ein Ende haben! Die erfüllende Arbeit an diesem Buch und mein spiritueller Weg – der Plan meiner Seele – musste unbedingt fortgesetzt werden, um wieder mehr Lebensfreude zu erhalten und diese dann auch möglichst nicht wieder zu verlieren; denn ein Funke vermag es zwar, die Flamme zu entzünden, aber die Kerze brennt letztlich nur so lange, wie der Docht...

Weitere Fragen, die nach einer Antwort verlangten

Unglaublich! Ich konnte nicht damit aufhören, über dieses und jenes nachzudenken. Mein Bewusstsein setzte sich mit allem Möglichen auseinander, das mich betraf. Meine Lösung, um an die Antworten der Dinge zu kommen, die mich seit Wochen mental beschäftigten, war es, entsprechende Fragen zu kreieren und Frank darum zu bitten – wie das oft der Fall war – Ramta meine Anliegen vorzutragen...

»Es kommt öfter vor, dass ich den Eindruck habe, ich könne am Tage bzw. während des Wachbewusstseins Botschaften oder intuitives Wissen von euch empfangen. Entspricht das den Tatsachen oder bilde ich mir das in den meisten Fällen nur ein bzw. erschaffe ich manche Kommunikationen meinerseits und antworte mir dann selbst in einer Weise, wie es mir angenehm erscheint? Dieses Thema hatten wir ja schon einmal! Es ist in letzter Zeit schon vorgekommen, dass ihr mir während des Schlafens oder beim Einschlafen etwas übermittelt habt. Mit schwindendem Wachbewusstsein bin ich mir in diesen Fällen absolut sicher, dass ihr es seid, die mir bestimmte Informationen anhand von wahrgenommenen Worten oder in visueller Form in Träumen gesendet habt. Gibt es für mich irgendwie eine Möglichkeit, mit physischem Bewusstsein zu erkennen, ob eine Botschaft von euch kommt oder ob ich mich da mit mir selbst unterhalte? Komisch ist auch gelegentlich, dass ich mich frage, ob gewisse Dinge auch von mir selbst kreiert sind, wenn die Botschaft etwas aussagt, das ich eigentlich so überhaupt nicht hören will. Am besten wird es wohl sein, dass, wenn ihr mir etwas mitteilen wollt, ihr es mir sendet, wenn ich am Einschlafen bin oder bereits schlafe. So bin ich mir sicher, dass das Wahrgenommene nicht eine Ausgeburt meiner eigenen Gedanken ist.«

»*Wir werden deinen Wunsch natürlich versuchen in unser Handeln mit einzubeziehen.*
Um sicher zu sein, ob etwas eine erhaltene Botschaft unsererseits ist oder die Ausgeburt deiner Fantasie, gibt es eine einfache Anleitung: Wenn du denkst, etwas empfangen zu haben, so überprüfe unmittelbar deine in dieser Zeit vorherrschende Gemütsverfassung. Wenn du ruhig, zentriert und in deiner Mitte bist, eins mit dir selbst, in einem schwebenden Bewusstseinszustand – trotz Tagesbewusstsein – dann kannst du davon ausgehen, dass du tatsächlich eine Botschaft von uns empfangen hast. Wenn du aber mit Gedanken der Logik beschäftigt bist, mit dem Schubladendenken sozusagen und wenn du zu diesem Zeitpunkt versuchst, über bewusste Denkprozesse an Lösungen zu kommen, so kannst du davon ausgehen, dass auch die empfangenen Gedanken, die du als Botschaft einstufen möchtest, von dir selbst kommen.
Aber bedenke: Nicht alles, was aus dir selbst heraus erschaffen wird an Gedanken und Wahrheiten ist schlecht, so wie du oft zu denken pflegst.
Ihr seid Individuen und ihr tragt einen Funken Gottes in euch. So erwächst auch aus euch selbst oft Gutes und Förderliches für euch und die Menschen um euch.«

»Was haltet ihr von meiner Vorgehensweise und dem persönlichen Anliegen, einige Menschen, die mir begegnen, über die Wahrheit um unsere wahre Natur und den Zweck des Universums sowie das unseres Daseins auf der Erde und auch außerhalb davon zu informieren? Mache ich meine Sache gut und gibt es einen Tipp, den ihr mir hierzu geben möchtet bzw. einen eventuellen Ratschlag über Dinge, die ich in diesem Bezug sein lassen sollte oder besser machen könnte?«

»*Ja! Erzähle den Menschen davon, wenn sie es hören möchten. Doch wenn du auf Desinteresse stößt, dann vermeide die Konversation – es führt ins Nichts!*«

»Im Frühjahr 2006 erwähntest du, dass ich einmal ein Bote Gottes sein werde, so wie du es jetzt bist. Ist das eine Option, die mir der Höchste selbst angeboten hat? Oder habe ich mich durch Erfahrungen bzw. Tätigkeiten in vergangenen physischen Leben oder auch zwischen meinen Verkörperungen im feinstofflichen Universum mit dem Verbreiten von Informationen ganz gut geschlagen, um ein Anwärter für die Stellung als Botschafter für den Mächtigsten zu sein? Habe ich mich vielleicht auch selbst für diese Position beworben? Erzähle mir bitte die Hintergründe, die mich interessieren, über die ich leider nicht Bescheid weiß, solange ich an Matthias' irdischen Körper gebunden bin.«

»Du selbst erstrebst diese Stelle. Unzählige Leben arbeitest du nur darauf hin, diese Position einmal besetzen zu können. Diese Option steht vielen Seelen frei, doch nicht alle möchten so etwas auch tun. Es gibt so viele Positionen, die gleichwertig in ihrer Wichtigkeit sind und die auch besetzt werden müssen, damit das Universum funktioniert und die Seelen und die Seelengruppen zurück nach Hause finden.«

»Du weißt sicher, dass es manchmal vorkommt, dass ich Todar rufe und darum bettle, dass er mich aus meinem Körper heraushebt. Ich will mit seiner Hilfe außerkörperlich werden, weil ich manchmal zu dämlich bin, das selbst zu erreichen. Da - wie du schon lehrtest - nichts ohne den Willen des Schöpfers geschieht, außer gewisse Dinge, die für Geistführer im Rahmen des Möglichen ohne Genehmigung ausführbar sind, kommt mir nun eine Frage. Wie läuft das eigentlich mit den Genehmigungen? Da das Universum gewaltig groß ist und es doch ständig eine riesige Menge von Wesen geben müsste, die bei Gott für irgendwelche Dinge um dessen Erlaubnis bzw. Zustimmung bitten, interessiert mich Folgendes: Gibt es für das Einholen von Genehmigungen einen besonderen Ort im Universum, an dem beim Mächtigsten um eine Audienz oder Ähnliches gebeten werden kann oder muss? Oder werden die vorgebrachten Angelegenheiten über Distanz und allein durch Gedankenübertragung zwischen Gott und den Wesen, die ein Anliegen vorbringen, abgewickelt? Und erfolgen Gottes Antworten oder Genehmigungen sofort bzw. ohne Wartezeiten?«

»Gott ist überall und ist alles! So muss also kein bestimmter Ort aufgesucht werden, um Genehmigungen zu erhalten. Ihr selbst seid in der Lage, Gott anzurufen; nur seid ihr nicht fähig, die Antwort zu erfühlen.
Wie die Kommunikation oder Interaktion in diesem speziellen Falle bei uns aussieht, das vermögen wir nicht in Worte zu fassen. Es gibt Dinge, die kann man nur erleben.«

»Es gibt etwas, das ich in Bezug auf die Schwingungsanpassungen, die bislang an mir vorgenommen wurden, fragen möchte. Zu Beginn der Entstehung des Buches erwähntest du, dass die an mir durchgeführten Energiearbeiten dazu führen sollten, dass ich aus damaliger Zeit betrachtet in drei Jahren neu geboren sein würde. Ich bin von anderen Menschen, die in das Material zur Entstehung unseres Buches Einblick nehmen durften, schon gefragt worden, ob ich für dieses ‚Neugeborenwerden' zuerst physisch sterben müsse. Mir ist klar, dass die vormals von dir gewählten symbolischen Worte in der Weise zu verstehen sind, dass mein physisches Vehikel und auch mein feinstoffliches Ausdrucksmittel gefördert und zu neuen Fähigkeiten geführt werden. Somit könnte meine irdische Zukunft im Körper des Matthias in einigen Jahren nicht mehr mit dessen gegenwärtigen Möglichkeiten vergleichbar sein. Kann man deine einstige Wortwahl mit meiner Deutung richtig verstehen?«

»Ja, das war eine symbolische Verdeutlichung. Du wirst immer noch in deinem Körper leben. Dein Körper wird auch immer noch so aussehen wie jetzt, nur deine geistigen Fähigkeiten werden um ein großes Stück erweitert sein, dein Bewusstsein wird einen sehr viel größeren Radius erhalten haben und dein Charakter wird sehr viel weiser sein. Schlicht und ergreifend: Du wirst nicht mehr die Person sein, die du jetzt bist. Optisch ja, aber charakterlich und seelisch wirst du um Welten vorangeschritten sein!«

»Wie kannst du mir in verständlichen Worten das Schließen der Polarkappen zwischen den Energiebahnen definieren, das Antat an mir vornehmen will? (Anm. d. Autors: Bezug in Buch II ‚Die Reise ins Licht – Astral-Projektion'.) Handelt es sich hierbei um Veränderungen an meinem physischen oder nichtphysischen Körper und zu welchen Vorteilen führt diese Modifikation? Wann wird Antat damit beginnen? Oder ist dieser Schritt bereits erfolgt?«

»Er ist in vollem Gange! Erklären können wir nur dies: Energie strömt von A nach B. Durch nicht geschlossene Polarkappen kann diese Zirkulation nicht gewährleistet werden. Das Schließen dieser Polarkappen führt Energie an Zentren in geballter Kraft, so dass Fähigkeiten ermöglicht werden, die man in eurer Dimension in eurem gegenwärtigen Bewusstseinsgrad normalerweise nicht hat.

Du wirst sensibilisiert. Um das gänzlich zu verstehen, musst du einfach geduldig abwarten und sehen, wie sich dies alsbald in deinem Leben verwirklichen wird.«

»Im November 2006 hattest du Frank die Information gegeben, die er mir einst am selben Tag weiterreichte: Dass ich mich beim Einschlafen darauf konzentrieren sollte, eine Art Energieplattform bzw. Andockstation als Arbeitsschnittstelle für Antat zu schaffen, die sich mir in Form einer silbernen Wolke präsentieren würde. Diese Schnittstelle versuchte ich mithilfe der Visualisierung plasmatischer Aussendungen zu erreichen. Dies hatte ich so gut ausgeführt, wie es mir möglich war. Leider glitt ich des Öfteren in den Schlaf über und verlor dadurch die zu erschaffende Schnittstelle mehrmals aus den Augen. Dann habe ich im schläfrigen Zustand durch die geschlossenen Augenlieder für einen kurzen Augenblick tatsächlich etwas Wolkenartiges gesehen, das dann in der Tat mit mir arbeitete. Folglich fühlte sich die untere Hälfte meines Körpers plötzlich kühl und elektrisiert an. Ich vernahm dann die Botschaft: ‚**Es hat geklappt!**' Etwas später kam eine weitere Botschaft die lautete: ‚**Denke an Ramta!**' War es das Wesen Antat, das mir diese Worte sendete? Ich gehe davon aus, dass die Übermittlung: ‚**Es hat geklappt!**' mir zum Ausdruck bringen sollte, dass meine Bemühungen, eine energetische Schnittstelle für Antat zu schaffen, funktioniert hatte. Was aber war mit der anderen, auf dich bezogenen Aussage gemeint?«

»Du hattest die Möglichkeit, gemeinsam mit Antat zu mir reisen zu können. Der Gedanke an mich hätte die Reiserichtung initiiert und Antat hätte die letztendliche Navigation und die Feinheiten übernommen. Diese Möglichkeit wird aber bald wieder gegeben sein.
Versuche weiterhin eine Schnittstelle zu visualisieren. Dies kannst du auch, indem du dir vorstellst, Energietentakel von dir auszusenden. Dort kann Antat dann ebenso andocken.
Am 15. Februar eurer Zeitrechnung wird sich Antat wieder einmal zu dir begeben. Sobald du bereit bist, dich der Nachtruhe hinzugeben, solltest du diese Visualisierung wieder durchführen. Sei gespannt, ob es diesmal funktioniert!
Wir empfangen dich auf der Ebene des dualen und intergalaktischen Transformationsfeldes. Schlafe einfach ein. Visualisiere vor dem Einschlafen kurz die Andockstation. Danach schlafe, bis dich Antat erweckt. So reist du dann mit deinem zweiten Energiekörper durch die Dimension zu mir!«

»Erzähle mir mehr Details über Antat und deren Aufgabenbereiche! Wie wird dieses Wesen mich in andere Sphären einweisen? Muss ich es dazu schaffen, aus eigener Kraft außerkörperlich zu werden, damit Antat, von der ich durch den Klang des Namens eine weibliche Vorstellung habe, auf mein Rufen zu mir kommen und ich ihr dann in andere Dimensionen folgen kann? Gibt es einen Plan, wie das vonstatten gehen soll?«

»Du selbst musst nicht versuchen, außerkörperlich zu werden. Mit Antat wirst du oder besser dein Bewusstsein ohne jeglichen Energiekörper durch verschiedene Bereiche des Universums reisen. Du wirst Aufgaben meistern und neue Ziele erreichen. Antat ist ein Reiseführer durch die unzähligen Schichten deiner Existenz.«

»Was kann ich genau tun, damit Antat mit mir arbeiten und mich in die von dir erwähnten himmlischen Sphären einweisen kann, bzw. wie kann ich dieses Wesen überhaupt wahrnehmen? Es wäre nicht schlecht, wenn es ein Erkennungsmerkmal für mich gäbe, dem ich – sobald ich im Bett liege – entnehmen kann, ob

Antat anwesend ist oder nicht. So wüsste ich dann, an welchen Tagen Antat gerne mit mir arbeiten will. Gibt es einen Trick, den ich anwenden kann, um das Wesen in seiner Erscheinung als silberne Wolke besser visuell wahrnehmen zu können? Oder wäre es möglich, dass Antat ein bestimmtes Geräusch in der physischen Dimension erzeugt, das mir signalisiert, dass sie anwesend ist und mit mir interagieren will?«

»Wenn du ein Zischen in deinem Kopf wahrnehmen kannst, dann ist Antat bei dir. Es ist aber kein Geräusch, das außerhalb von dir entsteht. Es ist ein energetisches Zischen in deinen Nervenbahnen. Es hört sich nur wie ein Geräusch an, ist es in Wirklichkeit aber nicht.«

∽

»Bezugnehmend auf deine Erwähnung, du hättest mir deine Gestalt schon gezeigt, habe ich darüber nachgedacht und mir ist etwas eingefallen. Vor einiger Zeit habe ich einmal beim Einschlafen für einen kurzen Moment einen kleinen Geist im Vordergrund zur Schwärze hinter den geschlossenen Augen gesehen. Der Geist sah fast so aus, wie die Gestaltung des Geistes, den ich für unser Buch entworfen habe, nur dass das, was ich damals erblickte, ohne die dünnen geschwungenen Energietentakel zu sehen war. Wenn dies das Zeigen deiner Gestalt war, dann ist dieses Erlebnis wohl zu weit in den Hintergrund meines Bewusstseins gerückt. Ich hatte einfach damit gerechnet, dass du eines Tages einmal direkt vor mir stehen würdest, wenn ich außerkörperlich bin. Da du sagtest, dass du dich mir noch einmal zeigen wirst, bin ich gespannt, ob deine Erscheinung der meiner grafischen Gestaltung gleich oder ähnlich kommt oder eher der einer menschlichen Ausdrucksform als Frau oder Mann. Du hattest dich damals Frank als weiblich vorgestellt, während wir dich später männlich machten, auch wenn es keine Rolle spielt, da wir Geister ja ohnehin kein Geschlecht haben. Schon komisch, dass ich darauf brenne, dich zu sehen, nachdem ich Todar auch einmal gegenüber stehen, ihn sehen und berühren konnte, obwohl wir alle uns eigentlich bestens kennen. Zu blöd, dass bei der Verkörperung alle Erinnerungen an die eigentliche

Existenz als Geist und das bislang Erlebte und Erfahrene, sowie die Kenntnis über seine geistigen Freunde und deren Aussehen vorübergehend verloren gehen – bis zum physischen Tod, nach dem man dann wohl wieder alles weiß.«

»*Du hast mich einst gesehen; in einer Gestalt, ähnlich wie du sie auf deinem Bild[4] dargestellt hast, nur ohne Energietentakel; etwas wuchtiger von der Präsenz, aber alles in allem schon etwa so. Frank hat mich ebenfalls schon gesehen. Du wirst mich einmal wieder sehen und dann wirst du dich besser daran erinnern können.*«

»Da fällt mir etwas ein: Es liegt viele Monate zurück und ereignete sich noch vor Franks Entdeckung seiner Medialität. Ich erblickte damals nachts nach plötzlichem Erwachen aus dem Schlaf einen blau leuchtenden Geist in weiblicher, sehr attraktiver Erscheinung mit etwa schulterlangen blondgelockten Haaren und einem schönen Rüschen-Kleid. Das Wesen lächelte mich sehr freundlich und liebevoll an, machte einen absolut vertrauenswürdigen Eindruck und ich verspürte dadurch überhaupt keine Furcht. Ich war damals nur regungslos am Staunen. Wer war diese Frau? Es fand leider keine Unterhaltung statt, aber ich habe das Gefühl, sie zu vermissen. Steht sie in näherer Verbindung zu mir?«

»*Sie ist ein liebendes Wesen, das auf der feinstofflichen Seite in enger Verbindung mit dir lebt. Sie ist zum Teil Schutzpatron für dich, zum anderen Teil eine tröstende Persönlichkeit, wenn du ausgelaugt aus der physischen Ebene zu ihr auf die feinstoffliche Ebene trittst. Sie heilt dich an Herz und Verstand und ist ein Teil von dir; von deinem Innersten.*«

»Es gibt da noch ein Problem, das ich habe und über das ich euch unbedingt informieren will. An manchen Tagen kommt es vor, dass ich Worte in meinem Kopf vernehme, die sich gegen euch

---

[4] Siehe Illustration am Ende des Nachwortes der geistigen Welt.

richten und mir böse Dinge suggerieren wollen. Dies geschieht sogar, wenn ich eine positive Gesinnung gegenüber euch habe. Ich versuche dann, die niederen Gedanken wegzuschieben und spontan der Ablenkung wegen an willkürliche andere Dinge zu denken, nur um dann festzustellen, dass die bösartigen Formulierungen wiederkehren und sich im Gehirn wie in einer Schleife wiederholen. Es gelingt mir meist erst nach mehreren Sekunden, mich über die Situation zu erheben. Manchmal stelle ich mir die bösen Gedanken als greifbares Objekt vor, dem ich mich furchtlos nähere und es dann liebend umarme, worauf das Negative schlagartig die Flucht ergreift. Was belästigt mich oder versucht mich da hin und wieder anzugreifen? Sind das Aussagen von einem minderwertigen Teil in mir? Oder handelt es sich um Angriffe von unehrwürdigen Wesen, die ab und zu in mein Bewusstsein eindringen und mich einer Gehirnwäsche der Negativität zu unterziehen versuchen, um mich mithilfe aussagekräftiger Formulierungen zu überzeugen mich gegen die Mission, gegen die Seite des Lichts und gegen euch zu entscheiden?«

»Es sind böse Geister, die unsere Abwesenheit nutzen, dir üble Dinge einzureden. Sie sind in ihrem Fortschritt recht niedrig gestellt und unterstehen eigentlich selbst eurem Bewusstseinsgrad.

Es sollte euch ein Leichtes sein, euch ihnen zu entledigen. Dies geschieht ganz leicht durch die von dir erwähnte Technik oder durch die Suggestion ‚Wo Gutes ist, muss Böses weichen!'«

»Es gibt da eine Frage, die mich seit Monaten beschäftigt. Ich denke, jetzt ist die richtige Zeit, sie zu stellen. Seit dem Frühjahr des letzten Jahres, nachdem wir den Entschluss gefasst hatten, dieses Buch zu schreiben und Todar damit begann, energetische Anpassungen an uns vorzunehmen, gibt es fast täglich Empfindungen in oder an der linken Kopfhälfte. So, als würden irgendwelche ungewohnten Reaktionen im Gehirn vonstatten gehen. Die erste Zeit fühlte es sich wie ein Pochen an, dann war es einige Monate lang als eine Art Vibrieren oder Kribbeln wahrzunehmen, das an jedem anderen Tag, an dem es auftrat, in unterschiedlich schnellen Frequenzen zu erspüren war. Im letzten Quartal des vergangenen

Jahres, war diese Empfindung, die immer nur auf der linken Seite meines Kopfes und niemals rechts festzustellen war, nur noch sehr selten wahrzunehmen. Seit diesem Monat setzte diese Erscheinung aber wieder fast täglich in einer Art Pochen ein. Über die Monate war die rätselhafte Auffälligkeit, die zu allen Tageszeiten auftreten konnte, auch mehr vom linken Hinterkopf in den linken Seitenbereich des Kopfes gewandert. Natürlich machte ich mir meine Gedanken darüber, um was es sich da handelte. Ich vermutete, es könnte etwas mit Todars Schwingungsanpassungen zu tun haben und eine Art Nebenerscheinung von einem Transformationsprozess sein, der in mir stattfindet. Weitere Möglichkeiten, die ich mir erdachte, wann immer das ungewohnte Gefühl auftrat, waren, dass ich vermutete, es könnte ein Indikator für sich unmittelbar in der Nähe befindliche feinstoffliche Wesen sein. Auch kam mir in den Sinn, dass von euch aus meine Gedanken angezapft werden, oder irgendwelche Dinge in meinen Kopf überspielt werden würden, die dann zu eventuellen eurerseits gewollten Handlungen meinerseits führten. Ein weiterer Effekt, der mit der geschilderten Empfindung in manchen Fällen auftrat, war die Feststellung, als sei mein Bewusstsein in einem klareren bzw. erweiterten Zustand. Häufig trat dieses ungewöhnliche Phänomen auch auf, kurz nachdem ich begonnen hatte, mit Frank zu telefonieren. So vermute ich, ihr würdet euch in unsere Gedankengänge einklinken, um zu prüfen, über welche Dinge wir uns unterhalten. Die Lösung des Unbekannten könnte alles Aufgezählte oder auch nichts davon sein. Nun suche ich die Antwort zu diesem Mysterium durch deine Auskunft, Ramta. Worin liegt also die Ursache und der Zweck dieser seit etwa einem Jahr andauernden Beobachtung?«

»Es sind erweiterte Fähigkeiten, die sich da physisch erkenntlich machen. Zum einen ist es die Erweiterung deines Bewusstseinsradius. Zum anderen kannst du durchaus auch auf feinstoffliche Präsenzen sensibilisiert reagieren, und manchmal ist es eine Art ... hmmm ..., lass' mich mal die Worte dafür finden ... ja, eine Art Verbindung zu einem Pool größeren Wissens, von dem du dann einen geringeren Teil anzapfen kannst, um intuitiv richtige Lösungen und bestmögliche Wege zu erspähen, aus einer Sache das spirituell gesehene Maximum heraus zu holen.

Weitere Fragen, die nach einer Antwort verlangten

Dieses Kribbeln hat also viele Aspekte. Alles in allem ist es ein Indikator für Fortschritt und Erfolg.«

»Ich fühle, dass ihr Frank und mich von eurer Seite aus in finanzieller Hinsicht unterstützt und gewisse Fügungen in der Materie stattfinden. Es lässt sich erkennen, dass sich gewisse Personen zu einem offenbar richtigen Zeitpunkt über den Weg laufen sollen, damit wir unser Leben besser bestreiten können: Menschen, die einen Job anzubieten haben. Manchmal lässt sich aber auch erkennen, dass irgendetwas, das wohl von höherer Stelle anders geplant war, in der Materie nicht dementsprechend funktioniert. Dann machen wir uns Sorgen um unsere Zukunft, wie ich gerade und ob wir wohl ausreichend Geld in unserem Leben haben werden. Natürlich muss man bei der Ausarbeitung dieser besonderen Fügungen in der Physis jederzeit auch mit Fehlern eurerseits rechnen, aber kann denn in einer unglücklich entstandenen, nachteiligen Situation, bei der es um finanzielle Engpässe geht, nicht einfach auf eure Bitte hin Gott persönlich etwas bei euch Schiefgelaufenes im Handumdrehen zum Besseren richten? Wir denken, dass ihr die Unterstützung für uns auf Gottes Geheiß ausführt. Wenn euch hier aber ein Fehler unterläuft, dann könnte Gott doch rasch eingreifen und euch dabei unterstützen, einen eingetretenen Notfall in Windeseile zu beseitigen, wenn unser Wohl und besonders unsere Mission so wichtig ist und er sie genehmigt hat, oder?«

»Manchmal laufen die Dinge nicht so, wie man sie gerne hätte. Ihr Menschen seid nicht perfekt und wir Geister auch nicht. Nur der Schöpfer ist perfekt!
Im dualen System lässt sich nichts von einer auf die andere Minute verändern. Alles unterliegt der trägen, dichten Materie. Gott hilft, doch hilft er in der Geschwindigkeit dieser trägen Materie.
Deine aussichtslose Situation ist in Wahrheit gar nicht so aussichtslos wie du denkst. Dramatisiert wird es durch deinen Zweifel. Und wie du schon selbst erkannt hast, manifestieren sich bereits neue Dinge.
Was euer Auskommen betrifft, so lebt ihr doch bisher stets ganz gut. Ihr müsst keine Not leiden. Ihr seid nicht unheilbar

krank. Mehr oder weniger habt ihr doch ein ganz akzeptables Leben. Ihr seid nicht reich und das war für eure Inkarnationen auch nicht vorgesehen, aber ihr habt ein gutes Dasein.

Es wird in der Tat sehr vieles von unserer Seite für euch in die Wege geleitet. Aber der menschliche Geist hat immer den Drang dazu, mehr und mehr zu wollen.

Doch bedenkt: Vieles was ihr erlebt, habt ihr zuvor selbst gewählt. So habt ihr auch gewählt, auf einem existenziell bescheidenen Niveau zu leben. Ihr habt genug, um gut überleben zu können, aber ihr habt zu wenig, um dem Materialismus zu verfallen.

Durchaus geschehen natürlich Wunder durch die Hand des Allmächtigen. Er bessert sehr viele Dinge aus und das relativ schnell, wenn irgendetwas schief gelaufen ist. Vieles muss aber durch uns oder durch euch selbst ausgebessert werden, denn sonst gäbe es kein Lernen und somit auch kein Voranschreiten in dem Evolutionsprozess eures Daseins.«

»Warum hilft Gott nur in der Geschwindigkeit der trägen Materie? Es muss ihm doch auch möglich sein, die von ihm geschaffenen Gesetze der Materie außer Kraft zu setzen bzw. zu übergehen. Vielleicht besteht ja manchmal die Notwendigkeit für ein absolut dringendes Einschreiten durch den Höchsten, das dann auch schlagartig umgesetzt werden kann oder muss und nicht nur in der Geschwindigkeit der Materie. Macht Gott im Notfall so etwas?«

»Der Herr ist allmächtig! Keiner vermag hinter die Pläne des Höchsten zu schauen. Wenn es sein Wille ist, so kann er natürlich auch außerhalb der Geschwindigkeit der Materie Wunder vollbringen. Doch in solchen Fällen wird es auf eine Art und Weise geschehen, wie es das Bewusstsein der Erdenkinder nicht mitbekommt. Es entzieht sich in diesem Fall vollständig eurem Erkennen. Es ist dann so, als wäre etwas niemals geschehen oder so, als wäre das Erschaffene schon immer vorhanden gewesen.«

»Ramta, sind die von dir in Erwähnung gebrachten tausend Wesen, die ihre Hoffnung auf uns und diese Mission setzen, allesamt

Teile unserer von dir erwähnten Gruppenseele, und gehören hier auch Todar und Antat dazu?«

»*Todar und Antat gehören zu einem übergeordneten Kollektiv. Sie leisten allerdings auch als Individuum ihre Dienste. Ich selbst gehöre dem geistigen Rat an, der über eurer Gruppenseele steht. Wir alle sind Wanderer auf dem gleichen Weg – dem Weg nach Hause!*

Was eure Gruppenseele betrifft, so sind einige von euch unterwegs und möglicherweise werden sich ein paar davon während den derzeitigen Inkarnationen auf der Erde über den Weg laufen. Sollte dies eintreten, dann werdet ihr euch anziehen wie Magnete. In so einem Augenblick könnt ihr euch gar nicht übersehen.

Die übrigen eurer Gruppenseele, die derzeit nicht inkarniert sind, beobachten euer Tun von einer höheren Warte aus. Sie zählen auf euch, denn die Besten dieser Gruppierung haben die Erlaubnis erhalten, diese Mission und die anderen Missionen, die dazu gehören, auszuführen.

Während die physischen Körper schlafen, trefft ihr euch des Öfteren auf einer feinstofflichen Ebene, um euch auszutauschen, euch zu motivieren, damit euch der Mut und der Drang weiter zu machen nicht verlassen.«

»Sicher habt ihr zu Beginn unseres gemeinsamen Projektes nicht damit gerechnet, dass Frank und ich uns so sehr für ein umfassendes Buch einsetzen. Nun ist bisher ein recht großes Werk entstanden. War es eigentlich schon von vorne herein klar, dass wir mit so viel Material für Aufklärung auf der Erde sorgen würden, oder ist das alleine unsere größenwahnsinnige irdische Idee gewesen?«

»*Ihr hattet es vor, eine so umfassende Aufklärung zu vollbringen. Nur ist es so: Hätten wir euch dies schon früher offenbart, dann hätten sich eure Egos dazwischen gestellt und möglicherweise hättet ihr vor lauter mentaler Überforderung das Ganze beendet oder gar nicht erst angenommen, bevor es richtig los ging. Besonders in den ersten Monaten musstet ihr euch daran gewöhnen, mit euren Fähigkeiten umzugehen.*«

»Ist die einstige Idee, ein Buch aus den erhaltenen Botschaften zu schreiben, damals in uns geboren worden oder habt ihr Frank und mich irgendwie dazu inspiriert, ohne dass uns das bewusst war? Stand also bereits vor unserer Inkarnation fest, dass wir das gesammelte Wissen in Form eines Buches verbreiten werden?«

»Wie schon eben erwähnt, war das ganze Vorhaben bereits vor eurer irdischen Lebensführung geplant. Es war allerdings noch ungewiss, ob ihr in diesem Ausmaß den Plan zur Entfaltung bringen werdet, ob ihr überhaupt eure Fähigkeiten annehmen werdet und ob ihr bis dahin auch immer noch gewollt seid, eure Bestimmung zu erfüllen. Ihr habt es entdeckt, ihr habt es angenommen und ihr setzt es sehr gut um!«

»Was haben die anderen, nicht inkarnierten Wesen eigentlich von unserer Mission auf der Erde? Wie würde sich Erfolg oder Versagen auf die Gruppenseele auswirken?«

»Die anderen wachsen zusammen mit euch, mit euren Fortschritten. Sie gewinnen und verlieren mit euch. Weil am Ende alle eins sind, seid ihr gemeinsam erfolgreich oder versagt gemeinsam.
Wir sind alle bestrebt, dass die gesamte Existenz fortschreitet zu mehr Liebe, Licht und Einheit; weg vom Getrenntsein, hin zu Vollendung, zur Verschmelzung.«

∼

Liebe Leser, mir ist bewusst, dass dieser ungewöhnliche aber lehrreiche Abschnitt des Buches, den ich aus nachvollziehbaren Gründen auch unveröffentlicht hätte lassen können, Ihnen eine bessere Vorstellung über meine Persönlichkeit verschafft und was mich in meinem Leben beschäftigt.
Vielleicht wurden Sie durch dieses Kapitel dafür sensibilisiert, zu bemerken, wenn Sie selbst von Ihrem eigenen Ego beeinflusst und aufgehalten werden, was sie eventuell daran versucht zu hindern, einen spirituell erhabenen und positiven Weg des Fortschritts zu gehen...

11 — Die Unterstützung der Menschen durch Engel

»*Liebe zieht gute Geister an;
Angst, Hass, Eifersucht, Ego und alles,
was es sonst noch an Negativität gibt,
ruft böse Seelen an.*«

(Ramta)

Ramta ließ uns wissen, dass es gut wäre, in diesem Buch auch zu erwähnen, dass Menschen durch Engel geleitet werden und von ihnen Hilfe erbitten können. Deshalb wurden im Interesse der geistigen Welt auch hierfür einige aufschlussreiche Channelings durchgeführt. Der erste Dialog zum Thema »Engel« begann mit den Worten Ramtas, nachdem sich Frank in einem empfangsbereiten Zustand befand:

»*Wir möchten den Menschen mitteilen, dass sie sich für die Welt der Geister und Engel öffnen können. Sie können, genau wie ihr, mit uns in Kontakt treten.*
Viele von uns warten darauf, den Menschen helfen zu dürfen!«

»*Was sind die Voraussetzungen für eure Hilfestellung?*«

»*Die Bitte des Betreffenden, der Glaube und die Erlaubnis durch den Schöpfer. Ohne den persönlichen Willen eines Individuums dürfen wir in dessen Leben nicht eingreifen – mit Ausnahme der Schutzengel, auf die wir später noch einmal zurückkommen werden. Die Bitte um Hilfe dient hierbei dem Zweck, dem persönlichen Willen Ausdruck zu verleihen. Der Glaube des Menschen an höhere Welten dient dabei der positiven Programmierung des Unterbewusstseins. Es kann sich nicht erfüllen, an was man nicht glauben kann. Glaube versetzt Berge!*
Die Erlaubnis des Schöpfers ist unabdingbar, denn es darf nicht in alle Situationen eingegriffen werden, selbst wenn Bitte

und Glaube vorhanden sind. Manche Dinge müssen geschehen, um die größere Ordnung im Kosmos aufrecht zu erhalten.
Die Engel warten darauf, helfen zu dürfen, denn durch ihre Hilfe den Menschen gegenüber können auch sie selbst in immer höhere Sphären aufsteigen.«

»Die Menschen denken oft, sie seien allein mit ihren Problemen!«

»Ja, aber dem ist nicht so. Viele werden früher oder später erkennen, dass sie sich an die Wesen höherer Sphären wenden können, damit ihnen Unterstützung gewährt wird. Viele Dinge werden dadurch einfacher. Viele scheinbar unüberwindbare menschliche Probleme können wir oft fast wie von selbst zum Verschwinden bringen.«

~

Frank begab sich wieder einmal in einen medialen und entspannten Seinszustand und öffnete sich den geistigen Ebenen, indem er dieses Mal eine Affirmation wählte, die wie folgt lautete: »Ich öffne mich der geistigen Welt und diene als Medium!« Nach reichlicher Entspannung und mehrfacher Wiederholung der gewählten, stillen Affirmation, prasselten folgende Botschaften auf Frank nieder:

»Wir dienen euch als Führer, als Boten, als Erinnerung, damit ihr Menschen wieder erkennt, was ihr wahrhaft seid, woher ihr kommt und wohin ihr geht. Wir spenden euch Trost und Kraft in schweren Zeiten und wir wachsen und erfreuen uns an eurem Glück, wenn Dinge wahrlich gut gelaufen sind und ihr eurem spirituellen Ziel näher gekommen seid.
Doch bedenkt: Wir helfen nicht bei der Verwirklichung egoistischer oder zerstörerischer Wünsche. Wenn euch hierbei Hilfe zuteil wird, dann stammt sie nicht aus dem Licht, sondern aus den Tiefen der Finsternis.«

»Du sprachst über Schutzengel...«

»Schutzengel begleiten Menschen auf Anordnung des Höchsten. Sie bewahren menschliches Dasein.

Menschen sind manchmal unachtsam und laufen somit Gefahr, ihrem Lebensplan vorzeitig ein Ende zu setzen oder versehentlich großes Unheil anzurichten. Schutzengel verhindern dies in vielen Fällen.

Ich denke, die Meisten hatten schon Erlebnisse, in denen ihnen intuitiv der Gedanke kam, dass wohl eine höhere Macht sie bewahrt haben muss und dem war in den meisten Fällen dann wohl auch so.

Versucht nicht, solche Situationen herauszufordern, denn wer bewusst mit dem Leben spielt, der trachtet danach, es zu zerstören. Dieser bewusste oder auch unbewusste Wille muss von uns geachtet werden. Geht immer mit Vorsicht und Rücksicht durch die Welt und ihr könnt das höchstmögliche Lebenspotential erreichen!«

»Ramta, ich danke dir für diese Botschaften!«

»Verbreitet diese Botschaften in der Welt. Sie dienen zum Wohle aller, die das Licht anstreben und sind eine Inspiration für jene, die es noch suchen.
Seid gesegnet und im Licht!«

»Ich danke dir mein Freund!

Ramta, ich fühle mich derzeit ein wenig in der Kommunikation blockiert, zumindest empfange ich kaum Botschaften. Woran liegt das?«

»Du hast in letzter Zeit viel gearbeitet und vieles hat sich bei dir verändert. Du bist auf dem richtigen Weg. Mache dir keine Gedanken über das Wann und Wie. Alles kommt zur rechten Zeit und auf die richtige Art.
Du hast um Führung gebeten und diese wird dir auch zuteil, auch wenn du es manchmal nicht spüren kannst. Wir sind bei dir, wisse dies!«

»Es beruhigt mich zu wissen, dass ihr da seid!«

»Ja, das sind wir – tagein, tagaus!«

»Okay, gut! ... Dann können wir nun zurück zum Thema.

Haben Menschen eigentlich mehrere oder verschiedene spirituelle Führer bzw. geistige Helfer im feinstofflichen Bereich?«

»Je nach Stadium, das eine Seele erreicht, wechseln unter Umständen auch die spirituellen Führer. Das muss aber nicht zwingend so sein. Jedenfalls werdet ihr ständig begleitet.«

»Wie können sich Menschen der Hilfe höherer Wesen bewusst werden, wenn sie noch kein Bewusstsein dafür haben?«

**»Das Gewahrsein für höhere geistige Dinge entwickelt sich nach und nach. Alles beginnt mit dem Willen, voranzuschreiten, sich selbst zu erfahren als das, was ihr wahrhaft seid.
Die Seele dürstet danach, aus der Finsternis herauszutreten, hinein in das Licht. Irgendwann beginnt auch der Verstand dies zu begreifen oder zumindest es zu erahnen. Doch vom Willen bis zur bewussten Wahrnehmung feinstofflicher Präsenzen sind oft noch einige Schritte zu unternehmen. Ein paar wenige haben bereits diese Sensibilisierung, um die geistige Welt wahrzunehmen. Zumeist bringen viele diese Fähigkeit aus einer vorigen Entwicklungsstufe mit, aus einer vorigen Inkarnation.«**

»Was können Menschen bewusst tun, um sich für die geistige Welt zu öffnen oder sich zu sensibilisieren?«

»Wenn sie beharrlich ihre Wahrnehmung auf spirituelle Themen richten, sie tief im Herzen den Wunsch verankern, die Wahrheit zu schauen und Dinge zu erfahren, die hinter allem Augenscheinlichen liegen, dann wird sich die Wahrnehmung und alles andere mit der Zeit darauf einstellen – ihr erkennt, was ihr wirklich seid!«

»Ich danke dir herzlichst für die neuen Durchsagen!«

DIE WELT UND DIE MENSCHEN SIND IM WANDEL

Nach einem arbeitsreichen Tag zu Hause angekommen, ließ Frank die Geschehnisse der letzten Zeit Revue passieren und bereitete sich auf die nächste Unterhaltung mit Ramta vor, um neue Botschaften Schwarz auf Weiß festzuhalten...

Nachdem Frank seinen Körper in den Ruhezustand versetzt hatte, sein Bewusstsein mit schamanischer Trommelmusik erweiterte und er sich bereit fühlte, mit unserem spirituellen Führer in Kontakt zu treten, dachte er über unser »Die Reise ins Licht«-Projekt nach – über das Buch, das Sie gerade lesen – und formulierte sogleich die erste Frage, um den Informationsaustausch einzuleiten:

»*Werden wir mit unserem Buch etwas bewegen können?*«

»*Ja! Und ihr habt bereits vieles bewegt, nur fällt euch dies nicht auf!*

Wenn die Menschen erkennen, dass sie nicht nur aus Fleisch und Blut bestehen, sondern geistige Wesen sind, dann wird bei vielen das Leben auf einmal einen Sinn ergeben. Die Sinnlosigkeit nimmt ein Ende und dadurch wird sich das Bewusstsein auf der ganzen Welt wandeln.

Ihr steht vor einer großartigen Zeit. Seid aufmerksam und beobachtet die größeren Zusammenhänge des Weltgeschehens und ihr werdet Veränderungen feststellen. Die Welt und die Menschen sind im Wandel!«

»*Ich mache mir immer wieder Gedanken, ob wir wohl genügend Material für weitere Buchprojekte sammeln können.*«

»*Seid ihr denn bereit, ein Wissen universalen Ausmaßes zu erchanneln, zu verarbeiten und den Menschen zur Verfügung zu stellen? ... Ja, natürlich seid ihr es, sonst wären wir alle gemeinsam nicht an diesem Punkt angekommen.*

Sorget euch nicht! Verbreitet einfach immer die Informationen weiter, die ihr habt. Übermittelt sie an so viele Menschen, wie es euch möglich ist.

Wenn ihr beständig und langfristig mit uns, der geistigen Welt, zusammenarbeitet, dann werdet ihr sehr viel bewegen. Ihr werdet umfangreiche Informationen erhalten – mehr, als ihr euch gegenwärtig vorstellen könnt; so, dass sogar euer Ego stolz darauf sein wird und die Schubladen eures Denksystems voll aufgefüllt sein werden!

(An dieser Stelle verspürte Frank eine humorvolle Belustigung Ramtas über unser systematisches Ego-Denken)

Wir, die Mitglieder der geistigen Welt, eurer Gruppierung und der dazugehörigen übergeordneten Instanz sind bereit, euch ein Volumen an Wissen zu liefern, wie ihr es nicht für möglich haltet. Wir stehen in den Startlöchern, um das erhabene Werk zu komplettieren. Aber seid gewiss: Dies bleibt nicht das einzige Buch, das wir zusammen schreiben werden.

Eure Welt steht vor großen Veränderungen. Nutzt diese Zeit, um euch selbst weiter zu entwickeln. Es wird ein großer Fortschritt werden. Schaut auf die guten Dinge, die euch widerfahren und bewahrt euch dafür ein dankbares Herz. Denn aus einem dankbaren Herz wird großes Glück und Zufriedenheit geboren.

Wir werden euch begleiten, euch immer wieder energetisch aufladen und eure Schwingung erhöhen, damit euer physischer Bewusstseinsträger den Anforderungen standhalten kann, die auf euch zukommen. Es wird eine gute Zeit!

Habt Dank, dass ihr mit uns arbeitet. Habt Dank, dass ihr euch der geistigen Welt geöffnet habt. Viele werden durch euch inspiriert werden und ihren Weg auf den Pfad ins Licht finden. Dies ist der größte Dienst, den ihr den Menschen auf eurem Planeten in dieser Dimension erweisen könnt. Weist immer und immer wieder darauf hin, dass der Mensch nicht allein der physische Körper ist, sondern ein unsterbliches Energiewesen, das in ihm wohnt und sich des festen Körpers als Ausdrucksmittel in der Materie bedient. Dies zu lehren, ist der wohl wichtigste Aspekt eurer derzeitigen Mission.

Wir ehren euch. Licht sei mit euch und es erstrahle durch euch in die Welt!«

UNSINNIGE KATEGORISIERUNGEN

Da Frank zu diesem Zeitpunkt keine weiteren Fragen über Engel eingefallen sind, fragte er mich, ob ich noch weitere themenbezogene Fragen hätte. Ich machte mir Gedanken und bereitete einige neue Fragen vor, damit wir von Ramta weitere Informationen über Engel erhalten konnten.

»Wie kann man eine Verbindung zu spirituellen Führern oder Schutzengeln herstellen?«

»*Es genügt ein Gedanke, damit sie euch wahrnehmen können.* (Anm. des Autors: Siehe Kapitel 3 ‚Die Arbeit als Medium') *Damit ihr sie allerdings wahrnehmen könnt, bedarf es noch mehr. Hierüber werden wir aber später näher eingehen.*«

»Was ist ein Schutzengel und wie sieht er aus?«

»*Ein Schutzengel ist eine Seele, die euch in euren Inkarnationen hilfreich zur Seite steht. Das Aussehen ist so unterschiedlich, dass wir hier keine allgemeingültige Aussage treffen können.*«

»Besitzen Engel Flügel oder ist diese Annahme allein von den Menschen erdacht?«

»*Die Flügel gehören zur menschlichen Symbolik. Ein Engel benötigt diese nicht, um sich fortzubewegen.*«

»Wann wurden die Engel geschaffen und leben sie ewig?«

»*Eine jede Seele wurde zu einem anderen Punkt erschaffen und ebenso lebt jede Seele ewig. Doch der Zeitpunkt der Erschaffung kann in euren Zeitangaben nicht erklärt werden, da bei uns der Faktor Zeit nicht existiert.*«

»Gibt es eine feste oder variierende Anzahl von Engeln?«

»*Dadurch, dass sich immer wieder neue Engel hinzu gesellen, schwankt deren Anzahl. Nichts bleibt immer gleich. Alles Seiende wandelt sich ständig!*«

»Haben Engel ein Geschlecht und können sie sich fortpflanzen?«

»*Engel sind Seelen. Sie pflanzen sich nicht fort, sie werden erschaffen. Geschlechter verschiedener Art werden somit nicht benötigt und sind auch nicht vorhanden. Trotz allem ist es Engeln möglich, sich in männlicher oder weiblicher Gestalt zu zeigen, da sie ihr Aussehen nach Belieben verändern können.*«

»Was bedeutet die Bezeichnung ‚Engel' und besitzen Engel individuelle Namen?«

»*Ihr Menschen benötigt Bezeichnungen und Namen, um Dinge in euren Gedanken einordnen zu können. Wir benötigen diese nicht!*«

»Woran erkennt man das Wirken der Engelwesen?«

»*Sehet, wo das Licht ist, wo scheinbar Wunder geschehen; dort sind gute Seelen am Werk. Und es sind nicht immer nur Engel, so wie ihr sie seht. Es gibt zahlreiche Seelen, die einen solch hohen Status noch nicht erreicht haben und doch lassen auch diese ihre wunderwirkenden Kräfte für euch arbeiten. Dadurch erzielen sie Fortschritte.*«

»Woraus sind Engel geschaffen? Bestehen sie aus einer anderen Grundsubstanz als die inkarnierten Menschenseelen? Wenn ja, worin liegt der Unterschied?«

»*Alle Seelen sind aus dem gleichen Stoff. Engel unterscheiden sich nur im Grade ihrer Meisterschaft, ihrer Fähigkeiten und im Vergleich zu anderen Entwicklungsstufen.*
Glaubet aber nicht, dass Engel die höchsten Wesen sind. Es gibt höchste Dinge, die ihr zu erfahren noch nicht fähig seid.«

»Dann sind Engel also keine besondere Schöpfung?«

»*Das habe ich schon beantwortet. Alle Seelen entstammen derselben Quelle, und Engel sind Seelen!*«

»Anhänger einiger Religionen verwenden für Engel verschiedene Begriffe wie ‚Schutzengel' oder ‚Erzengel'. Existieren demnach verschiedene Engelarten oder -gruppen? Wenn ja, erzähle uns bitte etwas darüber!«

»*Der Grad des Fortschritts ist ein fließender. Dieser kann nicht so abgegrenzt werden, wie ihr Menschen dies gerne tut. Und wie schon erwähnt, sind Unterteilungen bei uns nicht wichtig.*
Ihr ordnet die Engel je nach Tätigkeit in bestimmte Gruppierungen ein. Bedenkt, dass sich die Tätigkeiten der Engel genau so verändern, wie auch der Fortschrittsgrad dieser Seelen.«

~

»Ramta, mein Freund, darf ich dir heute weitere Fragen stellen, die Matthias zum Thema Engel ausgearbeitet hat?«

»*Ja, tue dies. So lasse uns voran schreiten!*«

»Was hat es mit den auf der Erde bekannten Engelsbezeichnungen ‚Deva', ‚Cherubim', ‚Elohim' und ‚Seraphim' auf sich? Was kannst du uns denn zu diesen Begriffen im Einzelnen erzählen, auch, wenn es sich hier wohl wieder einmal um unsinnige menschliche Kategorisierungen handelt?«

»*Es sind Sparten, die ihr Menschen oder ihr Völker der unterschiedlichen Epochen den Engeln, wie ihr sie nennt, zugeteilt habt. Die Interpretationen hierfür sind weitreichend und entsprechender Literatur eurer Welt bereits zu entnehmen.*
Die Engel führen ihre Dienste zwar gemäß eurer Einteilungen aus, aber nicht deswegen, weil sie zum Beispiel Elohim sind oder dergleichen. Aber lasst mich etwas zu euren Sparten erzählen.

Die Elohim, wie ihr sie nennt, sind höher gestellte Engel des Lichts, die der Verbreitung der Liebe in eurem Universum unterstehen und natürlich auch anderen Dingen. Die Cherubim sind Meister des Lichts. Die Deven sind die Reiterinnen der Himmlischen Heerscharen und die Seraphim sind Boten Gottes.
Diese und ähnliche Beschreibungen findet ihr in vielerlei eurer Weltliteratur. So oder ähnlich – vielleicht manchmal auch auf eine etwas andere Weise – beschreibt ihr Menschen diese Sparten.«

»Wenn Engel keiner Namen bedürfen, ist es dann so, dass die Menschen von sich aus für die Erzengel Namen erfanden, wie ‚Michael‘, ‚Gabriel‘, ‚Raphael‘, ‚Uriel‘ und andere?«

»Wir können Namen benutzen und auch auf Namen hören, doch sind sie nicht notwendig für das Dasein auf der feinstofflichen Ebene.
Manchmal werden Namen auch bewusst erwählt, um es den inkarnierten Seelen einfacher zu machen, sich an erwählte Engel zu wenden.«

»Übrigens, Matthias ist bei dem heutigen Telefonat mit mir ein interessanter Gedanke in den Sinn gekommen: Bist du kategorisch gesehen auch ein Engel, also so, wie wir Menschen es beurteilen würden?«

»Ja, kategorisch gesehen schon, doch in Wirklichkeit sind wir alle eins. Es gibt keinen Grund, solche Dinge zu unterteilen. Nur ihr Menschen wollt alles in Schubladen ordnen können.«

»Da fällt mir gerade noch einmal etwas ein: Du erwähntest einst in einer Botschaft für Matthias, dass du ein Bote Gottes wärst. Dann gehörst du also zu den Seraphim, oder?«

»Gemäß euren strukturellen Richtlinien ist das richtig. Doch seid gewiss: Das wahre Potential übersteigt jedwede eurer Kategorisierungen. Es gibt Dinge, wo Worte aufhören und Gefühle und Energien anfangen. Dort müsst ihr die Wahrheit suchen!«

»Wenn man versucht, einen Engel anzurufen und man diesen je sehen kann, woran erkennt man dann eindeutig, dass das gerufene Wesen tatsächlich ein Engel ist und kein beliebiges anderes Wesen, welches den Ruf eines Menschen zufällig vernahm, das aber der menschlichen Vorstellung von einem Engel nicht entsprechen oder würdig sein könnte?«

»Ihr wisst es einfach, wenn es eintreffen sollte. Ihr fühlt es und es ist euch ein intuitives Wissen einverleibt. Ihr werdet euch dann sicher sein.«

»Wenn man sich an die feinstoffliche Welt wendet, um einen Engel zu rufen, wird dann unmittelbar dem Ruf eines Menschen Folge geleistet?«

»Nicht unmittelbar – je nach Gesinnung und Motivation des Rufenden. Man kann Engel nicht für egoistische Ziele missbrauchen. Sie durchschauen den hintersten Gedanken des Menschen.
Wenn man aber aus wirklichem Bedürfnis heraus ruft, aus ehrwürdigem Antrieb des Herzens, wenn der Grund edel ist und der Gedanke rein, dann wird sich eine entsprechende Energie hinzugesellen. Es heißt aber leider nicht, dass jedweder Wunsch auch erfüllt werden kann. Doch werdet ihr begleitet.«

»Wie kann man feststellen, ob die Anrufung eines Engels erhört wurde, wenn man einen solchen nicht visuell wahrnehmen kann, sich aber ein solches Wesen in die Nähe der rufenden Person begeben hat? Gibt es Erkennungsmerkmale, wie Temperaturschwankungen oder Lichterscheinungen, körperliche Berührungsempfindungen oder Ähnliches?«

»Engel können sich mitteilen, so wie auch Geister dies können, da es alles Seelen sind. Jedoch wird es keine Temperaturschwankungen geben, wie es eventuell passiert, wenn niedere oder gar böse gesinnte Geistwesen den Raum betreten.
Es ist nicht immer gesagt, dass ihr die Engel wahrnehmen werdet. Ganz im Gegenteil: Wenn Engel unerkannt bleiben möchten, so werdet ihr sie nicht wahrnehmen. Und wenn sich ein En-

gel zeigen möchte, so geschieht dies auf mannigfaltige Weise; in voller Liebe und Hingabe zum inkarnierten Wesen und der gesamten Schöpfung – sofern es natürlich ein Engel des Lichts ist.

Ich weise hier nochmals darauf hin, dass die Sparten und Bezeichnungen, die wir hier verwenden, nur zu eurer bildlichen Verdeutlichung der Dinge dienen. Es heißt nicht, dass wir auf der feinstofflichen Ebene die Dinge ebenso unterteilen. Im Gegenteil: Wir sehen die Dinge in größerer Gesamtheit, in Gemeinsamkeit.«

»In den unterschiedlichsten antiken und auch heutigen Kulturen und Religionen sowie in Märchen, Mythen und Legenden, war und ist von Engeln die Rede. Hier und da bestehen andere Vorstellungen vom Erscheinungsbild und verschiedenste wörtliche Bezeichnungen für sie. Du sagtest, dass Engel ihr Aussehen beliebig verändern können. Zeigen sich Engel den Menschen gerne in der Form, die jemand aufgrund seiner Kultur und seines Umfeldes am besten annehmen kann, zum Beispiel mit Flügeln oder Heiligenschein?«

»Ja, das kann durchaus geschehen. Es wird den Menschen dadurch oft einfacher gemacht, diese Erlebnisse und Erscheinungen einordnen zu können. Die Menschen werden dadurch in ihrem Glauben unterstützt, so dass diese sich weiter auf den Weg begeben in Richtung Entwicklung und Wachstum. Doch wie Vieles ist es diesen Seelen freigestellt, wie sie ihre Mission handhaben möchten.«

INKARNIERTE ENGEL

»Leben auf der Erde inkarnierte Engel, um so die Menschen auch auf diese physisch verkörperte Weise zu unterstützen? Wenn ja, ist es ihre Absicht, Aufmerksamkeit in positiver Weise zu erregen oder führen sie ihre irdische Aufgabe eher unentdeckt durch?«

»Ja, es leben einige Engel und gute Seelen inkarniert in einem menschlichen Körper auf eurem Planeten zu dieser Zeit. Ihre

Aufgabe ist ähnlich eurer – wenn auch im Feinen etwas anders – diesen Planeten, die Gesellschaft und das Dasein zu transformieren.

Der negativen Energien sind viel in dieser Zeit und es bedarf großer Geister und Energien, diesen Planeten auf den Weg ins Licht zu steuern und zu unterstützen.

Ihr werdet Engel zwar als solche nicht erkennen und zumeist wissen die inkarnierten Engel es selbst nicht, da sie einst durch den Tunnel des Vergessens gereist sind, genau wie alle anderen Inkarnierten.

Doch betrachtet die Welt und das Dasein als Ganzes und es wird euch zumindest vergönnt sein, den großen Wandel zu erkennen, der die Liebe ins Dasein ruft.«

»Könnten sich hinter Menschen wie Frank und mir, die in ihrer Kindheits- oder Jugendzeit häufig gehänselte Außenseiter waren – weil sie irgendwie anders in den Augen ihrer Schulkameraden waren – aus spiritueller Sicht oft fortschrittlichere, verkörperte Wesen verbergen?«

»Die höchsten Geister werden in eurer Welt oft in Irrenhäuser und Erziehungsheime geschickt, weil sie sich dem Machtinstrument eurer Wirtschaft nicht fügen möchten, weil sie mehr wissen und dies kund tun. Andere Menschen können damit oft nicht umgehen, bekommen Angst und stecken die Erleuchteten dann weg in die Dunkelheit und lassen sie allein mit ihren Gedanken und ihrer Intuition.«

»Müssen Wesen mit höherer Meisterschaft, die von den Menschen als ‚Engel' bezeichnet werden, auf der Erde oder im feinstofflichen Wirkungsbereich selbst noch etwas lernen und erfahren?«

»Niemand, der sich im dualen Universum aufhält, ist vollkommen. Nichts Erschaffenes, das in dieser Dualität wohnt, ist vollkommen. Der Schöpfer allein ist es!«

∽

Kapitel 11

Wir sind in einer Zeit, in der sich die Menschen an höhere Daseinsebenen wenden können und um Hilfe und Führung bitten dürfen. Sie wird gewährt, wenn der Glaube stark und der innere Wunsch groß ist. Frank und ich sind Beispiele unter vielen auf dieser Welt, die aufzeigen, wie ein Leben durch die Hilfe guter Wesen verbessert und optimiert werden kann, damit es den Menschen besser gelingt, auf den Weg zum Licht zu gelangen und auf ihm zu bleiben.

12) Die Kraft der Liebe und der Gedanken

»*Schlechtes zieht Schlechtes an und Gutes zieht Gutes an – das ist das Gesetz!*«

(Ramta)

Ramta übermittelte Frank den Impuls, dass an dieser Stelle des Buches noch ein paar Botschaften zum Thema Liebe und Harmonie sowie über Gedanken Einfluss nehmen sollen...

Liebe – Die stärkste Kraft im Universum

Entspannt ließ ich mich in einem Sessel nieder und bereitete mich darauf vor, in einen erweiterten Bewusstseinszustand einzutreten. Meine Gedanken kreisen um Liebe und Harmonie. An dieser Vorstellung hielt ich fest, bis ich spürte, dass ich eine Verbindung zur geistigen Ebene besaß und sogleich mit einer passenden Frage in den Dialog eintrat...

»Erzähle mir etwas über die Liebe!«

»Die Liebe gibt unendlich viel. Sie erwärmt eure Herzen. Sie reicht Hände zum Helfen. Sie bewegt und ist doch so bewegungslos. Der Schöpfer liebt euch und auch wir lieben euch; und doch fühlt ihr euch oft so alleine in diesem unendlich großen Universum.«

»Kann ich etwas tun, um die Liebe auf dieser Welt zu vermehren?«

»Ja, liebe dich selbst. Erst, wenn du fähig bist, dich selbst zu lieben, erst dann kannst du auch deine Liebe nach außen projizieren.«

»*Wie liebe ich mich selbst?*«

»**Nimm dich an, genau so wie du bist, mit all deinen Fehlern und Schwächen. Gott hat dich so erschaffen, weil es einen Sinn macht. Und was Gott liebt, das sollst du nicht abstoßen.
Dich selbst zu lieben, ist dein erster Schritt!**«

»*Nachdenklich fragte ich mich erneut: Wie kann ich mich selbst lieben?*«

»**Sieh dich selbst an. Sieh die vollkommene Schönheit, die Reinheit, das göttliche Licht in dir!
Die Begrenzungen, die du manchmal zu sehen glaubst, sind dir von anderen Menschen auferlegt worden. Die Zweifel sind nicht deine eigenen. Du hast sie einst von jemandem übernommen. Streife all diese Ketten ab, mache dich frei vom Ballast der Vergangenheit und du wirst beginnen zu sehen, wer du wirklich bist!**«

»*Wieso kränken einen die Menschen so oft?*«

»**Sie haben Angst und Angst bedeutet, ‚nicht überleben'. Sie geben die Angst an andere Menschen ab, um selbst wieder Sicherheit zu spüren, wieder die führende Rolle zu übernehmen. Was sie dabei wirklich tun, ist ihnen nicht bewusst. Sie gehen blind durchs Leben.
Angst erzeugt negative Energie und diese lässt sich natürlich auch verbreiten. Wenn man bewusst die Angst in Liebe einhüllt, um sie zu transformieren, dann hat man schon einen großen Schritt zur Verbesserung der Welt getan. Liebe ist immer stärker als Angst!**«

»*Dann erzeugt Liebe positive Schwingung, oder?*«

»**Ja und auch diese Schwingung lässt sich verbreiten. Jeder liebende Gedanke, jedes liebende Wort und jede liebende Tat bringt die Menschen dem Licht etwas näher. Es liegt an einem jeden von euch, daran teilzunehmen.**«

»Kann man Liebe auch über große Entfernungen schicken?«

»Entfernungen spielen keine Rolle. Gedanken überspringen Raum und Zeit. Sendet eure Liebe wohin immer ihr möchtet – es wird Resultate zeitigen.
Verbringt so viel Zeit als möglich in positiver Schwingung, denn so kommt ihr dem Göttlichen nahe.«

»Ich danke dir, dass du uns so gut anleitest. Es ist schön zu wissen, begleitet zu werden.«

»Ich danke dir für deine Zeit. Ich danke euch für die Durchführung dieses Projekts.
Seid gesegnet. Liebe sei mit euch!«

Wir dachten über die lehrreichen Worte nach, die Frank vor wenigen Tagen übermittelt bekam. Er wusste, dass er in der kommenden Kommunikation mit Ramta nochmals auf die Liebe eingehen werden würde, um weitere Durchsagen über dieses wichtige Gefühl zu erhalten, auf das sich unser physisches und nichtphysisches Dasein aufbaut...

»Ramta, erzähle mir mehr über die Liebe und die Harmonie.«

»Liebe gibt. Sie ist so unendlich tiefgründig. Sie führt uns zum Ziel. Liebe hat Bestand. Liebe ist stark wie ein Fels. Sie ist die stärkste Kraft im Universum. Liebe führt immer zum Sieg, sofern sie denn eingesetzt wird!«

»Doch Liebe verletzt auch manchmal!«

»Nein, Liebe verletzt niemals! Es sind die Menschen, die manchmal verletzen, wenn sie voller Angst sind und sich von bösen Mächten irreleiten lassen.
Das Böse verfolgt stets die Absicht zu zerstören und so mischt es sich oft unter die Liebenden; die Liebe gerät in Verruf. Äußer-

lich scheint die Liebe verletzbar zu machen, aber dem ist nicht so. Liebe heilt, Angst verletzt. Liebe kann Angst transformieren, so dass das Böse nicht bleiben kann. Es bleibt die Liebe.«

»*Der Schein trügt wohl oft?*«

»Ja! Ihr Menschen lasst euch viel zu sehr von Äußerlichkeiten leiten. Doch oft sind genau diese Dinge nur Illusion. Nehmt euch Zeit und schaut in das Herz aller Dinge – hinter die Fassade – und ihr erblickt das wahre Gesicht: den Ursprung!«

»*Wie können wir das genau erkennen?*«

»Seht nicht nur durch eure Augen, seht auch durch euer Herz. Eure wahren Gefühle geben euch Signale. Beachtet sie!«

»*Was ist, wenn man mit dem Herzen nicht sehen kann?*«

»Manche Herzen scheinen wie aus Stein. Sie sind hart, kalt und allein. Sie bedürfen der Liebe, um sich zu öffnen. Verhelft diesen Herzen, diese Liebe zu erfahren, wo immer ihr ihnen begegnet. Diese ist ebenfalls eine eurer Aufgaben und auch die vieler anderer Lichtarbeiter. Heilt die Herzen dieser Welt!«

»*Liebe kann sehr viel bewegen, nicht wahr?*«

»Liebe bewegt alles. Ohne Liebe wäre eine Existenz nicht möglich. Selbst das vermeintlich Böse kann nur existieren, weil es eine Liebe gibt. Doch die Liebe ist ewig, ist Wahrheit. Das Böse ist nur eine Projektion ohne Bestand. Das Böse löst sich auf, sobald die Liebe den Raum betritt!
Die Liebe sollte das Fundament eures Handelns sein. Je mehr Liebe ihr in euren Herzen tragt und diese in die Welt hinaus strömen lasst, umso schneller findet ihr den Pfad in ein höheres Dasein, zum Göttlichen und schließlich nach Hause.
Die wahre göttliche Liebe ist das Einzige, das wirklich zählt, denn diese ist es, die von Dauer ist!«

»Nun ja, es ist nicht immer ganz einfach, hier auf der Erde, in so einem Körper inkarniert zu sein, mit einem materiell denkenden Ego, das sich immer einzumischen versucht!«

(Ramta lacht)
»Ja, da hast du allerdings recht! Ich habe auch unzählige Leben zugebracht auf eurem und auf anderen Planeten. Auch ich war einst in euren Situationen, auch ich musste dies alles bewältigen. Doch bald habt ihr es geschafft! In fünfzig Jahren werdet ihr Meister eurer Sache sein, sofern ihr euch nicht für einen anderen Weg entscheidet – nämlich den Weg des Egos und der Materie. Haltet stand und ihr werdet tausendfach belohnt werden!«

»Ich halte stand! Ich möchte nicht wieder in mein altes Leben zurückfallen. Die physische Dimension kann mir kein wahres, bleibendes Glück bereiten. Das wahre Glück liegt im Herzen, im Innern und dieses nimmt man ja mit bis weit über den physischen Tod hinaus, wie du uns das gelehrt hast.«

»Ja, du hast da vollkommen recht! Was übrig bleibt, ist Liebe. Ich habe einst dunkle Täler durchwandert, habe Herausforderungen getrotzt, um am Ende die Liebe in mir zu haben und die hat sich bis zu diesem Zeitpunkt immer bewahrt.
Die Liebe ist das Licht, der reine Glanz, der Stern, das Funkeln in den Augen deines Gegenübers. Schaue in die Augen eines geliebten Menschen und du wirst erkennen, was ich meine.
Das Licht ist jetzt schon bei euch und später wird es sich auf tausendfache Weise manifestieren – in euch, um euch und überall.
Ihr seid gekommen, um behilflich zu sein, Licht zu verbreiten, auf dass auch jene Menschen Liebe erfahren, die sich bereits aufgegeben haben. Diese Menschen warten auf die Legionen des Lichts und ihr seid ein Teil dessen. Macht euch dies immer wieder bewusst. Ihr seid ein Zahnrad in einem Getriebe, das den Motor des Lichts und der Liebe steuert.«

»Ich bin gerührt! Ich hoffe, wir bleiben auf unserem spirituellen Weg.«

»Ein jeder entscheidet für sich selbst. Sei dankbar für jede Minute, in der ihr gemeinsam auf eurem Wege seid.«

»Ich spüre gerade eine leichte Erschöpfung und denke, dass ich mich zur Ruhe begeben sollte.«

»Nun gehe schlafen. Sei gesegnet. Das Licht sei mit dir!«

»Danke für eure Unterstützung!«

»Wir danken dir und auch Matthias für eure wundervolle Arbeit mit uns!«

∿

Die Arbeit, die unser nichtphysischer Begleiter erwähnt, bezieht sich nicht nur auf die Arbeit an diesem Buch, sondern auch darauf, die Worte des Lichts gezielt einzusetzen. Sie bedeutet, Liebe zu geben sowie Interesse für die Dimensionen zu wecken, die sich hinter dem trüben Vorhang unserer materiellen Welt verbergen. Das sind die Daseinsebenen, die den größeren Teil unserer umfassenden Realität jenseits der Wahrnehmungen unserer physischen Sinne darstellen. Unsere wahre Natur und nichtphysische Heimat ist durch die scheinbar undurchdringliche Dichte der Physis in uns allen in Vergessenheit geraten und es liegt nun an den Menschen selbst, sich wieder ihrer Herkunft zu erinnern.

Äusserer Einfluss mit tieferem Sinn

Wie schon kurze Zeit nach Beginn der Aufzeichnungen für dieses Buch, trug sich wieder ein auffälliges Ereignis zu: Ich öffnete die Haustüre auf ein Klingeln an einem frühen Abend und war verblüfft, als zwei Anhänger der bereits in Kapitel 2 erwähnten religiösen Glaubensgemeinschaft mir erneut einen Besuch abstatteten. Eine der beiden Personen war schon bei der ersten Begegnung dabei und wusste über unsere medialen Tätigkeiten Bescheid.

Zum einen schlugen die spontanen Besucher ihre Bibel auf, um mir diverse Textstellen daraus zu zitieren. Zum anderen warnten sie uns, dass wir in großer Gefahr seien, wenn wir mit Geistern Unterhaltungen führten. Ich war damit nicht einverstanden und klärte diese Leute mit positiven Worten auf. Sie sollten ihre Zeit für Seelen nutzen, deren Augen noch geschlossen seien und die Hilfe von Lichtarbeitern nötiger hätten, als uns zu lehren und unnötigerweise Zeit zu verschwenden. Das Licht sei bereits bei uns und in uns, teilte ich den Gläubigen mit.

Ich gab ihnen mit auf den Weg, dass sie ihre Arbeit weiter so enthusiastisch ausführen sollten, da sie damit Gutes tun und wie auch Frank und ich für das Licht arbeiteten. Auch wenn dies in anderer Weise geschah, galt es, dies zu akzeptieren, wie wir nun wissen. Mit diesen Worten endete das Gespräch und die beiden Parteien verabschiedeten sich voneinander.

Sogleich rief ich Frank an, um ihn über die soeben stattgefundene Unterhaltung zu informieren. Die Begegnung mit der Religionsgemeinschaft, deren ambitionierte Anhänger besorgniserregende Zustände bei meinem Freund und mir bekundeten, schien nicht aus heiterem Himmel geschehen zu sein. Wir beschlossen, uns zur aktuellen Gegebenheit eine Meinung von Ramta einzuholen, sobald sich die nächste Möglichkeit dazu ergeben würde. Noch am selben Abend erhielten wir einen Kommentar:

»Ramta, kannst du mir etwas zu dem heutigen Geschehnis mit dieser Glaubensgemeinschaft sagen?«

»Seelen sind auf der Suche nach der Wahrheit, so auch diese. Sie unterhalten ein theoretisches Gebilde, das sich Religion nennt. Vorschriften und Dogmen zeichnen ihren Alltag. Doch die Liebe, die tief aus dem Innern des Herzens erwächst, ist ihnen häufig noch fremd. Sie hoffen auf Erlösung, doch erkennen sie oft nicht, dass sie sich selbst erlösen müssen, durch die allumfassende Erkenntnis ihrer selbst. Sie suchen sehnlichst nach der Liebe, die ihnen verheißen wird. So gebt auch ihnen ein Stück Liebe, denn ihr tragt sie in euch. Sie kommen zwar vordergründig zum Predigen, aber schaut auch hier hinter die Fassade. Füllt ihre Herzen mit kostbarem Licht, denn wir alle sind eins!«

Kapitel 12

DIE LIEBE DES LEBENS

Ramta sendete Frank während einem Spaziergang mit seinem Hund eine Mitteilung für uns, die uns erreichen sollte, da wir beide uns eine treue Lebenspartnerin wünschen:

»*Ihr seid auf der Suche nach der Liebe eures Lebens. Wenn ihr euch selbst gefunden habt, dann findet ihr sie!*«

Da wir genauer wissen wollten, wie diese Aussage im Detail zu verstehen war, hatten wir uns vorgenommen, dies mit einer Frage bei einem dafür angesetzten Channeling mit Ramta zu hinterfragen. Auch eine andere Frage wurde gestellt, die mich schon lange persönlich sehr beschäftigt…

»*Ramta, wie kannst du deine Aussage über die Liebe unseres Lebens verständlicher erklären? Was ist es genau, das wir zuerst an uns selbst finden müssen, bevor wir der Liebe unseres Lebens begegnen?*«

»*Wenn ihr euch selbst nicht wertschätzt, wie sollen dann andere euch wertschätzen? Dies gilt ganz besonders für die Liebe eures Lebens. Ihr müsst beginnen, euch selbst zu lieben und anzunehmen, so wie ihr seid. Ihr müsst nur eine Sache in euch finden: Die vollständige Akzeptanz eurer selbst!*
Niemand ist perfekt und niemand sollte das von sich erwarten. Jeder ist ausgestattet mit einzigartigen Eigenschaften und Merkmalen und dies hat einen Grund. Wenn ihr euch im Innern ablehnt, wenn ihr euch nicht mögt oder auch, wenn ihr nur Teile eures Selbst hasst, dann werdet ihr niemals auf die Person treffen, mit der ihr voll und ganz glücklich durch eure Inkarnation schreiten könnt.
Die große Liebe finden, die in allen Aspekten perfekt ist und harmoniert werdet ihr nur dann, wenn ihr diese bedingungslose Liebe in euch selbst und für euch selbst gefunden habt. Denn euer Gefühl strahlt in die Welt hinaus und zieht seinesgleichen an.«

»Matthias möchte gerne wissen, wie lange es noch dauert, bis er endlich der Liebe seines Lebens, einer für ihn ganz besonderen Frau, begegnet. Erhalte ich eine Antwort auf seine Frage?«

(Frank erwartete eine Antwort, doch zunächst geschah nichts. Nach einigen Momenten trat dann ein Wesen mit ihm in Verbindung und er stellte rasch fest, dass es sich bei diesem nicht um Ramta handelte. Offenbar war ein anderer Geist an seine Stelle gerückt. Nachdem sich Frank an die andersartige, jedoch positiv schwingende Signatur des ungekannten Wesens gewöhnt hatte, antwortete es auf die gestellte Frage):

»**Nein!**«

»Doch diese Angelegenheit beschäftigt ihn sehr!«

»**Mag sein, doch das gehört zum Plan. Er wird entlohnt werden!**«

(Parallel zu den empfangenen Worten sendete das Wesen, das sich zu Wort meldete, auch positive Gefühle an Frank, die das Gesagte untermauerten und zu verstehen gaben, dass ich etwas länger auf die Richtige warten müsse, ehe sie meinen Lebensweg kreuzen würde. Die Frau, die für mich bestimmt ist, würde ich zu einem späteren Zeitpunkt kennenlernen und für mein langes Warten belohnt werden. Für die Beantwortung der nächsten Frage ergriff dann wieder Ramta das Wort.)

»Wartet auf Matthias jemand auf der feinstofflichen Ebene, und will ihm von dort jemand etwas mitteilen?«

»***Wir warten auf ihn und noch viele andere. Es gibt einige Seelen, zu denen er sich besonders hingezogen fühlt.***
Die Liebe hier auf der geistigen Seite ist nicht mit eurer Liebe in der Physis zu vergleichen. Aber er soll sich gewiss sein, dass er herzlichst empfangen wird, sobald er von seiner Mission zurückkehrt und darunter sind auch liebende Hände, die eine tiefe Herzensverbindung mit ihm hegen.

Wir alle sind stolz auf ihn und auf seine wundervolle Arbeit für das Licht.
Staunend betrachten wir die Dinge, die ihr auf Erden erreicht. Ihr macht das wunderbar!«

Das Verlangen, der Liebe meines Lebens zu begegnen, ließ mich nicht in Ruhe und nahm einen zu großen Teil meiner Gedankenwelt ein. Es kam wie es kommen musste: Frank wurde einige Wochen später nochmals von mir darum gebeten, in dieser Angelegenheit bei der geistigen Welt mit zwei Fragen nachzuhaken. Dieses Mal allerdings nahm Ramta zu meinem Herzensanliegen Stellung:

»*Wann etwa trifft Matthias auf die Frau seines Lebens?*«

»*Schon bald! Einen genauen Zeitrahmen festzulegen ist schwer und kann niemals mit aller Sicherheit gesagt werden. Wenn es aber seinem Willen entspricht und er die richtigen Wege wählt, dann wird dies bereits in ein paar Monaten geschehen.*«

»*Kann er irgendetwas tun, um ihr schneller zu begegnen?*«

»*Raus aus dem Ego und beginnen, mit dem Herzen zu suchen. Matthias, vertraue auf höhere Führung, die dir zuteil wird. Beginne dort zu suchen, wo du bislang noch nicht gewesen bist. Öffne deine Sinne für neue wundersame Wege. Suche auch da, wo du nichts zu finden gedenkst. Denn oft begegnen uns die besten Seelen an unwegsamen Orten, an denen wir niemals ahnen, eine tiefgründige Liebe zu finden.*«

Drei Jahre vor der Veröffentlichung dieses Buches hatte sie den Weg zu mir gefunden: Eine ganz besondere Liebe, die ich auch als die Liebe meines Lebens bezeichnen kann. Doch diese Verbindung, die einst über das Internet zustande kam, erwies sich als kompliziert. Es gab in drei Jahren der Vertrautheit leider niemals eine persönliche Begegnung. Ein traumatisches Ereignis in der Vergangenheit dieser zauberhaften Person machte Begegnungen von Angesicht zu Angesicht psychologisch betrachtet »unmöglich«. Nach unzähligen Telefonstunden wurde unsere Verbindung zuletzt getrennt. Inzwischen weiß ich, dass diese Frau eine Prüfung für mich darstellte, die ich erfolgreich abgeschlossen habe. Jedenfalls hat die geistige Welt dies so signalisiert...

Viele Jahre wartete ich also auf die besondere Frau, die auf magische Weise durch viele Gemeinsamkeiten zu mir passte; eine Person, von der ich glaubte, sie existiere nicht. Schließlich trat sie in mein Leben – wenn auch nur mit ihrer Stimme. Leider konnte aufgrund ihrer traumatischen Verletzung keine Partnerschaft zwischen uns entstehen.

Die große Zeitspanne der Einsamkeit, die ich durchlebte, brachte mir die Fähigkeit, Liebe in sehr intensiver Form weitergeben zu können. Aus Bedürftigkeit ist somit ein wertvoller Gewinn entstanden.

Nun weiß ich, dass ich mich erst selbst vollständig annehmen und lieben lernen muss, um auf eine Lebenspartnerin zu treffen. Eine, die mir dann auch persönlich gegenübertreten »darf« und nicht körperlich fern von mir bleiben muss. Eine Frau, mit der ich wundervoll harmoniere; eine tiefsinnige, verspielte und romantische Persönlichkeit, die mental und emotional auf einer Ebene mit mir ist und meinen spirituellen Weg akzeptiert oder diesen sogar mit mir geht. Kurz, jemand, von dem ich mich gänzlich angenommen und wertgeschätzt fühle.

Was die Zukunft für mich bringen wird, ist ungewiss. Wird mich die Liebe eines Tages finden – der bedeutungsvolle fehlende Teil? Ich hoffe sehr...

Auch Frank setzte sich mit der Frage auseinander, die auch mich über Jahre nicht in Ruhe ließ, worauf er mit Ramta eine entsprechende umfangreiche Kommunikation führte...

»Ramta, werde ich denn glücklich sein, irgendwann?«

»Ja, wenn du zurück bist! Und es wird auch einiges geben, über das du in deinem jetzigen Leben glücklich sein kannst. Doch das Glück, das du meinst, findest du erst wieder, wenn du zurück bist und nicht mehr den Beschränkungen deiner Welt unterliegst. Du bist nämlich sehr viel größer und mächtiger, als du denkst. Du bist im Moment um ein Vielfaches eingeschränkt und das deprimiert dich, ohne dass du es weißt!«

»Jetzt weiß ich es!« (lächelnd)

»Ja, weil ich es dir gesagt habe.
Ich werde euch nach und nach Informationen geben, die auch für euch persönlich von großer Wichtigkeit sein werden. Nach und nach werdet ihr die Dinge erfahren, deren Erinnerungen ihr beraubt wurdet, als ihr durch den Tunnel der Geburt gegangen seid. Ich werde euch ab und an zur Erinnerung verhelfen.«

»Was ich hoffe zu finden, bekomme ich vielleicht gar nicht. Ich glaube die ganze Zeit, es ist der Wunsch meines Egos.«

»Nein, mein Freund, du hast viele Jahre deine Gefühle vernachlässigt. Dein Herz dürstet nach Zuneigung. Es ist wie eine vertrocknete Blume – so vertrocknet, wie die abgeblühten Blumen an deinem Fenster!«

»Immer, wenn ich in meinem Leben einem Menschen näher gekommen bin, wurde mein Vertrauen zerstört und mein Herz gebrochen. Ich weiß schon nicht mehr, wie viele Messer ich in der Brust stecken habe. Warum ist das alles nur geschehen?«

»Weil es dich zu dem gemacht hat, was du nun bist: Ein sensibler, zuverlässiger, feinfühliger und hellsichtiger Mensch, der immer darauf bedacht ist, anderen Menschen Gutes zu tun und sie nicht bewusst schädigen möchte.«

»Ja, so bin ich vielleicht. Aber zu welchem Preis? Niemand weiß, wie hart mein Leben wirklich war. Niemand kann das nachfühlen!«

»Ich gebe zu, der Preis ist hoch und es ist eine große Bürde, das alles auf sich zu nehmen, so wie du es getan hast.
Wir können es nachfühlen, denn wir haben alles mit dir miterlebt – deine Höhen und deine Tiefen.«

»Was wird mein Lohn dafür sein?«

»Freude, Liebe und das Ende deiner Reinkarnationsschleife!«

»Dann hat es einen Sinn! Ich möchte nach diesem Leben nie wieder auf die physische Ebene zurückkehren!«

»Darüber sprechen wir, wenn wir uns auf der anderen Seite wiedersehen, nach deiner Mission. Du bist mehr, als du denkst!«

»Ich predige Liebe und Freude und kann sie selbst nicht erfahren. Ich bin doch ein Heuchler, oder?«

»Du predigst diese Dinge, damit du sie selbst finden kannst. Bedenke: Diese Wahrheiten kommen von uns – nicht von dir! Indem du sie übermittelst, lernst du, neu zu leben und neu zu lieben.«

»Wenn da nicht die unendlich große Angst wäre, wieder enttäuscht zu werden.«

»Höre auf deine innere Stimme und lerne zu lieben – bedingungslos!
Vertraue mir! Ich habe dich das ganze Jahr auf einem guten Weg geführt, zu mehr Erfolg. Ich habe dich immer gut beraten. Höre auf mich. Lerne zu vertrauen!«

»Warum muss ich nur immer schwierige Entscheidungen treffen?«

»Weil du es gewählt hast, diese Position zu besetzen!«

»Ich sehe schon, ich habe gegen dich keine Chance beim Diskutieren!«

»Ich sehe nur mehr als du und kann in dich hinein sehen. Ich möchte dir lediglich ein guter Begleiter sein.«

»Irgendwann muss ich diese Dinge aufarbeiten.«

»Nein, nicht zwangsläufig. Wenn du wieder lernst zu lieben, wird das alles nicht mehr notwendig sein. Doch dazu ist es erforderlich, dass du dein Herz von dem harten Stein befreist, mit dem du es eingeschlossen hast. Erkenne deine Gefühle wieder!«

»Ich möchte nicht fühlen! Denn wenn ich zu fühlen beginne, dann ist es mir zum Weinen zumute!«

»Wenn es dir zum Weinen zumute ist, so tue dies, es reinigt deine Seele.«

»Ein Mann weint nicht – und schon gar kein Löwe!«

»Siehst du, wie verhärtet dein Herz bereits ist? Du versuchst, deine Emotionen auszugrenzen. Drum gib' acht, dass du nicht irgendwann daran zerbrichst. Nehme die Hilfe an, die man dir bietet, damit auch du gerettet werden kannst!«

»Habe ich diese Gefühle nur auf der physischen Ebene?«

»Ja, das ist dein Trost.«

»Weißt du, immer wenn besondere Menschen in mein Leben getreten sind, waren sie schon bald wieder verschwunden.«

»Habe keine Angst. Menschen treten in dein Leben; einige bleiben eine Weile, andere gehen wieder. Die Zeit, die du mit ihnen verbringen darfst, ist Gold wert. Sei dankbar für das, was du erleben darfst!«

»Um am Ende doch wieder alleine zu bleiben?«

»Du bist nicht alleine! Du hast nur verlernt zu sehen, wer alles bei dir verweilt. Du hast verlernt zu sehen, welch großes Glück dir zuteil wird. Deine Blicke schweifen sehr in der Dunkelheit. Erhebe dein Haupt und schaue, welch Sonnenschein dort herrscht. Mache dich auf und atme die Luft der Freiheit, des Fortschritts, der Liebe. Lasse alles fließen, egal wie es kommt. Halte nichts fest, lasse es kommen und gehen zu seiner Zeit, dann wirst du frei.«

»Oh Ramta, am liebsten würde ich wieder gehen, zurück, weg von dieser Welt. All zu groß ist der Schmerz, den ich erleide!«

»Weil du deinen Blick gesenkt hast, vermag die Liebe nicht zu dir durchzudringen – nicht in dem Maße, wie es möglich wäre. Warum gibst du dich auf?«

»Alleine kann ich diesen schweren Weg nicht gehen!«

»Menschen werden kommen und gehen, doch wir sind bei dir solange du lebst und darüber hinaus.
Niemand kann wirklich hundertprozentig vorhersagen, wie sich ein Mensch entscheidet – zu dynamisch sind seine Gedanken. Umso dankbarer sollte man sein, solange einen ein wertvoller Mensch begleitet, denn morgen kann es bereits vorbei sein.«

»Ja, und davor habe ich Angst!«

»Es ist kein Verlust! Wenn ein Mensch dich wenige Monate begleitet hat, dann ist es kein Verlust, wenn er geht, sondern er war eine unglaubliche Bereicherung für dich, denn du konntest durch diesen Menschen eine andere Welt sehen, konntest andere Dinge fühlen, konntest in seine Augen schauen, um dort die Liebe zu entdecken, das göttliche Licht. Das ist ein Grund zum Dankbarsein!
Sei dankbar und gebe jeden Menschen frei, damit er seine eigenen Wege gehen kann, denn auch dieser hat ein Ziel, das möglicherweise wo ganz anders liegt, als das deine.«

Kapitel 12

»*Es ist sehr schwer, diese Sichtweise zu erkennen und noch schwerer, diese einnehmen zu können!*«

»**Nichts ist leicht auf eurem Planeten. Wir ehren dich dafür, dass du auf eurer Erde inkarniert bist! Deine Position einzunehmen, hat sehr viel Mut erfordert. Du konntest sehen, was auf dich zukommt und doch bist du gegangen. Viele haben es nicht getan. Dein Lohn wird groß sein!**«

»*Vielleicht, doch ist dieser Lohn das Ganze hier wert? Wenn das Herz droht zu brechen, was bringt mir dann der Rest?*«

»**Es wird nicht brechen, es wird stärker als je zuvor! Und durch ein starkes Herz vermagst du es, sehr viel mehr Liebe und Zuneigung zu spenden, damit das Licht um dich erstrahlt in hellem Glanz.**
Wir sind bei dir! Manchmal kannst du uns wahrnehmen und manchmal nicht. Doch du bist niemals alleine!«

»*Ich muss über all das nachdenken...*«

»**Ja, tue dies. Wir werden heute Nacht für dich da sein. Wir werden mit dir zusammen versuchen, das erste Stück Stein von deinem Herzen wegzusprengen, damit du wieder beginnen kannst zu fühlen – ein klein wenig zumindest.**«

»*Welch ein gutes Gefühl ich gerade empfangen habe! Ich glaube, ich konnte einen Teil unserer Liebe, unserer Gemeinschaft, dieser Gruppierung fühlen.*«

»**Ja, du warst für einen kleinen Augenblick über die irdische Weise hinaus mit deinem Verband in Verbindung. Du konntest gerade einen kleinen Bruchteil der wahren Liebe spüren, die euch zusammenhält.**«

»*Welch gigantisches Erleben ... Ich danke dir! Schön, dich bei mir zu haben!*«

»Nun, so war es geplant und so wird es sein, bis wir uns wiedersehen – auf unserer Seite!«

DER GEDANKE – EIN SCHÖPFERISCHER MAGNET

*»Erkennt, dass euer Handeln, Sagen und Denken
eure wertvollsten Werkzeuge sind!«*

(RAMTA)

Nur wenige Tage später bekam Frank das Gefühl überspielt, dass uns bald Wissen über die Macht der Gedanken zukommen würde. Das empfundene Gefühl in dieser Richtung hatte schon bald darin Bestätigung, als Frank eines Abends mit der Absicht mit Ramta zu channeln feststellte, dass unser Botschafter aus dem Licht von sich aus damit begann, etwas über das Thema Gedanken zu erzählen...

»Gedanken besitzen eine unwahrscheinlich große Kraft. Sie sind schöpferisch, formen eure Realität. Aus euren Gedanken erwächst eure Welt!
Es ist von existenzieller Wichtigkeit, dass ihr euch ganz bewusst entscheidet, ob ihr Gedanken der Liebe oder die der Angst in eurem Geiste Einzug halten lasst. Wählt überaus bewusst gute Gedanken. Gute Gedanken formen eine schöne Welt, formen Glück und Zufriedenheit.
Böse Gedanken gestalten eine finstere Welt und sie formen all die Dinge, die ein Mensch für gewöhnlich vermeiden oder fern halten will.«

»Doch viele Menschen wissen nicht, dass der eigene Gedanke der Ursprung ihrer Realität ist.«

»Ja, sie wissen es meist nicht. Aufklärung ist hier vonnöten.
Der Gedanke wirkt verbreitend und anziehend zugleich. Wenn ihr einen Gedanken hegt, der auf Liebe gegründet ist, so

wird sich diese Liebe nach außen in die physische Realität verbreiten und die Liebe wird zugleich vermehrt.
   Der Gedanke ist auch ähnlich einem Magneten. Ein liebender Gedanke zieht alles an, was auf Liebe gegründet ist, so auch Glück, Freude, Überfluss und ein erfülltes Leben.
   Hegt man Gedanken der Angst, so gewinnt Finsternis die Oberhand.«

»*Haben Gedanken etwas mit Schwingung gemeinsam?*«

»*Natürlich! Ein liebender Gedanke verbreitet eine hohe und gute Schwingung. Wenn ihr also einen Gedanken der Liebe an jemanden sendet, so empfängt dieser, meist unbewusst, eine fördernde positive Schwingung.*
   Ihr habt so maßgebend Einfluss auf eure äußere Realität. In diesem Fall seid ihr Schöpfer, schöpfende Wesen!«

»*Können sich Gedanken in der Physis manifestieren?*«

»*Ja! Gemäß der Tatsache, dass ein Gedanke wie ein Magnet wirkt, zieht ihr in der physischen Welt immer das zu euch heran, das auch in eurer Vorstellung eure geglaubte Realität darstellt.*
   Alles erschafft sich zuerst in eurem Kopf. Wenn ihr lange genug an einer Vorstellung festhaltet, dann wird sich diese in der Physis formen.«

»*Ich stelle mir also vor, ich habe Geld im Überfluss. Wird sich das dann manifestieren?*«

»*Wenn ihr unumstößlich daran glaubt, dann wird dies zu eurer Realität. Wenn ihr aber denkt, das wird ohnehin nicht eintreffen, dann ist in diesem Fall die Verneinung euer stärkster Gedanke und dann wird sich dieser auch in der äußeren Realität festigen.«*

»*Dann sind Gedanke und Glaube unzertrennlich?*«

»*Man kann sagen, dass euer stärkster Glaube, eure höchste Überzeugung, die von Herzen kommt, sich manifestieren wird.*

Und Glaube und Überzeugungen sind Gedanken. Eure stärksten Gedanken haben immer die Oberhand!«

»Und wenn man einfach vermeidet zu denken?«

»Das könnt ihr nicht vermeiden. Wenn ihr nicht bewusst wählt, was ihr denken wollt, dann passiert dies unterbewusst, ohne Kontrolle sozusagen und das kann ziemlich heimtückisch wirken.

Das Unterbewusste sind meist Gedanken, die vor langer Zeit in das Unterbewusstsein programmiert wurden und diese sind bei vielen Menschen nicht gerade sonderlich positiv.

Oft setzen sich Gedanken tief im Verstand des Menschen ab, wenn er sie nicht sehen will und sie verdrängt. Unterbewusste Gedanken arbeiten aus dem Verborgenen heraus und das zuzulassen ist leichtsinnig.«

»Was kann man gegen negative, unterbewusste Gedanken tun?«

»Man kann sie umprogrammieren, indem man täglich ganz bewusst seine Gedanken auswählt.

Wenn man über einen langen Zeitrahmen hinweg seinen Geist mit Gedanken der Liebe füllt, dann werden die alten Muster im Unterbewusstsein durch die neuen bewusst gewählten Gedanken ersetzt. Und so nimmt man seine Schöpferkraft wahr.«

»Setzt sich ein Gedanke direkt in Materie um?«

»Ein ständig gehegter Gedanke beeinflusst die Worte und das Handeln des jeweiligen Menschen. Alle drei Elemente zusammen kreieren die physische Realität.

Gute Gedanken erzeugen gute Worte, erzeugen gute förderliche Taten und erschaffen so eine gute Welt, in der man glücklich und zufrieden sein kann.

Hass, Neid, Eifersucht, Angst und viele weitere Elemente dieser Richtung erzeugen eine Realität, in der niemand leben will und doch tun so viele Menschen genau das: Sie verbreiten negative Schwingung.«

»Was, wenn es einem schwer fällt, gute Gedanken zu hegen?«

»Wenn es zu schwierig erscheint, positive Gedanken zu wählen anstatt negative, dann ist es oft hilfreich, mit dem Wählen der Worte zu beginnen. Wählt ganz bewusst gute und mit Liebe erfüllte Worte. Wenn ihr dies beharrlich tut, dann werden sich nach und nach eure mentalen Strukturen anpassen.
Hilfreich sind Affirmationen. Wählt euch einen positiv formulierten Satz, der euren Willen hervorhebt und sprecht diesen laut oder auch nur in Gedanken immer wieder aus. Es ist sehr wichtig, dass hier auf eine positive bejahende Aussage geachtet wird, denn bedenkt, genau dies wird sich in eurer Realität manifestieren.
Was immer ihr wählt, tut dies ganz bewusst. Versichert euch immer, dass der kleinste gemeinsame Nenner des Gedachten, des Gesagten und der Tat die Liebe ist und eure Welt wird zu einem sehr viel schöneren Ort!«

»Man kann sich doch auch Bilder vorstellen, oder?«

»Ja, und auch hier gilt: Wählt schöne Bilder; Vorstellungen, die Glück erzeugen, aus denen ein harmonisches und zufriedenes Gefühl entsteht. Hört auf euer Herz. Es zeigt euch immer, was gut oder böse ist.
Es ist überaus wichtig, dass, wenn ihr euch auf den Weg ins Licht begebt, ihr alle Gedanken, Worte und Taten ablehnt, die negative und angstvolle Resultate erzeugen. Ihr habt die große Gabe, bewusst zu wählen, was in euren Verstand Einzug halten darf.«

∼

In Vorfreude auf weitere Botschaften zum aktuellen Thema und mit vorherigem inspirierendem Austausch mit mir, ließ sich Frank routiniert in einen erweiterten Bewusstseinszustand fallen, bis er schließlich mit einer auf die vorige Kommunikation bezogene Frage die nächste Channeling-Sitzung eröffnete:

»Ramta, du sagtest, dass Gedanken etwas mit Schwingung gemeinsam hätten. Verbreiten sich Gedanken dann in Form von Wellen?«

»Ja, in Form von Wellen mit bestimmten Frequenzen. Eine jede Welle trägt eine Information oder ein Teil dessen.«

»Von Matthias weiß ich durch seine Berufsausbildung, dass jede Farbe eine andere Wellenlänge besitzt. Wie ist es da bei den Gedanken? Haben Gedanken unterschiedlicher Art eine andere Wellenlänge?«

»Ja! Unterschiedliche Gedanken haben unterschiedliche Frequenzen, also unterschiedliche Wellenlängen und unterschiedliche Abfolgen der Wellen.

Schöne und liebevolle Gedanken schwingen in harmonischem Gleichklang, schön aufeinander folgend.

Niedere und hässliche Gedanken schwingen schnell, kurz und ungleichmäßig.

Technische Gedanken und Gedanken, die mit Theorien verschiedenster Art zu tun haben, schwingen in rhythmischem Gleichklang; taktgleich zueinander und ineinandergreifend.

Je nach Art und Qualität der Gedanken, senden diese gewisse Signale und Gefühle aus, an denen man erkennen und fühlen kann, was einen Menschen gerade beschäftigt.«

»Sehen die Gedankenwellen denn auch farbig aus wie zum Beispiel farbiges Licht?«

»Nicht zwangsläufig. Aber wenn man sich darauf konzentriert, die Gedanken in Farben wahrzunehmen, so ist dies problemlos möglich.

Gute und harmonische Gedanken senden helle und schön anzuschauende Farben aus, welche miteinander ein prächtiges Farbenspiel ergeben können. Rot, Orange, Gelb, Violett und viele mehr sind Farben der Harmonie. Während Schwarz und Braun oder auch manchmal dunkles Lila und Grau für Fahlheit, ungeordnete und manchmal niedere und zerstörende Gedanken stehen.

Wenn der Mensch in Negativität versinkt, dann werden seine Gedanken dunkel und das ist nicht nur sinnbildlich zu verstehen, sondern das ist die tatsächliche Farbausstrahlung.«

»Wenn wir unsere Gedanken senden können wohin wir wollen und Entfernungen keine Rolle spielen, wie du erwähntest, ist dann die Stärke der an jemanden gesendeten Gedanken unwichtig?«

»**Grundsätzlich spielen Entfernungen keine Rolle und die Zeit auch nicht; die Stärke eines Gedankens jedoch schon, und auch die emotionale Ladung.**

Wenn ich stark an einen Menschen denke, sehr intensiv, und mich möglichst noch durch Emotionen tragen lasse, dann erreicht dieser Gedanke das Gegenüber in großer Entfernung besser, als wenn ich nur gerade mal so nebenbei an jemanden denke. Das ist bei kürzeren Entfernungen aber nicht wesentlich anders.

Einen erheblichen Unterschied macht es dann, wenn man einer Person direkt gegenüber steht. Gedanken werden unter diesem Umstand fast nahezu mühelos übertragen – vorausgesetzt, der Empfänger ist sensibilisiert dafür.

Erst, wenn Sender und Empfänger außerhalb der physischen Reichweite zueinander stehen, dann macht auch die Gedankenstärke einen Unterschied, denn dann ist es auch notwendig, wirklich Konzentration in einen Gedanken zu investieren, den man senden möchte.«

»*Können Gedankenwellen auf Widerstand stoßen, so, wie lautes Rufen auf Widerstand stoßen kann, wenn das inmitten einer großen Menschenmasse geschieht, in der jede Person Töne von sich gibt? Töne verbreiten sich wie Musik ja auch in Wellen.«*

»*Wo viele Gedanken verschiedenster Art aufeinander treffen, da kann es natürlich vordergründig ein Durcheinander geben. Wenn die vielen Gedanken dann auch noch die verschiedensten Themengebiete umfassen, dann umso mehr. Es entsteht dann eine Unruhe. Das merkt man oft in öffentlichen Verkehrsmitteln in eurer Welt.*

Setzt euch mal in eine Straßenbahn oder einen Bus. Trotz der scheinbaren Stille herrscht dort eine Überladung von Impulsen, von Emotionen und von Energien verschiedenster Art. Lebt man da nur so oberflächlich hinein, dann kommen Gedanken eines Senders nicht klar oder gar nicht an. Sind jedoch der Sender und der Empfänger eines Gedankens aufeinander eingeschwungen, also auf derselben Frequenz, dann kann man selbst in diesem scheinbaren Wirrwarr den Gedanken empfangen, den man gesendet bekommt oder den man empfangen möchte. Er findet dann den richtigen Weg – ähnlich der Musik, die über eine Radiofrequenz das richtig eingestellte Radio erreicht.

Auch ziehen sich gleichartige Gedanken an. Oder gleichartig denkende Menschen ziehen sich gegenseitig an. Es entsteht so eine gemeinsame Harmonie auf der Mentalebene.

Es gibt ganze Gebiete, wo gleichartige Denkstrukturen vorherrschen. In verschiedenen Regionen oder in verschiedenen Gruppierungen treten häufig gleichartige Denkstrukturen zutage, weil das Umfeld sich auf eine gewisse Mentalfrequenz eingeschwungen hat. Es gilt hier der Leitspruch: Gleiches zieht Gleiches an!«

»Wenn man in einer Stadt durch die Fußgängerzone läuft, dann fällt einem manchmal auf, dass man an alle möglichen Dinge denkt, die einem gerade so in den Kopf kommen, obwohl man mit diesen Gedanken selbst eigentlich nichts zu tun hat. Kann es sein, dass man da die Gedankenwellen anderer Menschen auffängt?«

»*Ja, in diesem Fall sprechen wir von einer Gedankenübertragung innerhalb der physischen Erreichbarkeit von verschiedenen Individuen.*

Wenn Menschen sich gegenüber stehen oder sich in unmittelbarer Nähe aufhalten, werden Gedanken und Emotionen an sensibilisierte Empfänger übertragen. Gedanken vermehren sich auf diese Weise auch und fließen des Öfteren durchaus von Person zu Person und bilden dadurch eine ganze Gedankenwelle, die sich – je mehr Empfänger sie trifft – umso schneller weiter verbreitet. Das kollektive Bewusstsein funktioniert auf diese Weise.

Durch Nachrichten und Fernsehsendungen, Zeitungen und Radio werden den Menschen Gedanken eingeimpft, die sich dann wiederum fast automatisch vermehren und somit eine Gedankenwelle übergroßen Ausmaßes bilden. Das Dramatische daran liegt in eurer Gesellschaft, dass dies nicht immer gerade zum Vorteil der Bevölkerung praktiziert wird. Medien werden bewusst gesteuert.«

»Du hast ja erwähnt, dass man sich auch Bilder in seinen Gedanken vorstellen kann. Wenn ich mir nun eine Berglandschaft mit Wiesen, Bäumen, einem See und strahlendem Sonnenschein vorstelle, und ich dieses Bild in Gedanken an jemanden schicken will, wie wird es dann übertragen? Als Ganzes oder in Einzelteilen, so, dass der Baum oder der See jeweils aus anderen oder kombinierten Gedankenwellen besteht?«

»In diesem Fall produziert ihr eine eigene Welt, ein eigenes mentales Bild, eine Projektion, programmiert in eurem Bewusstsein.
Es werden Energieformen geschaffen, die als Ganzes nicht unbedingt gesendet, sondern dann vom Empfänger erlebt und durchlebt werden können. Es zieht in diesem Fall das Bewusstsein des Empfängers an, projiziert auf eure erschaffene Welt, eure kreierte Ebene.
Es ist eine erschaffene Realität, die zwar nicht von Bestand ist, die aber Auswirkungen auf euer Dasein oder euer Denken haben, je nach Inhalt.
Durch Gedanken können auch Kreaturen erschaffen werden. Manche Dämonen oder Geister, die einen Menschen verfolgen, sind nicht immer tatsächlich existierende Wesen, die ein Eigenleben besitzen; nein, oft sind es Elementale – erschaffen durch die Vorstellungen und Gedanken eines Individuums, das seine Energie nicht richtig zu kanalisieren vermag oder eben kanalisierte Energie missbraucht, um anderen psychischen Schaden zuzufügen, um sie zu beeinflussen.«

»Hmmm, ich stelle mir jetzt mal etwas in Gedanken vor und du sagst mir, was du siehst!«

»Du stellst dir gerade eine Flasche Cola vor!«

»Stimmt genau! Ich bin überrascht, dass das tatsächlich funktioniert!«

»Ja, es funktioniert, weil ich gerade energetisch mit dir gleichschwinge und du mit mir deine Gedankenwelt teilst. Ich erlebe dann sogleich diesen Gedanken mit dir mit.
In diesem Falle hier ist es leicht für mich, da wir ohnehin telepathisch in Kommunikation stehen und ich somit jeden deiner Gedanken genauestens erfassen kann.
Gedankenübertragung bei zwei inkarnierten Menschen ist nicht ganz so mühelos, geschieht aber zuweilen immer öfter, je mehr sich die Gesellschaft dafür öffnet und der Einzelne dafür sensibilisiert ist.«

»Kann es sein, dass du mir manchmal Impulse sendest, durch die meine Gedanken auf ein bestimmtes Thema gerichtet werden, so dass mir diesbezüglich dann ganz gezielt Fragen einfallen, die ich dir stellen kann und deren Antworten von dir in unserem Buch sein sollen?«

»Ja, so ist es! Manchmal sind es nicht nur die Gedankenimpulse, die ich dir sende, damit du auf bestimmte Themen und Fragen kommst, nein, manchmal schicke ich dir sogar gezielt bestimmte Fragen, die du dann an mich richtest und denkst, es wären deine eigenen. Und so hat sich schon so manch gelungene Kommunikation ergeben!«

»Eine interessante und witzige Sache! ...

Wäre es richtig, zu vermuten, dass die meisten Menschen wenig Kontrolle über ihre Gedanken haben? So, dass sie weder klar noch intensiv denken?«

»Der Gedankenhaushalt vieler Menschen ist ein einziges Durcheinander, wankend von einem Gedanken zum anderen, wie ein Schiff auf rauer See.

Die meisten Menschen sind sich der Auswirkungen ihrer Gedanken nicht bewusst, was sie damit erschaffen, was sie damit erreichen oder auch nicht erreichen.

Ein Gedanke ist schöpferisch; immer, ob er nun gewollt oder unterbewusst gedacht wird. Deshalb ist es wichtig, die Menschen diesbezüglich wach zu rütteln, damit ihnen bewusst wird, dass die Gedanken auf der Mentalebene ihre physische Realität erschaffen. Denn du bist, was du denkst!

Ihr Menschen habt sehr viel mehr Einfluss auf eure Zukunft, als euch oft bislang bewusst war. Erkennt eure Fähigkeiten!«

»Ich danke dir für diese sehr interessanten Informationen!

Nun dann, ich glaube, ich werde mich nun zur Ruhe begeben.«

»So tue dies. Ruhe sanft und habe wohlige Gedanken.«

Offenbar erschaffen wir unsere Realität durch gelenkte und fokussierte Gedanken. Und jeder von uns erzeugt ständig Gedanken. Wir sind die Produzenten, Regisseure und die Darsteller unseres persönlichen Lebens. Den erhaltenen Auskünften nach beeinflussen unsere bewussten und unterbewussten Gedanken permanent unsere Realität, wobei der Grad der Beeinflussung unseres irdischen Lebens in direktem Verhältnis zu der Stärke der von uns gehegten Gedanken steht.

An dieser Stelle möchte ich Ihnen eine ergänzende Erklärung liefern, um zu einem offensichtlichen Widerspruch in Ramtas Aussagen Stellung zu beziehen, der Ihnen auffallen mag.

Mit den nachfolgenden Gedankengängen, die erst sehr viel später in den vormals kurz gehaltenen Abschlusstext zum aktuellen Kapitel eingeflochten wurden, möchte ich Ramtas Worte nicht entkräften. Vielmehr will ich Ihnen eine gewisse Betrachtungsweise nahebringen, wenn es darum geht, ob ein unumstößlich stark gehegter Gedanke auch wirklich dazu in der Lage ist, sprichwörtlich Berge zu versetzen (um Ramtas Worte aus dem vorigen Kapitel hier wieder aufzugreifen). Ich meine, dass hierzu eventuelle personenbezogene Einschränkungen zu bedenken sind. Doch Blättern Sie zunächst auf Seite 248 zurück und lesen Sie sich Ramtas Antworten auf folgende Fragen von Frank nochmals durch:

»*Können sich Gedanken in der Physis manifestieren?*« und »*Ich stelle mir also vor, ich habe Geld im Überfluss. Wird sich das dann manifestieren?*«

Lassen Sie uns nun die wieder in Erinnerung gerufenen Antworten auf diese Fragen mit dem Wissen verbinden, welches wir in Kapitel 9 »Steht die Zukunft fest?« erhalten haben. Hervorzuheben sind Kernaussagen Ramtas auf eine Frage von Frank, die sich auf die Veränderbarkeit einer persönlichen Zukunft bezieht:

»*Du sagtest, Zukunft sei veränderbar und dass eine vorgeschriebene Zukunft nur für den Augenblick existiert – eben gerade so lange, bis bewusste Handlungen im Jetzt eine Zukunftsvariante verändern. Du sagtest aber auch, dass wir uns vor den Inkarnationen Aufgaben für das kommende physische Leben auswählen, die wir dann zu bewältigen haben; Prüfungen, welchen wir nicht entkommen können, bis wir sie gemeistert haben. Dann ist dies ja ein Teil der Zukunft, die unveränderlich ist, oder?*«

»**Es ist veränderbar, doch wollt ihr in Wirklichkeit diese Erfahrung machen. Und dieser Wunsch eurer Seele ist immens stärker als euer Egodenken, weswegen es euch zumeist verwehrt bleibt, Dinge, die auf euch zukommen, abzuwenden.**
Es ist veränderbar, doch ihr verändert es nicht, weil ihr gewählt habt, es so zu erfahren. Deswegen sagte ich auch, ihr könnt eurem Plan nicht entkommen.
Euer stärkster Gedanke manifestiert sich. Und es ist zu unterscheiden zwischen dem Willen der Seele und dem Willen des Ego. Wenn die Seele eine Entscheidung trifft, dann kann das Ego diese Entscheidung nicht mehr umkehren.«

Legen wir jetzt beide Wahrheiten übereinander, mögen Sie den scheinbaren Widerspruch erkennen. Ich will beim Thema bleiben und ein konkretes »Ich habe Geld im Überfluss«-Beispiel ausführen, das Ihnen aufzeigen soll, was ich Ihnen zu verstehen geben möchte:

Stellen Sie sich vor, Sie sind der Meinung, in Ihrem irdischen Dasein zu wenig materiell zu leben und erstreben sich daher mehr finanziellen Reichtum. Sie sind über die Macht von Gedanken informiert und erschaffen nun wiederholt über einen längeren Zeitraum entsprechend mächtige Gedankenformen, um das Ziel zu erreichen, Ihr Leben signifikant in Richtung materiellen Reichtums zu verändern. Womöglich mag dieses Vorhaben der Wunsch Ihres Egos bzw. niederen Selbstes sein (nennen wir es einfach Ihren verkörperten und dem umfassenden Seelenwissen beraubten Teil Ihres in Wirklichkeit mehrdimensionalen Selbst).

Nehmen wir an, Sie hätten in Ihrem vorausgegangenen physischen Leben (zum Beispiel in einem solchen auf der Erde) in großem Reichtum gelebt und es ging anderen Menschen in Ihrem Umfeld immer nur ums Geld, um Ihr Geld, und nicht darum, wer Sie sind; Sie als Mensch und Ihren womöglich gutmütigen Charakter. Was, wenn andere Personen sich in Ihr einstiges Leben einschleichen wollten, um irgendwie an einen Teil Ihres Vermögens zu gelangen? Was, wenn man Sie ausnehmen wollte, regelmäßige Einbrüche Sie verärgerten und Sie viele Neider um sich hatten?

Stellen Sie sich nun vor, dass das soeben beschriebene Dasein auf Wunsch Ihrer Seele gelebt wurde und diese jetzt gegensätzliche Erfahrungen in einem darauffolgenden physischen Leben machen möchte, um die Kehrseite des Reichtums zu erfahren – ohne Betrug, Neider und andere Unannehmlichkeiten, die Sie vormals als reiche Persönlichkeit ertragen mussten. Ein neues, weitaus bescheideneres Leben als das vorausgehende, mag der neue Daseinsinhalt Ihrer Seele sein. Und diesem Wunsch Ihrer Seele steht jetzt womöglich Ihr physischer Ego-Wille entgegen. Verstehen Sie, worauf ich hinaus will? Inwiefern ist also eine maßgebliche Veränderung einer bestehenden Realität auf der physischen Ebene tatsächlich umsetzbar?

Angenommen, Sie vertrauen Ramtas Lehren und denen anderer Bücher über die Macht der Gedanken. Überzeugt hegen Sie deshalb über eine gewisse Zeitspanne unumstößliche Gedanken, die Nase voll davon zu haben, mit weniger Geld auskommen zu müssen und dieser Unannehmlichkeit definitiv ein Ende setzen zu wollen. Bei Ihrem Versuch, durch positive Gedankenkraft und ebensolche Affirmationen das erwünschte Ziel nach mehr Wohlstand zu erreichen, wird es diverse Szenarien geben, die auftreten können. Ich schildere nun naheliegende Möglichkeiten.

Erstens: Sie erreichen keine Veränderungen, weil Ihre Gedanken womöglich plötzlich von Zweifeln begleitet werden, ob Ihr Vorhaben auch wirklich gelingen kann. (Ihre Zweifel überwiegen.) Oder aber Ihr Höheres Selbst macht Ihnen einen Strich durch die Rechnung – wodurch auch immer.

Zweitens: Es mag Ihnen gelingen, geringfügig mehr Materie anzuhäufen bzw. eine gewisse finanzielle Verbesserung zu erzielen, jedoch in einem Maße, das Sie zwar zufriedener stellt als zuvor, ohne aber Gefahr zu laufen, dem absoluten Reichtum und dem Materialismus zu verfallen. Damit würde Ihre Seele ihr Planziel für ein hypothetisch bescheideneres aktuelles Erdenleben nicht verfehlen. Ihre Bemühungen hätten allerdings dennoch kleine Erfolge hervorgebracht – aus der Sicht Ihres Höheren Selbst in einem unbedenklichen und akzeptablen Umfang.

Drittens: Sie schaffen es, Ihr Dasein maßgeblich zu verbessern und ein eventuelles Leben in Armut plötzlich in ein solches in Reichtum zu verwandeln. Sie hätten dann alles richtig gemacht. Vielleicht ließ Ihr überirdisches Selbst Sie gewähren, da ihm bewusst ist, dass Sie nun als niederes Selbst über Affirmationen eine Menge gelernt und erkannt haben; dass absolut zielgerichtete und zweifelsfreie Gedanken tatsächlich Erfolge zeitigen können. In diesem Fall mag Ihr Höheres Selbst den ursprünglichen Lebensplan zustimmend aufgehoben haben – wissend, als Seele unsterblich zu sein und das einstige Vorhaben auch auf die nächste Verkörperung im physischen Universum vertagen zu können.

Viertens: (Diese Variante wird mir in diesem Moment von der geistigen Welt übermittelt). Sie durften erleben, wie Sie in der Lage waren, Ihr Leben auf den Kopf zu stellen und hatten beispielsweise einen Millionengewinn im Lotto, weil Sie sich eine Chance gegeben haben, unumstößlich daran glauben zu wollen, dass Sie schon bald Geld im Überfluss haben werden (um Franks Worte an dieser Stelle wieder aufzugreifen). Um all das gewonnene Geld zu vermehren, investierten Sie es in eine anscheinend lukrative Anlageform auf dem Finanzmarkt. Doch damit machten Sie unbemerkt einen folgenschweren Fehler, in den Sie von Ihrem Höheren Selbst im

Sinne des ursprünglichen Seelenplanes getrieben wurden und verloren so all das zuvor gewonnene Vermögen.

Im letztgenannten Beispiel wären sprichwörtlich gleich zwei Fliegen mit einer Klappe geschlagen worden. Das ist ein Vorgehen, das seitens des Nichtphysischen nach Möglichkeit »mit Vorliebe« durchgeführt wird, wie ich das selbst in meinem Leben schon mehrfach erkannt habe. Die Dinge werden mit dem höchstmöglichen Nutzen aufbereitet. Dafür ist letztlich aber nicht unbedingt nur Ihr eigenes Höheres Selbst verantwortlich. Selbstverständlich mögen Ihre persönlichen Geistführer die eine oder andere Erfahrung in geschickter Weise für Sie als Schützling einfädeln bzw. etwas so aufbereiten, dass Ihrerseits möglichst viel lehrreiche Erfahrung aus einem Ereignis gesammelt werden kann...

Erkennen Sie letztlich, dass es sich bei diesen Ausführungen nicht um einen Widerspruch innerhalb Ramtas Aussagen handeln muss? Es ist die Symbiose verschiedener Gesetze, die in Kombination miteinander und unter Beachtung von Kontexten wiederum anders gelagert sein mögen und sich dann aus irdischer Sicht zu widersprechen scheinen.

Und schließlich: Sie können Ihre physische Realität auch in andere Richtungen über zielgerichtete Gedanken verändern, die keinen Konflikt mit Ihrem Seelenplan mit sich bringen mögen und womöglich von höherer Warte aus nicht vereitelt werden »müssen«. Vielleicht möchten Sie erreichen, weniger Geld für den Kauf »sinnloser« Güter auszugeben, einen Arbeitsplatz zu finden, der Sie glücklicher stimmt ... oder Sie erstreben, ein hilfsbereiterer Mensch zu werden. Möglicherweise wünschen Sie sich auch, Ihren eventuell dominanten Verstand oder ein als hinderlich wahrgenommenes Ego etwas zu zügeln und Ihr Leben künftig herzbetonter verbringen zu wollen, usw.

Wie dem auch sei: Während unseres physischen Daseins ist die Erkenntnis unserer persönlichen schöpferischen Fähigkeiten offensichtlich eine unserer wichtigsten Lektionen, durch die wir unser Wachstum optimieren können. Die physische Ebene bietet für uns alle eine Gelegenheit zu persönlicher Weiterentwicklung. So begibt sich jeder auf seine eigene Reise ins Licht, um zu erkennen und zu erwachen, die kosmischen Regeln kennenzulernen – und im günstigsten Falle auch Liebe zu finden und diese zu verbreiten.

13   DAS LEBEN IN DER WELT DER MATERIE

> »Weiset die Menschen darauf hin,
> dass es noch mehr gibt,
> als dieses physische Dasein.«
>
> (RAMTA)

Mittlerweile ist Ende 2008 und es erschien uns wichtig, in diesem Buch noch etwas zum Leben in und mit der Welt der Materie zu sagen, da auch wir uns in dieser Hinsicht nicht selten schwer tun. Die folgenden persönlichen Gedanken und Fragen zu dieser Thematik stammen von Frank. Für die hierzu geführten Channelings erachtete es Ramta als sinnvoll, sich mit seiner geistigen Gruppierung zu vereinigen, um für die Antworten zu den gestellten Fragen eine optimalere Quelle zu ergeben, deren etwas andere Schwingung Sie vielleicht beim Lesen erfühlen mögen...

Es ist schon manchmal seltsam, wie die Welt funktioniert und wie die Menschen handeln, die in ihr leben. Heute sieht die Welt noch so aus, und morgen kann es dann bereits ganz anders sein. Wir alle leben eben in einem dualen System, einem System von Gut und Böse, Oben und Unten, Schwarz und Weiß. Alles hat immer einen Gegensatz – zwei Seiten. Um das Eine leben und erfahren zu können, müssen wir auch zulassen und annehmen können, dass es das Andere ebenso gibt – oder mehr noch – dass es uns zu jeder Zeit begegnen kann. Und manchmal überraschen uns die Dinge, weil wir sie nicht erwartet haben oder weil wir denken, dass es uns niemals treffen wird.

»Wenn man sich die Wünsche der Menschen anhört, dann gibt es da allerhand, was sie sich wünschen. Angefangen von einem noblen Auto über teure Multimedia-Technik, teure Kleidung, eine großzügige Wohnung oder gar ein Haus. Immer aber muss es etwas Besonderes sein, zumindest ist das bei vielen Menschen der Fall. Ist dies aber wirklich der Weg zum Glück und zur Zufriedenheit?«

»Wahres und bleibendes Glück kommt immer von innen heraus. Der Großteil der Gesellschaft lebt in eurer Epoche ein sehr oberflächliches, an Materie haftendes Leben. Sie denken, wenn sie sich nur dieses oder jenes leisten, dann wären sie glücklich. Haben sie sich dann aber diesen Wunsch erst einmal erfüllt, so bleibt die Begeisterung meist aus oder ist zumindest nicht von langer Dauer. Sie beginnen dann augenblicklich mit der Wahl eines neuen, noch ehrgeizigeren Zieles. Und so beginnt ein Wettlauf um den äußeren Schein, um das Ansehen, das man damit ernten möchte.

Doch was möchte man denn wirklich? Wenn ihr genau in eure Herzen fühlt, dann fällt euch bestimmt auf, dass, wenn man den gemeinsamen Nenner aller Wünsche betrachtet, ihr einfach nur glücklich sein wollt. Doch da kommen wir zu dem Punkt: Wie wird man denn eigentlich glücklich, was brauche ich dazu und was muss ich dafür tun?

Die Wahrheit ist, man muss gar nicht so viel dafür tun, sondern eher weniger. Man sollte die Konzentration mehr darauf richten, dem tristen Alltag eine lohnenswerte Abwechslung zu bieten. Es geht darum, sich selbst als geistigem Wesen, spirituelle Nahrung zu liefern, damit das Bewusstsein erkennen möge, was wirklich wichtig ist.«

»Viele Menschen sind vollständig in ihrem Job gefangen, arbeiten Tag um Tag, Woche um Woche, Monat um Monat und haben nur sehr wenig Freizeit. Leider ist das die Tendenz der westlichen Gesellschaft. Wie würde man aus der Sicht der geistigen Welt diese Thematik betrachten?«

»Die Menschen hasten und laufen unaufhaltsam ihren alltäglichen Beschäftigungen nach – blind und überladen mit scheinbar wichtigen Handlungen. Sie ruhen fast nie und wenn, dann meist nur vor Erschöpfung. Es sind die wenigsten, die sich ihre regelmäßige innere Einkehr gönnen.

Die Welt ist geschäftig und laut; immerzu toben die Menschen. Lernet eure innere Stimme wieder zu hören, das innere Kind, das in euch spricht, die inneren Wünsche und Sehnsüchte. Werdet für einen Moment stille und betrachtet euer Dasein gänzlich von außen. Überschaut alle Einzelheiten mit geruhsamer Gleichgültigkeit. Bemerket die Stationen eures Alltags und schaut, was im Einklang ist mit euren inneren Wünschen. Im Außen toben die Stimmen; unüberhörbare Ratschläge von allen möglichen Menschen. Doch wissen sie es tatsächlich immer besser als ihr selbst?

Die Menschen verkaufen sich für ein paar wenige Euro. Der Karriere wegen werfen sie ihr ganzes Lebenspotential aus dem Fenster. Sie gönnen sich kaum noch Ruhe und dienen der Maschinerie der Wirtschaft. Am Ende des Lebens fragt sich dann manch einer: ‚Was habe ich verpasst oder was hätte ich besser machen können?' Diese Frage jedoch sollte sich der Mensch aber schon wesentlich früher im Leben stellen.

Reicht es denn nicht auch, ein paar Stunden weniger zu arbeiten, dafür mit ein paar Euro weniger auszukommen, im Gegenzug aber mehr Zeit für die wirklich angenehmen Dinge im Leben zu haben?

Der Mensch denkt sich, alles mit Geld erkaufen zu können. Dies jedoch ist ein Trugschluss. Was würde es denn kosten, den Glanz in den Augen einer geliebten Person zu betrachten, die Zuneigung für einen hegt, weil sie einen einfach liebt? Oder was würde es kosten, das Lachen und die Begeisterung eines Kindes zu bestaunen, das verspielt am Strand seine Runden dreht?

Die Welt ist so voll von Erlebbarem, doch wie viel davon nutzt der Mensch?«

»*So wie es aussieht, hat der Mensch total vergessen, warum er lebt und ist so voller Angst um seine Zukunft!*«

»*Ja, und genau diese Angst zwingt ihn, sich in diesem Teufelskreis, der sich Wirtschaft nennt, unaufhörlich weiter und weiter zu drehen. Er verkauft sich, lässt mit sich machen, was andere wollen, die über ihm stehen – nur aus Angst, entlassen werden zu können und auf einmal nicht mehr genügend Geld für seine noblen Wünsche aufbringen zu können, die er ja scheinbar zum Überleben braucht.*

Es wird jedoch eine Epoche kommen, wo sich die Menschen nicht mehr so einfach benutzen lassen und wo gegenseitige

Rücksicht und Zusammenarbeit wieder einen sehr viel höheren Wert erhalten. Die Gesellschaft wird umdenken, damit das Leben wieder menschlicher werden kann.«

∼

»*Wie kann der Mensch dem tristen Alltag entrinnen? Und wie kann er sein Bewusstsein den höheren Wahrheiten öffnen, um diese Frage gegen Ende des Buches nochmals zu stellen?*«

»*Tut was euer Herz sich wünscht. Achtet mehr auf die Stimme, die sich in eurem Inneren Gehör verschaffen möchte. Versucht, mit ganzer Kraft und Aufrichtigkeit jeglichen Zwängen so gut es geht zu entfliehen. Minimiert das Stresspotential. Räumt euch Phasen der Ruhe ein, wie ein Plateau der Stille, in dem ihr ab und an ein paar Minuten verweilen könnt. Und vor allem: Seid es euch selbst wert, etwas an eurem Dasein zu verbessern!*
Es gibt viele Dinge, die ihr tun könnt, um Situationen zu verbessern und somit vielen Menschen ein Beispiel zu sein, damit in einigen Jahren viele in eurer Gesellschaft den gleichen Weg einschlagen können – hin zu mehr Menschlichkeit, zu mehr Miteinander.
Ruft euch in euer Bewusstsein – immer wieder – dass die Ausbeutung des Einzelnen ein Ende nehmen muss, denn sonst kann eine allgemeine Zufriedenheit niemals erreicht werden!«

»*Wie genau kann man Stress minimieren?*«

»*Reduzierung der Arbeitszeit! Zumindest könnt ihr es etwas vermeiden, Überstunden zu machen. Erfüllt euren Dienst in der Wirtschaft. Erfüllt diesen gut, aber immer auch mit dem Gedanken, dass ihr lebendige Wesen seid, die es wert sind, geachtet zu werden.*
Besteht auf eure Pausenzeiten. Führt Jobs aus, die ihr auch wirklich tun möchtet. So viele Menschen fristen ihren Alltag in Jobs, die sie unerträglich finden, anstatt ihr Engagement und ihren Mut zusammen zu nehmen, um an ihrem Leben etwas zu verändern.

Viele Ziele können mit etwas Konzentration und geistiger Ausrichtung erreicht werden. Wieso sollte es also unmöglich sein, einen Job zu finden, mit dem man zufrieden durch das Leben gehen kann? Seid es euch wert!
Ihr müsst euch nicht ohnmächtig in jede Situation hineintreiben lassen. Ihr habt die Fähigkeiten, Dinge zu erschaffen. Ihr Menschen seid kreative Geister und ihr seid fähig, die Welt zu verändern, zumal ihr einen aufrichtigen Willen habt, dazu den Glauben und das Wissen darum, wie dies zu bewerkstelligen ist.«

»Was wäre also euer einfacher Ratschlag, wie man ein wenig mehr Lebensqualität erhält?«

»Alles beginnt in euren Gedanken. Ihr müsst es euch vorstellen können, besser und angenehmer zu leben. Ihr müsst es euch vor eurem inneren Auge so bildlich und farbig wie möglich ausmalen. Und vor allem: Ihr müsst es euch wert sein und ihr müsst euch selbst mehr wert sein als die Maschinerie der Wirtschaft.
Denkt darüber nach, wer ihr seid; dass ihr wertvoll seid, dass ihr unsterblich seid und dass ihr auf einer großen Reise seid. Nutzet die Welt als eine Ebene, auf der ihr Erfahrungen machen dürft, auf der ihr Dinge ausprobieren dürft, um daraus zu lernen und zu wachsen.
Und nun, erschaffet euch eine Vorstellung wie das optimale Leben aussehen könnte!«

14 — DER AUFSTIEG DER ERDE (II)

> *»Wer zuerst in die tiefste Finsternis ging,*
> *der weiß wahrhaft zu schätzen,*
> *was Glück und Zufriedenheit bedeuten!«*
>
> (RAMTA)

In Kapitel 2 haben wir ihn bereits angerissen: Den Aufstieg der Erde. Diese Thematik beschäftigt viele spirituelle Menschen. Doch was geschieht bei diesem Aufstiegsprozess wirklich? In diesem letzten Kapitel wollen wir hierzu mehr ins Detail gehen als zu Beginn des Buches.

Was die erhaltenen Antworten von der geistigen Ebene betrifft, so stammen diese wie im vorigen Kapitel erneut von Ramta im Verbund mit seiner geistigen Gruppierung...

»Derweilen hört man viel über den Aufstieg der Erde in die sogenannte Fünfte Dimension, hin zu einem lichteren Dasein für die Erde und ihre Bewohner. Kannst du uns diesen Aufstieg etwas aus eurer Perspektive schildern?«

»Der Aufstieg ist eine Transformation. Negatives wird weniger, Lichtvolles wird intensiviert.

Die Erde ist im Begriff, feinstofflicher zu werden. Das sollte man jetzt aber nicht so verstehen, dass sich die Erde aus der materiellen Dimension heraushebt und nur noch feinstofflich existiert; nein, vielmehr sollte man sich das so vorstellen, dass die materiellen Schwingungen etwas feiner werden, etwas durchlässiger. Die Erde bleibt nach wie vor im materiellen Universum.

Doch wenn man nun einmal betrachtet, dass alle Materie eben auch Schwingung ist – nur eben Schwingung, die über ein gewisses Spektrum nicht hinaus kann – so ist es auch naheliegend, dass die einzelnen materiellen Ebenen und Erschaffenes sich in ihren Schwingungen untereinander unterscheiden. Es gibt durchaus materielle Ebenen, die außerhalb eurer Reichweite liegen und trotzdem noch zur Kategorie der Materie gehören.

Nun, nehmen wir zum Beispiel ein Lineal. Wählen wir die Eins als niedrigste materielle Schwingung und die Zehn als höchste materielle Schwingung, bevor es dann in das Feinstoffliche übergeht. Ihr könnt euch nun die Erde auf der Stufe sechs des Lineals vorstellen. Auf dieser Linie entwickelt sich nun die Erde in Richtung sieben. Sie wird also durchlässiger und sie wird leichter und höher in ihrer Schwingung, also in ihrer Daseinsform.

Der Sprung von sechs nach sieben wird nun bei euch Menschen als Aufstieg bezeichnet. Einige unter euch Erdlingen wählten den Begriff ‚Fünfte Dimension', um sich einen visuell vorstellbaren Anker zu setzen. Ob dies nun aber als Fünfte Dimension bezeichnet wird oder als irgendetwas anderes, der Prozess bleibt sich gleich.

Die Erde wird also lichtvoller. Es wird nach und nach weniger Krankheit geben, weniger Leid, dafür mehr Freude und Glück. Auch wird die Grenze der Schwingung erhöht, die diverse Wesenheiten benötigen, um auf der Erde eine Inkarnation ableisten zu dürfen. Es kommen also mehr und mehr höher schwingende Wesenheiten auf die Erde und der Zutritt für sehr nieder schwingende wird zunehmend verwehrt.«

»*Wie viele Generationen wird es wohl noch dauern, bis dieser Aufstieg vollständig vollzogen sein wird?*«

»*Der Prozess des Aufstiegs ist ein fließender. Man kann nicht gänzlich sagen, hier beginnt es und hier endet es. Wenn ihr nun also den Aufstieg auf das nächste Plateau meint, also auf die Sieben auf unserem Lineal, dann wird das in etwa 100 Jahren soweit sein.*

Wenn ihr aber den Aufstieg meint, gänzlich aus dem materiellen Universum heraus, hinein in das Feinstoffliche, so wird dies noch sehr viel länger dauern und auch eine Zeitangabe ist hier nicht voraussagbar. Das ist noch in viel zu weiter Entfernung.

Aber um noch ein wenig Vorgeschmack zu geben: Schaut euch eure Welt in zehn Jahren einmal an. Alleine da wird sich schon gewaltig viel getan haben gegenüber dem Kontext, wie ihr ihn gerade lebt. Es wird sich viel verändern und dazu könnt ihr eine Menge beitragen!«

»Was kann der Einzelne tun, um diesen Aufstieg zu beschleunigen oder eben einen positiven Beitrag in die richtige Richtung zu leisten?«

»Liebe leben, Glück anziehen, gute Dinge tun, sagen und denken. Ihr könnt damit beginnen, selbst glücklich zu werden, dieses Glück auszustrahlen und auch anderen Menschen und Tieren helfen, ein glücklicheres Dasein leben zu können. Die Schwingung des Lichts wird somit auf der Erde verbreitet und es werden Weitere inspiriert, den Weg der Wahrhaftigkeit zu gehen.
Irgendwann wird dann eure kritische Masse erreicht und dann wird die Struktur eurer Wirtschaft und eures irdischen Daseins gänzlich auf die bessere Seite gekippt. Die negativen Denker und Drahtzieher werden ab diesem Moment dann kaum noch Fuß fassen können, denn die Zeit der Liebe ist gekommen!«

Den Wandel aktiv unterstützen

Die nachfolgenden Worte von Frank und mir mögen zugegebenermaßen etwas naiv klingen, doch bringen Sie gewisse Dinge auf den Punkt. Es sind Gedankenanstöße, die dazu dienen sollen, das vielerseits vorhandene, eingefahrene und »blinde« Tagesbewusstsein wachzurütteln, das durch die Medien- und Arbeitswelt zur Genüge beeinflusst wird. Dadurch werden wir von den wirklich wichtigen Aspekten des Lebens abgelenkt...

Öffnen Sie Ihre Augen und sehen Sie, was mit dieser Welt geschehen ist und noch immer geschieht. Zahlreiche Menschen scheinen einen Kampf zu führen, bei dem es keine Gewinner geben kann. Öffnen Sie die Augen, damit Sie erkennen können, dass wir alle einander brauchen, anstatt gegeneinander Krieg zu führen. Steuern wir alle unaufhaltsam einem großen Abgrund entgegen oder ist es möglich, das Ruder noch herumzureißen und eine lichtvollere Richtung einzuschlagen?
Ist unsere moderne Zivilisation wirklich so fortschrittlich oder ist sie überfüllt von Menschen mit zu Stein erstarrten Herzen? Wo ist die Liebe geblieben, die Wärme, die Nähe zu unseren Mitmenschen, die wir brauchen?

Wohin wollen wir unser persönliches Schiff des Lebens steuern? Wollen wir den letzten Funken Freude auslöschen, der in den Herzen unserer Kinder brennt? Oder sagen wir »Ja« zum Leben, zur Liebe und zur Gemeinsamkeit, damit wir gemeinsam das höchste Ziel erreichen können, das uns alle verbindet? Lassen Sie uns erkennen, was es bedeutet, sich die Hände zu reichen. Leben Sie auch für ihre Mitmenschen und nicht nur für sich selbst. Denn wie wollen Sie die Liebe kennen lernen, wenn die anderen nicht mehr existieren? Was, wenn niemand mehr da ist, der Ihnen sagt, wie wichtig Sie für ihn sind?

Wenn ein jeder seinen Nächsten achtet, dann wird diese Welt zu einem besseren Ort werden. Wenn ein jeder seinen Mitmenschen die Hand reicht und sagt: »Komm, ich begleite dich ein Stück!« oder »Kann ich dir behilflich sein?«, anstatt sich nur dem Profit und dem Egoismus zuzuwenden, dann werden Freunde gewonnen.

Die Welt ist dunkel und kalt geworden. Es ist nun an der Zeit, dass wir unsere Herzen wieder öffnen und unser Licht aussenden, damit Liebe und Harmonie erwachen können. Beginnen wir also damit, ehe die Menschheit auseinander bricht!

Viele Menschen sehen ihre Erfüllung in Macht und Geld – dies ist das Gesicht der westlichen Gesellschaft. Der Gedanke daran ist schmerzlich und enttäuschend. Derartige Ziele sollten keine Versuchung darstellen. Entgegen dem sollte die Liebe die höchste Motivation sein und der Mut, anderen mit einem offenen Herzen entgegen zu treten.

Wo verbirgt sich unsere Stärke, bessere Menschen zu sein und unseren Blick auf wichtige Dinge zu richten und auch unserer Erde, die wir uns teilen, etwas Gutes zu tun? Es ist unvorstellbar, was wäre, wenn der Mut der Menschen erlischt, weltbewegende Veränderungen in Gang zu setzen, welche manchmal sogar durch einzelne, auf die Masse der Menschen überzeugend wirkende Personen geschieht.

Entzünden wir den Funken der Hoffnung in uns, der ein loderndes Feuer des Wandels entflammen kann, denn den großen Übeln auf dieser Erde wurde schon zu viel Raum zur Entfaltung gelassen. Es ist eine wundervolle Welt, in der wir leben, nur sehen wir diese oft nicht – von Blindheit geschlagen. Es ist nötig, Scharfsinn zu entwickeln und diese Welt in einem positiveren Licht zu betrachten, nachdem wir die Sensibilität für unsere Umwelt aktiviert haben. Glauben wir also lieber an diese Welt und beginnen zu handeln. Das Morgen der Menschheit und der Weltfrieden brauchen eine Chance.

Wenn ein Wille vorhanden ist, gibt es immer ein Vorankommen, ein Wachstum, die Möglichkeit auf einen besseren Blick auf Geschehnisse sowie auf größere Toleranz zwischen Religionen und Rassen und auch Respekt gegenüber anderen Kulturen. Schließlich sind wir alle gleich – egal welche Hautfarbe wir besitzen oder welche Sprache wir sprechen. Die Sprache der Liebe spricht in Ihrer Grundform nur eine Sprache.

Und wollen wir denn wirklich unseren eleganten blauen Planeten zerstören – unsere vorübergehende Heimat? Ist er gleich einer großen stählernen Kugel, die zum Rosten verurteilt wurde? Das muss nicht das Schicksal der Erde sein! Sie kann gerettet werden, wenn wir rasch handeln…

Viele Menschen wünschen sich eine Welt, die von Frieden, Liebe und Harmonie geprägt ist. Für die Bevölkerung dieses Planeten ist es an der Zeit, aufzuwachen und das Licht zu sehen – die transformierende Reise ins Licht anzutreten.

Unser Heimatplanet kann ein Paradies sein. Globaler Friede ist, was wir brauchen. Setzen Sie ein Zeichen. So utopisch es klingen mag: Umarmen Sie die Menschenrasse sinnbildlich und achten Sie gut auf Ihren Nächsten, denn was Sie aussenden, kehrt vielfach zu Ihnen zurück. Diese Welt und ihre Bewohner zu heilen, ist keine Illusion. Wir alle können den notwendigen Wandel auf der Erde unterstützen. Jeder Einzelne kann hierzu beitragen. Es gibt immer eine Wahl! Wie lautet Ihre persönliche Entscheidung?

Schlagen Sie den Weg des Lichtes ein, selbst wenn Gedanken des Zweifels und Mutlosigkeit in Ihnen wohnen sollten – am Ende wird Liebe der Gewinn sein.

Mögen viele Lichtarbeiter und neue Kinder diese Welt erleuchten, damit jene, die in der Dunkelheit stehen, erkennen können, wohin unsere Wege führen.

Wählen wir also bewusst, unser Lachen und das Glück wiederzufinden. In der Welt der Gedanken kann hierzu der Grundstein gelegt werden. Vergessen Sie auch nicht, auf Ihre innere Stimme und auf Ihr Herz zu hören, das Ihnen den Weg zeigt, Ihrem eigenen Licht zu folgen.

Gehen Sie den Weg der Erkenntnis Ihrer selbst zum Beispiel über die Praxis der außerkörperlichen Erfahrung. Werden Sie persönlich Zeuge davon und sehen Sie selbst, was Sie in Wirklichkeit sind. Zeigen Sie Ihren Mitmenschen den Weg dafür auf. Die außerkörperliche Erfahrung – ein mächtiges Schauspiel des Erwachens – macht dieses Erkennen möglich. Sie öffnet wahrhaft die Augen und bringt beflügelnd die Kraft und den Mut für Veränderung!

NACHWORT

Was ursprünglich ein sehr umfangreiches Buch war, wurde wenige Monate vor der Veröffentlichung auf Anraten der geistigen Welt in zwei Werke geteilt. Das Erste kennen Sie jetzt. Dieses Buch, das nach einigen Komplikationen endlich im Jahre 2015 erscheinen konnte, ist für ein breiteres, an Esoterik interessiertem Publikum geeignet. Das zweite Buch des unterteilten Gesamtwerkes widmet sich dagegen überwiegend einer ganz bestimmten Thematik.

Es war mir eine Freude, mit Buch I bei einem Ihrer persönlichen Schritte Ihrer ganz eigenen Reise ins Licht Anteil gehabt zu haben. Sicherlich war dessen Inhalt eine Möglichkeit, Ihr Wissen zu vergrößern – eine Gelegenheit, einen gänzlich anderen Blick auf alles Existierende zu werfen.

Auch meine eigenen Ansichten wurden über die Jahre der Entstehung dieses Buches stark geprägt in eine Richtung, wie ich es einst niemals für möglich gehalten hätte. Vor einigen Jahren war ich noch fester Überzeugung, die physische Realität sei die einzige, die existiert; darüber hinaus gäbe es nichts. Dass ich in diesem Bezug eines besseren belehrt wurde, durften Sie in »Die Reise ins Licht – Aufbruch zur Transformation« miterleben.

Mein Bewusstsein hat sich seither stark erweitert und der Zugang zum Geistigen wurde signifikant vergrößert. Ich bin sehr dankbar für diese Entwicklung und habe große Hochachtung vor unseren erhabenen Freunden aus den feinstofflichen Existenzebenen.

Frank, mein Freund und meine Zwillingsseele, hat ebenfalls viele Fortschritte in den letzten Jahren miterleben dürfen. Dazu gehört die Vertiefung seiner medialen Fähigkeiten. Maßgeblich studierte er auch gewisse Religionen, um deren Ansichten gegenüber Gott, dem »biblischen Himmel« und die Haltung und Toleranz dieser Gruppierungen gegenüber anderen Glaubensrichtungen zu betrachten. Doch wie ich ist auch Frank ein überzeugter Anhänger des Spiritismus...

Wie geht es nun weiter? Nun ... wenn Sie von den Inhalten dieses Buches fasziniert und berührt waren, dann lassen Sie sich überraschen vom nächsten Wegpunkt der Reise ins Licht, einem der größten Mysterien der Menschheit: Der außerkörperlichen Erfahrung.

Diesem Themengebiet habe ich mich in umfassender Detailverliebtheit in Buch II mit dem Titel »Die Reise ins Licht – Astral-Projektion« gewidmet. Einen Vorgeschmack hiervon haben Sie im 6. Kapitel lesen dürfen. Auch in Kapitel 7 konnten Sie darüber staunen, für welche Möglichkeiten und tiefgreifenden Erkenntnisse die außerkörperliche Erfahrung die Tür öffnen kann – auch für Sie!

Es wäre schön, würde die Menschheit als Gesamtes ihren Weg ins Licht finden, um eine gesunde und stabile Lebensgrundlage für alles Lebendige zu etablieren. Erst dann, wenn wir erkennen, was wir in Wirklichkeit sind und dass wir alle eins sind, erst dann kann der nötige Respekt für andere Kulturen und Bräuche erwachsen, damit die Übel von Hass und Krieg enden können. Von uns erhalten Sie im zweiten Band einen wertvollen Schlüssel, der die Entwicklung in diese Richtung enorm zu beschleunigen in der Lage ist.

Wenn Sie zu der Überzeugung gelangen möchten, dass Sie viel mehr als Ihr physischer Körper sind, dann vertrauen Sie Frank und mir ein weiteres Mal. Folgen Sie uns in Etappe zwei der »Die Reise ins Licht«-Reihe und beginnen Sie damit, die nichtphysischen Realitäten des mehrdimensionalen Universums persönlich kennenzulernen und diese mit Neugier zu erforschen – auch die Tiefen Ihres eigenen Universums...

Matthias Clauss

NACHWORT DER GEISTIGEN WELT

»Liebster Matthias,
du setzt dich außerordentlich intensiv für die Mission ein. Wir ehren dich, und du wirst künftig noch intensiver Energieanpassungen erhalten. Deine Freunde hier in der feinstofflichen Welt möchten dich wissen lassen, dass sie stolz auf dich sind!
Deine Arbeit in den letzten Monaten ist überdurchschnittlich gut. Du hast mehr erreicht, als wir erwartet haben. Du bist vollkommen deiner Sache gerecht geworden. Du hast bereits vor dieser Inkarnation große Pläne geschmiedet. Du hast dir sehr viel vorgenommen und wenn du deinen Einsatz weiter so beharrlich voran treibst, dann wirst du deine eigenen Vorgaben auf jeden Fall erfüllen.
Manchmal kämpfst du mit deinem Ego, ohne dass es dir gänzlich bewusst ist. Du wunderst dich über Dinge, die nicht eintreten und fragst dich warum.
Öffne weiter dein Bewusstsein, arbeite weiterhin an deinen überirdischen Fähigkeiten. Großes offenbart sich in deiner Person. Ungeahnte Dinge klopfen an deine Tür. Stehe auf und lasse das Leben herein, lasse die Liebe in dein Dasein fließen.
Deine Arbeit ist zutiefst inspiriert durch göttliche Energie und Kreativität. Durch gelebte Liebe wird das alles noch wundervoller, noch entzückender werden. Der Garten deines Herzens möchte genau so gewässert werden wie der, den du so liebst.

Liebster Frank,
wir verneigen unser Haupt vor dir und deinen Fähigkeiten als Medium. Du gibst unsere Botschaften äußerst detailgenau wieder. Wir sind höchst erfreut über das Resultat.
Du bist mit dem Willen in diese Inkarnation getreten, den Menschen ein Licht zu sein und du wusstest genau, dass es hart werden wird. Du wusstest, dass du viel entbehren musst, dass du viel verletzt wirst, dass du bis an den Rand deiner Existenz gehen musst. Es waren nur sehr wenige dazu bereit, deine Stelle einzunehmen – du warst der Beste!

Du glaubst gar nicht, wie glücklich du bist, wenn du uns auf unserer Seite besuchen kommst – nachts, wenn du schläfst. Dein Tagesbewusstsein sperrt all diese Dinge ab. Deswegen kannst du dich nicht daran erinnern. Jedes Mal, wenn du zurück in deine kleine Welt musst, wenn dein Körper dich ruft, wirst du ganz traurig, weil du weißt, dass ein weiterer unendlich langer Tag vor dir liegt, an dem du nicht weißt, wie du ihn meistern sollst.

Du hast die tiefsten Täler der Dunkelheit durchwandert, damit du da ankommst, wo du jetzt bist.

Wir werden deine medialen Fähigkeiten maximieren und deine hellseherischen Kräfte ausbauen, damit du helfend einschreiten kannst, sollte sich Böses anbahnen. Und so werdet ihr alle sicher wandeln und euer Ziel erreichen.

Alles läuft nach unserem gemeinsamen höchsten Plan, den wir alle in gemeinsamer Absicht vor dem Antritt in eure Inkarnation in allen Facetten ausgearbeitet haben.

Es wird für euch gesorgt, für jeden Einzelnen von euch, denn ihr seid unsere Kinder, unsere Lieben, unser Leben.

Ihr seid Teile der großen Gruppenseele, die sich zum Ziele gesetzt hat, Licht explodieren zu lassen, damit die Liebe bis in den letzten Winkel des dualen Universums dringt!

Wir haben wahrlich hohe Geister geschickt, um unseren Plan in der Physis durchzuführen – ihr seid die hohen Geister! Die Materie ist aber äußerst zäh, die Massenprogrammierung in eurer Gesellschaft ist äußerst dominant und selbst geschulte Wesen unterliegen ihr oft und verfehlen ihr Ziel.

Der Wohlstand und das Ansehen sind nur Fassaden; Deckmäntel in eurem Spiel des Lebens. Auf diese Weise könnt ihr euch duellieren und könnt euren Erfolgen frönen. Aber dies sollte bei euch gemäß eures Entwicklungsstandes nicht mehr notwendig sein.

Ihr habt unzählige Leben gelebt: Gute und schlechte, erfolgreiche und scheinbar erfolglose und traurige. Ihr habt Erfahrungen gemacht, habt euch vorbereitet, konntet die Welt schon von den unterschiedlichsten Seiten betrachten. Ihr wart schon Diener und auch Meister, Gelehrter und Untertan.

Ihr kennt eure Welt, wenn ihr nicht gerade durch die Mauern eures irdischen Bewusstseins beschränkt werdet. Ihr müsst euch nichts beweisen. Euer Leben, das ihr gerade im Stande seid zu meistern, ist Beweis genug. Und wenn ihr zurückkehrt, so wird sich erweisen, wie stark ihr seid und auf welch goldene Art ihr euer Potential umsetzen habt können.

Wir erweisen euch unseren Respekt. Wir verneigen unser Haupt, denn es ist wahrlich nicht einfach, ein Leben in dieser dichten Materie zu führen.

Alles, was von nun an getan wird, soll nicht ohne Beachtung bleiben. Alles, was ihr nun tut, wird Einfluss nehmen auf die Gestaltung eures Weges. Es wird nicht vergebens sein, es sei denn, ihr wählt irgendwann, euren Weg nicht zu vollenden. Denn dann liegt es nicht mehr in der Hand der geistigen Welt, dann ist es euer Wunsch, den wir sodann respektieren müssen.

Ihr seid in die Materie gegangen, um euren Teil des Planes zu erfüllen; wir erfüllen ihn auf der geistigen Seite. Und so verschmelzen wir letzten Endes zu einer Symbiose, zum Weg und zum Ziel – als Einheit.

Haltet euch vor Augen: Das Leben ist eine freie Wahl, zu jeder Zeit. Und auch Lebensinhalte und der Sinn eures Daseins wird von euch selbst erwählt. Das Leben wird so manche Hindernisse mit sich bringen, doch behaltet immer euer höchstes Ziel im Augenschein.

Ihr müsst unbedingt darauf fixiert bleiben, eure gemeinsame Aufgabe in dieser Inkarnation erfolgreich abzuschließen. Ihr Auserwählten könnt euch gegenseitig in vollem Umfang vertrauen, denn ein jeder weiß, was auf dem Spiel steht.

Es werden Menschen in euer Umfeld treten, die euch trennen wollen, die euer Werk zunichte machen möchten. Seid achtsam, dass ihr diese Menschen erkennt, so dass ihr euch von ihnen abwenden könnt.

Das Böse agiert mit List und Täuschung! Nicht alles ist, wie es den Anschein hat. Die Fata Morgana zerfällt, wenn man ihr nahe kommt. Doch was ihr den Menschen bietet, das ist von bleibendem Wert. Tauscht göttliche Liebe nicht gegen die Fata Morgana!

Solange ihr gewillt seid, uns dienlich zu sein als die Werkzeuge, die ihr erwählt habt zu sein, soll dieser Weg leuchtende Pfade behalten. Der Weg wird sich vor euren Füßen ausbreiten, solange ihr gewillt seid, diesen zu gehen. Denkt, sprecht und handelt gemäß eurem erwählten Weg.

Ihr werdet eine gute Arbeit tun, wenn ihr aus dem Willen eures Herzens heraus euren Weg geht. Natürlich werdet ihr unsere volle Unterstützung erhalten.

Es ist mir eine große Freude, euch als Informationsgeber zu dienen und als Stimme für die geistige Welt zu sprechen. Wir haben noch viele Gelegenheiten, den Seelen auf dieser Erde die Wahrheit zu zeigen.

Wir werden die Dinge auf eine Weise herbeiführen, um den Menschen zu dienen, um einen Meilenstein zu setzen, der die Welt bewegt, der den Menschen und auch euch selbst Hoffnung gibt – und einen Grund zu leben.

Ich, Ramta, werde da sein, wenn ihr mich ruft. Und als Beweis meiner Freundschaft werde ich euch beiden ein Ereignis schicken. Ihr werdet es erkennen, wenn ihr es erhalten habt.

Magische Momente stehen vor eurer Tür. Ihr habt bisher wahrlich Großes erreicht und Fortschritte erzielt. Ihr seid gemeinsam auf dieser Welt, um gemeinsam einem hohen Ziel entgegen zu streben. Ihr nehmt einen wichtigen Standpunkt ein.

Ihr helft unzähligen Menschen dabei, die Augen zu öffnen, um das zu erblicken, was vielen verschlossen blieb. Viele Menschen warten darauf, dass ihnen jemand den Weg zeigt hin zum Licht und hin zur Liebe. Ihr habt schon jetzt große Dinge bewegt und Menschen tief im Herzen berührt. Ein Lob auf eure Arbeit! Es kommt eine andere Zeit und die Gesellschaft ist im Begriff, sich zu wandeln.

Ihr habt einiges hinter euch gelassen, doch sehr vieles liegt noch vor euch. Die Welt wird sich bewegen durch euer Zutun, insbesondere eure eigene kleine Welt. Ihr werdet große Dinge erkennen und ihr werdet euer Dasein in einer Art und Weise optimieren, wie ihr es euch nicht vorstellen könnt.

Wir werden eure Begleiter sein auf dieser großen Reise. Wir stehen an eurer Seite. Und es wird nicht nur eure große Reise sein, sondern eine große Reise für viele, die sich dafür entscheiden. Die Welt bewegt sich und wandelt sich. Nichts wird bleiben, wie es war!

Die Entwicklung geht langsam vonstatten, denn große Dinge brauchen eine Menge Zeit, sich zu verwirklichen. Darum geht mit gemächlichen Schritten Richtung Zukunft. Gestattet es euch, die Dinge genau zu betrachten, um auch selbst dadurch lernen zu können und gänzlich zu begreifen, was ihr im Begriff seid zu tun.

Verweilt in Momenten, in denen ihr fühlt, dass ihr euch darin ein wenig treiben lassen wollt, doch behaltet dabei immer das große Ziel im Auge – ganz fest und beständig. Macht euch bewusst, dass es auch eure eigene Reise ist, denn noch seid ihr nicht vollkommen und was ihr jetzt lernen könnt, das nehmt mit. Das Lernen wird auch nach der Reinkarnationsschleife nicht enden, deswegen betrachtet die Dinge genau; jede Situation mit vollem Bewusstsein.

Es ist von großer Bedeutung, dass ihr die Dinge nicht nur mit eurem Kopf versteht, sondern auch in euren Herzen fühlen könnt. Fühlt das, was euch zuteil wird und auch, was ihr anderen zuteil werden lasst. Denn der Blick des Herzens wird immer ungetrübt sein, doch die Analyse des Verstandes kann oft täuschen und verwirren. Was ihr aus dem Herzen entscheidet, das kann kein Fehler sein, denn dies wird der Weg sein, den sich die Seele erwählt hat.

Gegenwärtig gibt es Situationen großer Einsamkeit oder Verlustängste. Dies sind Zustände der Transformation. Emotionen steigen auf, möchten erlebt werden, möchten betrachtet werden. Ihr durchschreitet diese tiefen Täler, damit euer Dasein reift, damit euer Bewusstsein geschliffen wird wie ein seltener Diamant.

Macht euch keine Sorgen um euer Hab und Gut und wovon ihr leben und euch ernähren werdet, denn der Herr wird euch zuteilen, was ihr zum Leben bedürft. Ihr könnt freudig und ohne Sorgen eurer Zukunft entgegen treten, denn es ist ein Leichtes für uns, euch euer Auskommen zu manifestieren. Gebt und ihr werdet empfangen; bittet, und euch wird gegeben!

Vertraut und alles wird wohl gelingen. Wir geben euch Anleitung, Trost und Kraft. Wir stehen immer neben euch und halten euch die Hand, auf dass ihr selbst in größter Finsternis den Weg zur Sonne wieder findet. Wir lieben euch über alle Maßen!

Gebt euch vermehrt der Energiearbeit von Todar hin. Er umsorgt euch und wird Feinabstimmungen übernehmen, die eure

Wahrnehmung schärfen und die euch mehr Erinnerung zurück bringen, von dem, was einst gewesen ist. Ihr werdet bewusst!

Fühlt, was im Innersten sich regt. Fühlt, welch gewaltiges Potential dort herrscht. Dies alles wird sich noch in eurer Realität formieren. Ihr werdet weiterhin auf sonderbare Weise geformt und es wird sich noch einiges in praktischer Weise offenbaren.

Euer Können ist noch immer nicht ganz entfaltet. Es steckt noch viel verborgenes Potential in eurem Kern. Vieles wird erst in Monaten, anderes wiederum erst in Jahren voll entfaltet sein. Ihr habt bisher nur zehn Prozent eurer Kräfte erlangt. Alles andere wird euch noch geschenkt – zum richtigen Zeitpunkt. Nehmt dankbar an, was das Universum euch bringt!

Es ist notwendig, dass ihr behutsam an eure Meisterschaft herangeführt werdet. Wir begleiten euch und werden euch stets Anleitung geben. Todar wird ebenfalls das Seinige tun und Antat wird noch so manches Mal bei euch sein, um euch in Liebe eingehüllt bis an die Enden der Universen zu führen.

Nutztet eure Zeit und seid dankbar. Doch gebt acht: Nicht wir hier sind es, denen euer Dank gebührt; nein, ehret den Allmächtigen und danket nur ihm alleine. Er ist es, der all dies möglich macht; er ist es, der alles erschaffen hat. Er kennt Anfang und Ende, Start und Ziel. Ihm allein gebührt alle Ehre!

Möget ihr im Lichte wandeln und Liebe finden. Wir ehren euch und stehen euch immer zur Seite. Gelobet sei der Herr!

Lasset uns nun weiter schreiten auf den Pfaden der Erleuchtung, Leidenschaft und einem Lebensbildnis, das mit nichts vergleichbar ist, was euch bisher begegnet ist.

Es ist nun Zeit, die Menschen wissen zu lassen, was in den letzten Jahren geschehen ist und was daraus geboren wurde. Möge der Weg geebnet werden für die Arbeit zweier großartiger Geister ... Die zwei, die wir meinen, sind die Hüter des Projekts ‚Die Reise ins Licht'.

Wir wünschen euch Gottes Segen, denn nur der Herr ist mächtig und der Herr gibt Gelingen!

Und nun ... mögen die Seelen fliegen!

Euer euch immer liebender Ramta«

Illustration von »Ramta«

Lichtwesen »Ramta«
(in der Vorstellung des Autors)

An unsere Lichtreisenden

Wir freuen uns über persönliches Lob und Kritik. Selbstverständlich antworten wir nach Möglichkeit auf eingehende Leserbriefe. Bitte verstehen Sie jedoch, dass wir uns – je nach Anzahl der eingehenden Anfragen – nicht aller Anliegen annehmen können. Personenbezogene Channelings sind grundsätzlich ausgeschlossen.

Sie erreichen uns unter der im Impressum angegebenen E-Mail-Adresse oder Postanschrift.

Wir freuen uns auch auf Ihren Besuch auf unserer Internetpräsenz. Dort finden Sie nebst aktuellen Neuigkeiten rund um unser Projekt »Die Reise ins Licht« auch exklusive Channelings bzw. allgemeine Botschaften von Ramta an die Menschen.

Gerne nehmen wir Ihre Anregungen entgegen, wenn Sie Ideen für Fragen an die geistige Welt haben, deren Antworten der Allgemeinheit zugute kämen.

Ihre Inspiration werden wir unter Umständen dazu verwenden, Fragestellungen für künftige Bücher zu formulieren – je nach Thema. Bitte schreiben Sie uns in diesem Fall ausschließlich dann, wenn Sie mit einer derartigen Weiterverarbeitung und Veröffentlichung Ihrer Ideen einverstanden sind. Ihre Anregungen mögen uns auch im Rahmen Internet-exklusiver Channelings dienen.

Ihr »Reise ins Licht«-Team

Glossar

Das Glossar erklärt 48 in diesem Buch auftretende Begriffe in alphabetischer Sortierung auf einen Blick zum Nachschlagen. Die Erklärungen zu einigen Begriffen bestehen teilweise aus den Worten Ramtas. Dessen Formulierungen finden der Einfachheit halber stellenweise unverändert oder teils ähnlich wiedergegeben Verwendung.

A

Âkâsha-Chronik:
Ein Energiefeld, das über eine »mentale Reise« zugänglich ist (über veränderte Bewusstseinszustände oder in einer AKE). Die Âkâsha-Chronik ist die universale Wissensdatenbank, aus der alle vergangenen Ereignisse im gesamten Universum (als Beobachter von außen oder aus der Ego-Perspektive eines anderen Individuums mit dessen Gedanken und Gefühlen) abgerufen und in bewegten Bildern (in gewünschter Geschwindigkeit), auditiv oder auf andere Weise erlebt werden können. Knüpft man an den riesigen Âkâsha-Datenstrom an, bietet dieser nicht nur Einblick in die Vergangenheit, zum Beispiel antike Orte oder Kulturen, Umweltkatastrophen oder in Ihre einstigen persönlichen Inkarnationen, sondern auch in alles gegenwärtig Geschehende und in eine wahrscheinliche Zukunft (bspw. die eines bestimmten Individuums oder eines Planeten), die aus aktuellen Gegebenheiten resultiert. Die Âkâsha-Chronik ist das Wissen selbst über alles Existierende. Sie ist nicht ein äußerer Bestandteil, der alles Wissen beinhaltet, sondern sie ist die Information selbst; sie ist die All-Information. Manche Wesen nehmen die Âkâsha-Chronik als Bibliothek wahr, andere dagegen als eine große weiße Lichtsäule, mit der sie verschmolzen sind und Wissen abgerufen haben. Die visuelle Erscheinung ist individuell. Es ist allen lebenden Wesen im gesamten dualen, mehrdimensionalen Universum möglich, an dieses Energiefeld anzudocken und es zu nutzen. Die universale Wissensdatenbank existiert dimensionsübergreifend. Je nach Ebene kann in beschränkter Form darin »gelesen« werden. So sind die Möglichkeiten, Informationen abzurufen, zum Beispiel auf der Kausal- oder Mentalebene umfassender als vergleichsweise auf der Astralebene.

Astralebene:
Die niederen, mittleren und höheren Astralebenen sind größer als die physische Dimension bzw. das materielle Universum und sie nehmen nur einen kleinen Teil des gesamten nichtphysischen Universums ein, welches aber

mehrere, weitaus höhere Dimensionen umfasst. Die dichteren Astralebenen liegen in ihrer Schwingung dem physischen Universum am nächsten bzw. das Astrale befindet sich generell auf einer höheren Frequenz. Auf diesen feinstofflichen Ebenen drückt man sich mit der dichtesten Form seines nichtphysischen Körpers aus, dem Astralkörper. Nichtphysische Bewohner, die ihre Reinkarnationsschleife (Verkörperungen im physischen Universum) noch nicht beendet haben, halten sich zwischen ihren Inkarnationen auf den Astralebenen auf und leben dort mit anderen, ihnen sympathischen und geliebten Geistwesen (zum Beispiel als ihnen nahestehende Menschen, die sie aus unzähligen physischen Existenzen kennen). Die Astralebenen werden auch die Gefühlsebenen genannt, in welchen Leidenschaften aller Art eine große Rolle spielen und offen gelebt sowie unter anderem Emotionen und Probleme verarbeitet werden können. Die leuchtenden, herrlichen Farben der mittleren und höheren Astralebenen sind unbeschreiblich und es gibt auch Farben, die man in der Physis nicht kennt. Jene in der physischen Welt sind blass im Gegensatz zu den astralen Farben. Es gibt im astralen Bereich auch Landschaften bzw. Schauplätze mit finsterer Atmosphäre, die dagegen in dunkleren und unliebsamen Farbtönen erscheinen. Dieselbe Vielfalt gilt auch für die äußerst ergreifenden Töne und Melodien, die man im physischen Universum nicht kennt.

Astralkörper:
Die dichteste, niederfrequenteste Form des feinstofflichen Körpers, mit der man sich auf den Astralebenen ausdrücken kann. Diese halbtransparente nichtphysische Gestalt in bläulicher Farbgebung wird bei außerkörperlichen Erfahrungen am häufigsten erlebt. Der ektoplasmatische Astralkörper hat meist – aufgrund des Selbstbildes eines Individuums – in Außerkörperlichkeit dasselbe Aussehen, wie der aktuelle physische Körper, doch der Astralkörper ist wesentlich schöner und leuchtender. Er reagiert äußerst sensibel auf Gedanken und kann, wie der Ätherkörper, beliebig verformt werden bzw. erwünschte Erscheinungen annehmen. Wenn Sie in Außerkörperlichkeit nicht ganz bewusst eine bestimmte Kleidung tragen wollen, sind Sie unter Umständen nackt oder tragen unbewusst die astralen Kleider, die Ihren physischen Körper im Moment einer AKE bekleiden. Im Astralkörper können Probleme verarbeitet werden und es verlangen hier auch niedere Triebe, Leidenschaften, Süchte, Begierden und Zwänge aller Art nach Beachtung und wollen gelebt werden (auch während physischer Inkarnationen).

Astral-Projektion:
Ein altertümlicher und vor ein paar Jahrzehnten geläufiger, aber auch heute häufig verwendeter Begriff für eine willentlich herbeigeführte oder spontane außerkörperliche Erfahrung (AKE); im Englischen/Amerikanischen »Astral

Projection« genannt. Der alternative Ausdruck hierfür lautet »Out-Of-Body-Experience« (OBE oder OOBE).

Außerkörperliche Erfahrung (AKE):
Die Ablösung des gestaltlosen Bewusstseins oder des nichtphysischen Körpers geringerer Dichte/höherer Frequenz von einem physischen Körper. Eine AKE (engl. »Out-Of-Body-Experience«, OBE oder OOBE) ist auch bekannt als astrale oder ätherische Projektion sowie Astral- oder Seelenreise.

B

Bewusstsein:
Das Bewusstsein ist ein Teil der Seele, mit dem wir zwischen einzelnen Erfahrungsebenen wechseln können. Durch das Bewusstsein steuern wir, auf welchen Körper oder auf welche Ebene wir unseren Fokus richten wollen. Das Bewusstsein ist maßgebender Steuerungsanteil im dualen Universum und die einzelnen Körper sind Mittel, um Dinge zu erfahren und sich in verschiedenen Dimensionen auszudrücken.

Bewusstseinsträger:
Körper, in welche das gestaltlose Bewusstsein als Seelenbestandteil Einzug halten kann. So kann sich eine Seele über das Bewusstsein des feinstofflichen Körpers bedienen, um sich als Geistwesen mit äußerer Form im nichtphysischen Universum auszudrücken. Oder das Bewusstsein inkarniert mit dem Energiekörper auf einem Planeten im physischen Universum, um zum Beispiel mittels eines menschlichen Körpers als materieller Träger auf der Erde Erfahrungen zu sammeln.

C

Channeling/Channeln:
Die Art und Weise, wie mediale Menschen Auskünfte bzw. Botschaften aus der geistigen Welt einholen (der Vorgang, der die Übermittlungen des Geistwesens Ramta für dieses Buch ermöglicht). Die Begriffe »Channeling« oder »Channeln« beziehen sich auf das Hören von Worten, Sätzen und umfassenden Botschaften aus höheren Sphären, die sich ein spirituelles Medium dann als Text aufschreiben kann. Es gibt aber auch eine spezielle Form der schreibenden Medien, bei der sich ein Geistwesen der Führung der Hand des Mediums mit dessen Einverständnis bedient. So kann eine Botschaft in der »Handschrift« bzw. der persönlichen Note eines nichtphysischen Wesens schriftlich festgehalten werden.

D

Dimension:
Eine Dimension (wie zum Beispiel das physische Universum) ist ein stabiles Energiesystem, das von einer anderen Dimension deutlich durch eine spezifische Basisschwingungsrate unterscheidbar ist. Es bestehen dimensionsübergreifend zwar teils gewisse Ähnlichkeiten, aber auch klare Unterschiede. Verschiedene Dimensionen sind in höherer geistiger Sichtweise keine voneinander abgetrennten, sondern fließend ineinander übergehende Energiesysteme, die jedes für sich eine festgelegte Schwingungsrate aufweisen, aber innerhalb des selben Raumes existieren. So könnte Ihr Wohnzimmer auf einer höheren Schwingungsebene eventuell ein Gebirge, ein Ozean, eine Stadt oder ein belebter Versammlungsort für Geistwesen sein. Jede Dimension besteht also aus bestimmten Frequenzen (Wellenlängen). Eine jede kann unzählige Energieumwelten und Daseinsebenen beinhalten. Bei einem Dimensionswechsel sind Tunnelerfahrungen möglich.

Duales Universum:
Die physische Dimension und alle nichtphysischen Energiedimensionen (ausschließlich der spirituellen Welt). Das duale Universum folgt dem Gesetz der Dualität und dient als Lernumfeld für alle erdenklichen Arten von Gegensätzen.

E

Ego:
In diesem Buch gebraucht als der niedere, materieorientierte Teil des Menschen, der nur an sich selbst denkt und an seinen persönlichen Vorteil, ohne Rücksicht auf andere Menschen zu nehmen. Zum Ego gehören auch triebgesteuertes Denken und Handeln sowie mangelnde Offenheit gegenüber anderen Meinungen und Existenzebenen.

Elemental:
Elementarwesen sind positive oder negative Energieformen, die durch Gedanken erschaffen werden können. Manche Dämonen oder Geister, die einen Menschen verfolgen, sind nicht immer tatsächlich existierende Wesen, die ein Eigenleben besitzen. Oft sind es also Elementale – erschaffen durch die Vorstellungen und Gedanken eines Individuums, das seine Energie nicht richtig zu kanalisieren vermag oder kanalisierte Energie missbraucht, um anderen Wesen psychischen Schaden zuzufügen und um sie zu beeinflussen. Ebenso gibt es Aufgaben zum persönlichen Wachstum auf der Traumebene, deren Ziel es ist, selbst erschaffene Dinge aufzulösen – Negatives, das

jemanden verfolgt, aufgrund dessen man sich im Traum ein böses Elemental erschafft, welches das Individuum als Dämon, böser Geist, Teufel oder Ähnliches verfolgt. Es sind Ausgeburten der finsteren Anteile einer persönlichen Existenz. Es gibt diese Elementale aber auch als eigenständige Wesen, die sich der dunklen Seite des dualen Universums verschrieben haben. Es sind insoweit Diener des Bösen, wie sie bösartige Handlungen begehen.

Energiekörper:
Ein Begriff, der in diesem Buch gleichbedeutend ist mit »feinstofflicher Körper«, »nichtphysischer Körper« oder »Geistkörper« bzw. für Vehikel steht, die eine visuell wahrnehmbare körperliche Gestalt aufweisen (siehe »Astralkörper«).

Energiewesen:
Ein Synonym für »Geistwesen« oder »Geist(er)« bzw. die Bewohner der vielen Daseinsebenen im nichtphysischen Universum. »Geist« wird hier also nicht in christlicher Terminologie im Sinne von »Heiliger Geist« gebraucht, sondern als Begriff der spiritistischen Lehre von einem geistigen Wesen.

Evolutionsgrad:
Ein anderes Wort für »Entwicklungsstufe«. Gemeint ist hiermit der Grad der Vervollkommnung eines Geistwesens – bemessen am intellektuellen und moralischen Fortschritt.

F

Feinstofflicher Körper:
Ein Synonym für »nichtphysischer Körper« oder »Geistkörper«. Ebenso ein Begriff für den »Astral-« und »Ätherkörper«. Diese werden je nach angetroffener Energieumwelt bzw. Dimension als zu diesem Schwingungsbereich passendes Ausdrucksmittel verwendet. In Wirklichkeit verfügt jeder von uns nur über einen einzigen feinstofflichen Körper, dessen Dichte sich aber regulieren lässt und mit dem wir uns (oder besser unsere Seele als Besitzer dieses Körpers) somit in unterschiedlichen Frequenzbereichen des Universums ausdrücken können. Der feinstoffliche Körper dehnt sich ein wenig über das Volumen des physischen Körpers aus. Aus menschlicher Sicht werden verschiedene Namen für diesen einen nichtphysischen Körper vergeben (zum Beispiel verwenden wir den Astralkörper auf den Astralebenen).

Flugtraum:
Das Unterbewusstsein oder auch das Höhere Selbst können sich der Flugträume bedienen, um eine Erfahrungsebene zu schaffen, über die eine Ablösung

vom physischen Körper möglich wird. Ab einem gewissen Zeitpunkt oder Entwicklungsgrad einer Seele wird ein Mechanismus freigesetzt, der dem Individuum durch bestimmte Geschehnisse die Augen für andere Wahrheiten öffnet (zum Beispiel durch eine spontane außerkörperliche Erfahrung, die durch einen Traum, in dem man fliegt, unerwartet ausgelöst werden kann).

Frequenz:
Ein anderer Begriff für »Schwingung«. Eine höhere Frequenz (geringere Dichte) ist mit einer kleineren, kürzeren Wellenlänge gleichzusetzen; eine niedrigere Frequenz (höhere Dichte) entspricht einer größeren, längeren Wellenlänge. Physische Körper sind niederfrequent, während feinstoffliche Körper Ausdrucksmittel höherer Frequenz darstellen. Das mehrdimensionale Universum ist ein Kontinuum unterschiedlichster Wellenlängen (Energiefrequenzen).

G

Gedankenübertragung (Telepathie):
Die im außerkörperlichen Zustand bzw. im nichtphysischen Universum unter Geistwesen verwendete, natürliche Kommunikationsweise. Bei der Telepathie können auf einen Schlag komplexe Gedankengebilde von einem Individuum zu einem anderen gesendet werden. Möglich ist auch die Übermittlung und Wahrnehmung lebendiger Bilder und Emotionen. Gedankenübertragung bei zwei inkarnierten Menschen ist nicht ganz so mühelos, geschieht aber immer öfter, je mehr sich die Gesellschaft dafür öffnet und der Einzelne dafür sensibilisiert ist.

Geist/Geister:
Ein spiritistischer Begriff für »Energiewesen«. Hier ist nicht das gestaltlose Bewusstsein gemeint, sondern die nichtphysische, für sensible Menschen durchaus visuell wahrnehmbare Erscheinungsform des nichtphysischen Körpers eines Wesens, das sich im feinstofflichen Universum aufhält.

Geistführer/Spiritueller Führer:
Die feinstofflichen Helfer eines jeden in der physischen Dimension verkörperten Wesens. Jeder Mensch hat mehrere Geistführer mit individuellen Kenntnissen und Fähigkeiten. Diese Führer stehen ihren Schützlingen während des physischen Daseins in bestimmten Lebensabschnitten oder bei gewissen Tätigkeiten helfend zur Seite (auch in Traumwelten oder bei außerkörperlichen Erfahrungen). Geistführer, die meist von höheren Schwingungsebenen aus agieren, bereiten die Lektionen des Lebensplanes ihrer Schüler vor und begleiten diese hierbei. Spirituelle Führer sind oft

Freunde, die Sie in Ihrem nichtphysischen Seinszustand schon lange kennen. Einige begleiten Sie womöglich schon Jahrtausende lang über mehrere physische Körper hinweg, um Sie bei Ihrer Entwicklung als Geistwesen zu fördern. Wieder andere sind Ihnen fremd und gesellen sich erst im aktuellen physischen Dasein zu Ihnen. Je nach Entwicklungsstufe, die ein Wesen erreicht, wechseln unter Umständen auch die spirituellen Führer. Sie sind höher entwickelte Seelen, die zum Beispiel selbst schon als Mensch inkarniert waren und sich so über mehrere Verkörperungen auf der Erde ein Fachwissen auf einem bestimmten Gebiet angeeignet haben, um später überhaupt erst die Aufgabe eines kompetenten Führers für irdische Schützlinge annehmen zu können. Dieses Schema gilt auch für andere Planeten.

Geistige Welt:
Ein Begriff, der das feinstoffliche Universum umfasst bzw. alle nichtphysischen Dimensionen (exklusive der spirituellen Welt außerhalb des dualen Universums) und unzählige Energieumwelten sowie ihre jeweiligen Bewohner.

Gruppenseele:
Eine Gruppenseele ist ein Seelenverbund, der zusammen gehört. Man könnte auch sagen, dass diese Seelen demselben »Seelennest« entstammen, was aber nicht mit der göttlichen Quelle, dem Kern bzw. dem Energieursprung als Zentrum des mehrdimensionalen Universums gleichzusetzen ist. Die Seelen durchlaufen von Anbeginn an gemeinsam den gesamten dualen Reinkarnationszyklus, also vom ersten physischen Leben bis hin zur Vollendung der Reise, bis wir uns alle als Einzelne nach und nach wieder in die spirituelle Welt begeben. Es werden gemeinsam als Kollektiv Entwicklungsstufen gemeistert, in immer höhere, zunehmend liebevollere Gefilde des nichtphysischen Universums. Es ist naheliegend, dass Geistwesen, die Bestandteil Ihrer irdischen Familie sind oder enge Vertraute und Freunde, Teil derselben Gruppenseele sind. Eine Gruppenseele ist übrigens nicht dasselbe wie eine Seelengruppe. Ein festes Mitglied einer Gruppenseele kann also auch freiwillig einer Seelengruppe angehören.

H

Höheres Selbst:
Das »Höhere Selbst«, auch »überirdisches Bewusstsein« genannt, ist ein dem physischen und nichtphysischen Körper übergeordneter Seelenanteil, dessen Aufgabe es ist, Wissen und Erfahrungen aus vorigen Inkarnationen zur Verfügung zu stellen, jedoch auf eine Art und Weise, dass es dem Ego des Menschen nicht auffällt. Eine weitere Aufgabe ist die permanente Aufzeichnung aller

Ereignisse (beispielsweise Emotionen, Gedanken, Worte und Handlungen) in Ihrem Leben. Das Höhere Selbst (nicht mit dem Unterbewusstsein zu verwechseln) ist nicht in die materielle Welt verwickelt und agiert aus einer höheren Dimension. Es hat Einfluss auf das niedere Selbst und die Entwicklung eines Wesens. Dies betrifft die physische Verkörperung sowie den feinstofflichen Seinszustand eines Individuums während seines Aufenthaltes im nichtphysischen Universum (auch wenn das Individuum noch in direktem Zusammenhang zum persönlichen Entwicklungsgrad an die Reinkarnationsschleife gebunden ist). Viele Menschen gebrauchen die Bezeichnung »Höheres Selbst« als Ersatz für »Seele« oder für die direkte Verbindung zur Seele.

Hypnagogischer Zustand:
Ein zwischen Wachbewusstsein und Schlaf erlebter, meist nicht bemerkter oder nur kurzzeitig andauernder, heller Bewusstseinszustand, obwohl wir ihn bei jedem Einschlafen durchlaufen. Innerhalb dieses Zustandes besitzen wir besonders lebhafte Gedanken (oft von inneren, bewegten Bildern begleitet) und eine sehr kreative Vorstellungskraft, die zum Beispiel Musiker für die Erschaffung von ergreifenden Melodien nutzen. Der hypnagogische Zustand ermöglicht zudem das Lösen von scheinbar unlösbaren Aufgaben und Problemen, welchen man im Wachbewusstsein gegenüber steht. Mit Übung kann dieses Stadium ausgedehnt werden, ohne zu schnell in den Tiefschlaf zu fallen, womit man dieses besondere Bewusstseinsfenster für das leichte Erreichen einer AKE verlassen würde.

I

Inkarnation:
Die Vereinigung eines Geistwesens mit einem physischen Bewusstseinsträger, zum Beispiel mit einem tierischen oder menschlichen Körper auf der Erde oder anderen Orts im materiellen Universum.

K

Kollektives Bewusstsein:
Wenn Menschen sich gegenüber stehen oder sich in unmittelbarer Nähe aufhalten, werden Gedanken und Emotionen an sensibilisierte Empfänger übertragen. Gedanken vermehren sich auf diese Weise und fließen des Öfteren von Person zu Person. Dadurch bilden sie eine Gedankenwelle, die sich – je mehr Empfänger sie trifft – umso schneller verbreitet. Durch Nachrichten, Fernsehsendungen, Radio und Zeitungen werden uns Gedanken eingeimpft, die sich dann wiederum fast automatisch vermehren und somit eine Gedankenwelle übergroßen Ausmaßes bilden. Medien werden

durch politischen Lobbyismus bewusst gesteuert und so wird das kollektive Bewusstsein vieler Individuen gezielt beeinflusst. Das kollektive Bewusstsein kann somit eine Programmierung erhalten, indem Worten, Gegenständen oder Personen – mehr oder minder glaubhaft – bestimmte Eigenschaften bzw. Werte angeheftet werden. Unter dem kollektiven Bewusstsein sind also die Folgen der kollektiven Gedanken und Überzeugungen der Menschen zu verstehen.

L

Lichtarbeiter:
Ein Begriff, der alle spirituellen Menschen umfasst und all jene, die bestrebt sind, das Gute sowie moralisch gute Grundsätze zu vertreten und diese Tugenden unter den Mitmenschen auf der Erde zu verbreiten. Lichtarbeiter kann also ein religiöser Mensch sein, der andere Menschen dazu animiert, nach den zehn biblischen Geboten zu leben oder jemand, der humanitäre Hilfe leistet. Lichtarbeiter können aber auch Spiritisten sein, die als spirituelles Medium Botschaften über unsere wahre, geistige Natur aus höheren Sphären in die physische Dimension tragen und verbreiten. Auch Buchautoren, die das höhere Wissen um den Sinn des Lebens unter die Menschen bringen, zählen zu diesen Lichtarbeiten. Ebenso sind es Filmproduzenten, die mit Produktionen wie zum Beispiel »Ghost – Nachricht vom Sam« die Menschen mit Eindrücken von unserer Fortexistenz nach dem biologischen Tod sensibilisieren bzw. aufzeigen, dass Geistwesen Einfluss auf die Materie nehmen können. Science-Fiction-TV-Serien vermitteln Reisen durch das Universum und den Austausch mit Wesen außerirdischer Kulturen. Es gibt zahlreiche Möglichkeiten, um Millionen von Menschen Anstöße für eine Veränderung des Denkens und des Bewusstseins zu geben. Damit werden sie sensibilisiert für die Existenz anderer Dimensionen und Daseinsebenen im Universum.

Luzider Traum:
In diesen Träumen besitzt man Bewusstsein bzw. man ist Bewusstsein und hat willentlichen Einfluss auf sein Tun. Gegenstände oder andere Individuen, die angefasst werden, fühlen sich fest und real an. Luzide Träume können das Resultat einer missglückten AKE-Technik sein, während deren Ausführung man in den Schlaf gefallen ist, jedoch das Bewusstsein durch die angewandte AKE-Technik stark erweitert wird. In dieser Traumart ist es möglich, diese als Sprungbrett für eine außerkörperliche Erfahrung zu nutzen. Hier setzt möglicherweise ein plötzlicher Schwingungszustand ein, wenn Ihnen beim Träumen bewusst wird, dass Sie träumen. Das Unterbewusstsein hat durch einen Klartraum also eine Erfahrungsebene vorbereitet, in der es Ihnen im

Traum noch einmal möglich wird, sich von Ihrem physischen Körper zu lösen. In luziden Träumen sind Sie Ihrem physischen Körper entschlüpft, jedoch nicht auf dieselbe Weise, wie bei einer AKE. Bei luziden Träumen wurde nur ein Teil Ihres Selbst auf eine andere Ebene transferiert. Bei einer AKE lösen Sie sich jedoch weitestgehend komplett ab. Manchmal werden Klarträume mit außerkörperlichen Erfahrungen verwechselt. Luzide Träume sind zwar eine wirkliche Realität, ihnen fehlt es aber im Vergleich zum außerkörperlichen Erlebnis mit einem feinstofflichen Körper etwas an Realität, was so manchen Realisten Zweifel an der Glaubwürdigkeit außerkörperlicher Erfahrungen aufkommen lässt. So ist dies auch der Fall bei einer realen Projektion, die auf der Astralebene erlebt wird im Vergleich zur Scheinablösung (mentalen Projektion), die nur als mentale Kreation auf der Mentalebene durchlebt wird. Ein wirkliches außerkörperliches Erlebnis kann nur durch persönliches Erfahren akzeptiert und von einem luziden Traum unterschieden werden. Das Bewusstsein und das Erlebte in Außerkörperlichkeit haben eine solch hohe Klarheit und reine Wirklichkeit, dass ab dem Moment des eigenen Erlebens alle erdenklichen Zweifel weggewischt sind.

M

Mehrdimensionales Universum:
Ein Überbegriff für das gesamte physische sowie nichtphysische Universum. Das mehrdimensionale Universum ist ein Kontinuum aus einer unbekannten Anzahl von Energieebenen. Wenn Sie sich die einzelnen Dimensionen wie eine Kugel mit immer größer werdenden Ringen vorstellen, so sind die äußeren Ringe von einer niederer schwingenden Energie gespeist (die physische Dimension entspricht dem äußersten Ring), während die Ringe, die dem Zentrum (Energieursprung) näher sind, eine zunehmend höhere Schwingung aufweisen. Je näher man dem Ursprung (dem göttlichen Kern) ist, umso mehr Einfluss haben Gedanken auf Umfeld und Geschehnisse und umso intensivere und reinere Liebe erfährt man. Anzumerken ist allerdings, dass ein Individuum immer seinem Seelenfortschritt entsprechend nur bis zu einer bestimmten Dimension voranschreiten kann.

N

Nichtphysischer Körper:
Eine alternative Bezeichnung für »feinstofflicher Körper«, »Energiekörper« oder »Geistkörper«. Ein nichtphysischer Körper ist ein plasmatisches Ausdrucksmittel mit äußerem Erscheinungsbild, auf das die Seele im nichtmateriellen Universum innerhalb ihrer Reinkarnationsschleife zurückgreift.

Nichtphysisches Universum:
Der Bereich des mehrdimensionalen Universums, der sich allein auf die geistigen (feinstofflichen) Ebenen und alle ihnen innewohnenden Dimensionen und Energieumwelten sowie auf deren jeweiligen Bewohner bezieht. Der nichtphysische Bereich nimmt den weitaus größten Teil des gesamten multidimensionalen Universums ein.

O

Out-Of-Body-Experience (OBE, OOBE):
Nebst »Astral Projection« der alternative englische/amerikanische Begriff für eine willentlich herbeigeführte oder spontan auftretende »Außerkörperliche Erfahrung« (AKE).

P

Physische Dimension/physisches Universum:
Das gesamte materielle Universum, in dem auch wir Menschen als verkörperte Geistwesen auf der Erde leben. Die physische Dimension ist der niederfrequenteste Bereich (die Ebene niedrigster Schwingung und somit höchster Dichte) des mehrdimensionalen Universums. Die physische Dimension macht übrigens nur einen winzigen Bruchteil des gesamten multidimensionalen Systems aus.

R

Reinkarnation:
Die Wiederverkörperung eines Geistwesens im physischen Universum auf einem Planeten als Mineral, Pflanze, Tier oder Mensch, wobei die leistungsfähigere und höher entwickelte menschliche Form eigentlich nichts anderes ist, als ebenfalls ein tierischer Körper. Der Mensch selbst stellt sich hier herrschend über die tierischen Ausdrucksformen.

S

Schwingung:
Ein anderes Wort für »Frequenz« bzw. »Wellenlänge«.

Schwingungszustand:
Dieser Zustand ist ein mögliches Phänomen des Desynchronisierungsprozesses, der entweder allein das gestaltlose Bewusstsein oder den feinstofflichen Körper aus dem Gleichklang mit dem physischen Körper bringt und

so eine Trennung ermöglicht. Wobei anzumerken ist, dass das Bewusstsein auf den nichtphysischen Körper übertragen wird, wenn dieser Bestandteil einer außerkörperlichen Erfahrung ist. Im Schwingungszustand fließen hochfrequente (vibrierende) schwache oder wellenartig starke und langsamer pulsierende sowie elektrisch erscheinende Energieströme durch den gesamten Körper. Diese können von vielseitig auftretenden summenden, brummenden, zischenden, metallischen, elektrischen, klirrenden oder anderen seltsamen Geräuschen oder optischen Erscheinungen wie Lichtblitzen begleitet werden. Die Stärke der auditiven Signale kann variieren. Vibrationen oder Schwingungen und die möglichen Geräusche können in Kombination als auch völlig getrennt auftreten. Weitere Merkmale für die Desynchronisierung sind: Taubheit, Katalepsie, Muskelzuckungen, rasanter Herzschlag, Zeitverzerrungen, Gefühle der Kraft oder Liebe, Kribbeln, das Hören von Musik, Glocken, Gelächter oder Stimmen, das Ausrufen Ihres Namens, Schrittgeräusche, Klopfen, Sehen durch geschlossene Augen, Gefühle der Leichtigkeit, der Schwere, des Fallens und solche körperlicher Ausdehnung, Hitze- oder Kälteempfindungen, Schwindelgefühle, Schaukeln, Drehen oder andere Bewegungsempfindungen.

Seele:
Sie ist der reinste Ausdruck einer Lebensform, der jenseits aller Form existiert. Die Seele nimmt die Essenz aller Erfahrung in sich auf. Nach der Inkarnationsschleife bleibt nur die Seele übrig. Sie behält den Glanz und den Schliff, den sie durch ihre unzähligen Erfahrungen hindurch erhalten hat. Der Seele allein ist das vollständige Wissen um ihr Dasein zugänglich. Sie hat auf der physischen Ebene die Möglichkeit, sich zu erfahren und Dinge zu begreifen, die ihrer Vervollkommnung dienen, indem sie sich biologischer Bewusstseinsträger bedient. Doch die Seele lernt auch mit dem formlosen Bewusstsein oder mittels des nichtphysischen Körpers als Teile von ihr. Beides nutzt sie, um sich auf den unzähligen Ebenen und Dimensionen des nichtphysischen Universums auszudrücken. Sie ist allübergreifend und unabhängig von einem feinstofflichen Körper. Dieser ist allerdings direkt von der Seele abhängig, da sonst eine Existenz im dualen Universum und Dasein nicht möglich wäre.

Seelengruppe:
Eine Seelengruppe ist ein Zusammenschluss von Seelen, die bestimmte Lernabschnitte gemeinsam durchlaufen. Es ist ähnlich wie bei einer Interessengruppe. Die Individuen einer solchen Gruppe aus untereinander sympathisierenden Geistwesen tauschen hierbei ihre Erlebnisse aus und beraten sich untereinander, bis ein jeder, der sich dieser Gemeinschaft angeschlossen hat, die Herausforderung gemeistert hat. So können diverse Erfolge in der

Entwicklung einer Seele gemeinsam leichter erzielt werden. Manch eine Prüfung ist für eine einzelne Seele auch zu schwer, weswegen der Eintritt in einen solchen Verbund manchmal unumgänglich erscheint.

Silberschnur:
Die Silberschnur ist eine Art energetisches, silbernes Band. Sie steuert die Lebenserhaltungssysteme (zum Beispiel die Atmung) im physischen Körper und dient dem Informationsaustausch zwischen physischem Körper (oder genauer: einem im physischen Körper verbleibenden Energieanteil der Seele) und Astralkörper während einer außerkörperlichen Erfahrung. Diese Verbindung ist auch die Zutrittsberechtigung des Astralkörpers beim Wiedereintritt in den physischen Körper (auch bei Träumen, bei denen sich ein Teilbewusstsein ebenfalls außerhalb des biologischen Körpers befindet). Die Wahrnehmung der Silberschnur kann je nach Individuum sehr verschieden sein. Die Einen nehmen sie dünner wahr, die Anderen dicker mit bis zu zweieinhalb Zentimetern Durchmesser. Wieder andere nehmen sie wie mehrere einzelne dünne Fasern oder überhaupt nicht wahr, obwohl sie vorhanden ist. In Außerkörperlichkeit kann die Silberschnur ertastet werden. Ihre Dehnfähigkeit ist nicht unbegrenzt, aber enorm. Reißt die Silberschnur, so endet das physische Leben und der Wiedereintritt in den biologischen Körper wird unmöglich, was aber während einer AKE normalerweise nicht geschieht. Nach dem physischen Ableben wird dieses Verbindungselement, das auch in der Bibel Erwähnung findet, jedoch getrennt.

Sogempfindung:
Diese Empfindung kann wahrgenommen werden, wenn Sie sich in Außerkörperlichkeit auf Ihren nichtphysischen Körper konzentrieren und so Ihre Aufmerksamkeit auf Ihr Selbst richten. Die Sogempfindung, die Sie dann verspüren, zieht Sie in Ihr eigenes, ganz persönliches Universum hinein. Diese Sog- oder Vakuumempfindung können Sie auch während der Reise durch einen Energietunnel beim Wechseln von einer Dimension in eine andere verspüren.

Spiritismus:
Unter dem Spiritismus versteht man die Geisterlehre. Es handelt sich um eine okkulte Wissenschaft, welche die mediale Kommunikation mit Geistwesen betrifft, Geistererscheinungen, Séancen (Anrufungen) und durch Geister herbeigeführte physische Manifestationen (Einflüsse auf die Materie). Der Spiritismus, der die Reinkarnationslehre einschließt und ein Naturgesetz ist, beschäftigt sich sozusagen rundum mit dem Wissen um unsere geistige Natur. Die Gegner der Spiritisten und der spiritistischen Lehre sind besonders Materialisten sowie einige Religionen und ihre Anhänger, wobei der

Angriffspunkt das scheinbar Unerklärliche, Übernatürliche ist, das angeblich Verführungen des Bösen darstellt.

Spirituelle Welt:
Nach Ramta ist die spirituelle Welt eine Welt hinter dem dualen Universum bzw. völlig außerhalb davon. Die spirituelle Welt sei die Welt Gottes, der Himmel, das biblische Paradies, das ewige Nirwana, das höchste Ziel und das höchste Sein; eine Welt in vollkommener Harmonie, unendlicher Liebe, ohne jede Begrenzung und völlig frei von negativer Energie. Es sei der Ort, an dem sich die Seelenanteile aufhielten, wenn sie das duale Universum überwunden hätten. Ramta sagt, dass kein Wesen, das sich derzeit im dualen Universum aufhält, zu beschreiben vermöge, wie es dort sei oder was dort geschehe. Der Abschluss aller Lehrerfahrungen in der Dualität führe am Ende zum Erwachen aus einem sehr langen Traum. Man erwache hinein in die Liebe und würde wieder eins mit Gott. Die spirituelle Welt sei unvergänglich, unveränderbar und reine Wirklichkeit.

U

Überirdisches Bewusstsein:
Eine alternative Bezeichnung für das »Höhere Selbst« (ein Seelenanteil eines jeden Individuums).

Unterbewusstsein:
Das Unterbewusstsein beinhaltet Wissen, das dem Menschen als verkörpertes Geistwesen im Wachbewusstsein nicht offen zugänglich ist. Es liegt unter der Oberfläche des Bewusstseins und kann auf Erfahrungen und verborgene Erinnerungen früherer Inkarnationen oder feinstofflicher Seinszustände zurückgreifen. Das Unterbewusstsein zeichnet permanent alle Ereignisse (beispielsweise Emotionen, Gedanken, Worte und Handlungen) in Ihrem Leben detailliert auf. Der Inhalt des Unterbewusstseins hat Auswirkungen auf das Bewusstsein und so auch auf die Gedanken und Handlungen eines Menschen. Die aktiven Tätigkeiten des Unterbewusstseins gehen dabei überwiegend unbemerkt für das Bewusstsein vonstatten. Das Unterbewusste sind meist Gedanken, die vor langer Zeit in das Unterbewusstsein programmiert wurden. Diese Gedanken arbeiten aus dem Verborgenen heraus.

V

Vervollkommnung:
In diesem Buch und im Spiritismus (der Geisterlehre) verwendeter Begriff für das letztlich höchste Ziel aller Geistwesen: Die Vervollkommnung der Seele

– der Sinn hinter dem Spiel des Lebens – ist der Weg zurück zu dem Ort, an dem alle Seelen erschaffen wurden, was in diesem Buch als Energieursprung, Quelle, Kern, spirituelle Welt, Schöpfer oder Gott bezeichnet wird.

Visualisierung:
Das Erzeugen innerer geistiger Bilder, zum Beispiel als Technik zur Herbeiführung einer außerkörperlichen Erfahrung. Hier könnte die möglichst realitätsnahe imaginäre Vorstellung an das Verlassen Ihres physischen Körpers vor dem Einschlafen das tatsächlich gewünschte Ergebnis einleiten. Es können aber auch beliebige Objekte visualisiert werden, um während des Einschlafens das Bewusstsein vom physischen Körper wegzulenken, was nach dem Verlust des Wachbewusstseins ebenfalls zu einer Projektion des formlosen Bewusstseins oder des feinstofflichen Körpers führen kann. Visualisierungen lassen sich besonders wirksam mit Affirmationen kombinieren, um das Gelingen einer Außerkörperlichkeitstechnik zu begünstigen.

Z

Zwischendimension:
Zwischendimensionen werden von der geistigen Welt (beispielsweise von Geistführern) genutzt, um einen neutralen Raum für Treffen verschiedener Individuen zu erschaffen. Es sind Welten, die bewusst kreiert sind, nur für eine bestimmte Zeit aufrecht erhalten werden und gezielten Erfahrungen oder Einsichten für gewählte Wesen (auch Inkarnierte) dienen. Es wird ein für einen eingeschränkten Besucherkreis vor Fremdzugriffen geschütztes, kontrolliertes Umfeld geboten. Damit wird verhindert, dass fremde Wesen negative Störfaktoren verursachen können. Eine solche Zwischendimension ist ähnlich einer Schule, jedoch wird hier weit mehr Information und Einsicht vermittelt, als dies in der physischen Dimensionen je möglich wäre. Manchmal ist es nützlich, wenn ein physisch verkörpertes Individuum durch seine Geistführer gewisse Erkenntnisse in ganz bestimmten Momenten oder Abläufen erhält, was im normalen reellen Geschehen eventuell sehr viel später oder zu einem sonst eher schlechten Moment eintreten würde. Unter gewissen Bedingungen wird einer Seele solch ein Premium-Erlebnis beschert. Diese Art von Erfahrung ist nicht an der Tagesordnung und wird nur in besonders ausgewählten Bereichen angewendet. Viele hohe Geistwesen vereinen ihre mentalen Kräfte, um ein solches Konstrukt entstehen zu lassen. Diese mental »programmierte« Realität beinhaltet jene Elemente, die notwendig sind, um genau das zu lehren oder aufzuzeigen, was zum Beispiel für ein vorübergehend außerkörperliches, physisch verkörpertes Individuum vorgesehen ist zu erfahren oder zu sehen.

LITERATURVERZEICHNIS/QUELLEN

Nachfolgende Literatur war teils inspirierend für Fragestellungen zu den Kapiteln »Die Arbeit als Medium«, »Das Böse« und »Die Unterstützung der Menschheit durch Engel«:

Kardec, Allan: *Das Buch der Medien, Grundsätze der spiritistischen Lehre*. Schirner Verlag, Darmstadt 2004.

Ruland, Jeanne: *Das große Buch der Engel, Namen, Geschichte(n) und Rituale*. Schirner Verlag, Darmstadt 2005.

Die Fortsetzung als Taschenbuch & e-Book:

DIE REISE INS LICHT
Buch II
Astral-Projektion

Eine Farb-Illustration sowie weitere Informationen finden Sie auf unserer Internetseite:

www.reise-ins-licht.de